上海文化发展系列蓝皮书
THE BLUE BOOK SERIES ON
SHANGHAI CULTURAL DEVELOPMENT

上海非物质文化遗产发展报告（2019）

ANNUAL REPORT ON INTANGIBLE CULTURAL HERITAGE DEVELOPMENT OF SHANGHAI
(2019)

推动新时期非遗保护的可持续发展

主编／荣跃明

执行主编／毕旭玲

上海人民出版社

上海书店出版社

摘　要

2018 年 4 月,上海市委、市政府提出了打响"四大品牌"的号召。文化作为构成城市竞争力关键因素的作用越来越明显。作为上海文化表征的非遗文化应该成为"上海文化"品牌建设的重中之重,承担更多的责任。2018 年 11 月 5 日,在首届中国国际进口博览会开幕式上,国家主席习近平发表主旨演讲,宣布支持长江三角洲区域一体化发展并上升为国家战略。如果说"文化品牌"的建设体现了对非物质文化遗产保护的"质"的要求的话,那么长三角一体化上升为国家战略则在"度"上为上海非物质文化遗产保护指明了方向。一方面,我们必须深入发掘上海非物质文化遗产的历史内涵,发现和阐释它在长江三角洲发展历史上和区域一体化的现实中的重要价值与意义。另一方面,我们在非遗保护中也要关注上海文化遗产与长江三角洲其他区域的文化遗产之间的关系,寻求合作共赢的机会。总报告认为:无论是"上海文化"品牌建设还是长三角区域一体化,实际上都为上海非遗保护工作提供了前所未有的机遇,为我们重新认识、审视、研究、开发、利用地区非遗项目与资源提供了良好的契机。

"'上海文化'品牌与非物质文化遗产"栏目对上海绒绣等海派手工艺非遗的特质以及传承与发展的经验进行了分析,对海派听觉文化遗产的研究与保护提出了建议,对以四行仓库纪念馆为代表的红色文化遗产的景观叙事进行了研究,提出应该抓紧"上海文化"品牌建设的契机,打造上海妈祖文化品牌。"非物质文化遗产的理论研究"栏目对我国地方非遗保护条例的价值、特点与问题进行了分析,对民俗谱系学理论的形成过程进行了总结,并将其视为民俗学新时代的理论先声。该栏目还分析了非物质文化遗产中的廉政文化与当代廉政建设的关系,认为系统梳理中国各地民俗资源中的廉政文化有助于培养廉政思想,强化道德观念,推进中国特色廉政体制的广泛传播和人性化建设。"非物质文化遗产的实践研究"栏目对上海城隍庙"祭城隍"仪式在城市治理方面的功能进行了研究,对上海三官俗信的历史与文化价值进行了研究,分析了上海土布文化的内涵及其文创衍生品开发的路径,认为青浦在上海田山歌的传承和发展中创造了非遗文化保护传承、创新发展的新模式。该栏目认为上海传统地方民俗节庆活动存在着式微、同质化等问题,应该从其作为非物质文化遗产的整体性特征来进行传承和保护。该栏目还对吴越地区最重要的防风氏神话的现实遗存——防风山岩画进行了调研,认为防风山岩画在科技史和文化史方面都具有重要价值。"域外非物质文化遗产的理论与实践"栏目以比利时啤酒文化为例分析了比利时传统手工艺的保护措施及其多元主体的参与情况,还以比利时弗兰德地区的游艺多样性培育项目为例分析了游艺的多样性问题。

Abstract

In April 2018, Shanghai municipal party committee and government put forward the call of "four brands". As a key factor of urban competitiveness, culture plays an increasingly important role. As a symbol of Shanghai culture, intangible cultural heritage should become the top priority in the brand building of "Shanghai culture" and assume more responsibilities. On November 5, 2018, at the opening ceremony of the first China International Import Expo, Chinese President Xi Jinping delivered a keynote speech, declaring support for the integration development of the Yangtze river delta region, which is also deemed as a national strategy. If the construction of "cultural brand" reflects the "quality" requirements for the protection of intangible cultural heritage, then the Yangtze river delta developing into a national strategy indicates the orientation for the protection of Shanghai's intangible cultural heritage in "degree". On one hand, we must make every effort to explore its historical connotation, discover and explain its important value and significance in the development history of the Yangtze river delta and the reality of regional integration. On the other hand, when doing so, we should also pay attention to the relationship between the cultural heritage of as well as other regions in the Yangtze river delta to seek win-win cooperation opportunities. The general report believes that both the brand building of "Shanghai culture" and the regional integration of the Yangtze river delta have actually provided unprecedented opportunities for the protection of intangible cultural heritage in Shanghai and it's also a good opportunity for us to rethink, review, research, develop and utilize regional intangible cultural heritage projects and resources.

"Shanghai culture brand and intangible cultural heritage" section analyzes the characteristics and the experience of inheritance and development of Shanghai cashmere embroidery and other Shanghai handicraft intangible cultural heritage, making recommendations of research and conservation of Shanghai hearing cultural heritage, studying landscape narration of Shanghai red cultural heritage such as Sihang warehouse memorial hall, proposing that opportunity of constructing Shanghai culture brand should be seized to build Shanghai Mazu culture brand. The section "theoretical research on intangible cultural heritage" analyzes the value, characteristics and problems of local intangible cultural heritage protection regulations in China and summarizes the formation process of folklore genealogy theory, regarding it as the theoretical pioneer of the new era of folklore. This part also analyzes the relationship between the non-corruption government culture in the intangible cultural heritage and the construction of a clean and honest government in the contemporary era, believing that systematic sorting out this kind of government culture in the folklore resources of various parts of China is conducive to the cultivation of non-corrupted government mindset, strengthening of the moral concept and promoting widespread and humanized construction of the honest government system with Chinese characteristics. The column "Practical study on intangible cultural heritage" focuses on the functions of "offering sacrifices ritual to Chenghuang" in Shanghai Chenghuang temple on city management, investigating the historical and cultural value of Sanguan folklore belief in Shanghai, analyzing interpretation of homespun fabric culture and the development path of cultural and creative derivatives in Shanghai. In this column, Qingpu was assumed to create a new pattern of intangible cultural heritage protection, innovation and development on inheritance and development of the Shanghai folk song. Other section also believes that traditional local folk festival activities in Shanghai are confronting with problems like declining and homogenization and should be inherited and protected from its overall characteristics as intangible cultural heritage. Another part also conducted a survey on the most important realistic remains of Fangfengshi myth in Wuyue area — rock painting of Fangfeng mountain, which is considered to be of great value in the science and technology history and culture history. In "theory and practice of intangible cultural heritage outside China", Belgian beer culture is taken as an example to analyze the protection measures of Belgian traditional handicraft and the participation of multiple subjects. It also takes the recreation diversity cultivation project in Flanders region of Belgium as an example to analyze the diversity of recreation.

目 录

总 报 告

一、"上海文化"品牌与非物质文化遗产

二、非物质文化遗产的理论研究

三、非物质文化遗产的实践研究

四、域外非物质文化遗产的理论与实践

CONTENTS

General Report

"Shanghai Culture" Brand and Intangible Cultural Heritage

Theoretical Research
on Intangible Cultural Heritage

Practical Study on Intangible
Cultural Heritage

Overseas Theory and Practice of Intangible Cultural Heritage

总 报 告

1

"上海文化"品牌建设与长三角一体化战略的实施为上海非物质文化遗产保护带来新机遇

毕旭玲*

摘　要　通过简单回顾,我们发现地方文化政策与战略从来没有这么密集地出台过。无论是"上海文化"品牌建设还是长三角区域一体化战略,实际上都为上海非遗保护工作提供了前所未有的机遇,为我们重新认识、审视、研究、开发、利用非遗项目与资源提供了良好的契机。首先,这是重新梳理海派文化与江南文化相关非遗项目与资源的良机。上海地区的海派文化相关非遗与江南文化相关非遗数量众多,类型丰富,特征鲜明,可惜还没有机会获得很好的梳理。其次,这也是重新认识发掘上海红色非遗资源的好机会。上海红色非遗资源广泛分

---

* 毕旭玲,女,博士,博士后,硕士生导师,上海社会科学院文学研究所副研究员,院民俗与非遗中心秘书长。

布于各区,且数量众多,涉及民间传说故事、歌谣、曲艺等多种形式。红色非遗资源的发掘、保护应该成为未来上海非遗保护工作的重点之一。再次,这也是从整体上建立以内容谱系、时间谱系与地域谱系为主的长三角区域非遗项目与资源谱系的机会,并在此基础上开展更多与更深入的交流与合作,谋取共赢。

关键词 "上海文化"品牌 长三角一体化 非物质文化遗产 机遇

从2003年算起,中国非物质文化遗产(以下简称"非遗")的传承与保护已经走过了十五个年头,自上而下、逐级铺开,完成了较为全面的普查与挖掘,构建了国家、省(直辖市)、市、区(县)四级保护体系,在民众中进行了非遗启蒙,并进入了新的历史时期。作为中国非遗保护运动的一部分,上海非遗传承与保护在这十多年间也取得了诸多成绩,进入了新的发展时期。但无论是国家非遗保护,还是地方非遗保护,都是由政府主导的文化运动。非遗保护运动的走向与政府的引领密不可分。因此,我们在探讨非遗问题时必须要关注政府在经济、社会、文化等方面的政策与发展战略。这些政策与战略不仅是上海非遗保护工作的背景,也影响,有时甚至决定着上海非遗保护工作的走向。

一、从国际文化大都市建设到长三角 区域一体化上升为国家战略

上海非遗保护运动的新时期处于上海向国际文化大都市迈进的过程中,与上海建设国际文化大都市的背景有着密切关系。2010年的上海世博会是上海文化大都市建设过程中的一个重要契机和里程碑,它使上海迈开了走向国际文化大都市的步伐。2011年11月通过的《中共上海市委关于贯彻〈中共中央关于深化文化体制改革推动社会主义文化大发展大繁荣若干重大问题的决定〉的实施意见》指出:"到2020年,市民综合素质和城市文明程度显著提升,

城市文化软实力和国际影响力显著增强,建成文化要素集聚、文化生态良好、文化事业繁荣、文化产业发达、文化创新活跃、文化英才荟萃、文化交流频繁、文化生活多彩的国际文化大都市。"这标志着上海要向国际文化要素的集聚和辐射中心迈进,城市文化发展目标瞄准了世界城市体系中的顶层。此后,上海加快了社会主义国际大都市的建设步伐,上海非遗也开始频繁向世界展露它的魅力。如:在 2012 年 6 月的韩国丽水世博会中国馆上海活动周中,来自上海的国家级非遗传承人现场展示了剪纸与面塑等非遗绝活[1];在 2012 年 10 月举行的上海网球大师赛开幕式上,莘庄钩针编结、马桥手狮舞、颛桥剪纸、七宝皮影等上海非遗项目与诸多"国际元素"同场亮相[2];2014 年 8 月 8 日,金山农民画、莘庄钩针编结等上海非遗作品亮相澳大利亚南澳首府阿德莱德原住民艺术中心[3]……

在国际文化大都市建设的基础上,上海形成了更具创新性,更重视文化在城市发展中的重要作用,表现出可持续发展理念的建设"人文之城"的目标。2017 年底,《上海市城市总体规划(2017—2035)》获得国务院批复。根据规划,到 2035 年,上海将建设成为"创新之城、人文之城、生态之城"。如果说2011 年国际文化大都市建设目标的提出,仅仅是从高度上为城市文化建设提供了一个目标,那么"人文之城"的提出,则从内容和质量上保证了这个目标的实现。"人文之城"的魅力在于城市文脉的延续和与时俱进的更新。富有地域特色的城市文脉,是上海区别于其他城市的最为显著的标识之一。从某种程度上看,这种标识比经济标识更具辨识度。因为经济标识将成千上万的不同城市简单划分为发达与欠发达两类,而城市文化则千差万别,由此形成了丰富多彩的具有不同人文特点的城市。

---

① 薛慧卿:《"非遗"传人展示海派文化独特韵味　丽水世博会中国馆上海活动周今开幕》,《新民晚报》(美国版)2012 年 6 月 29 日第 A04 版。

② 钱蓓:《2012 上海网球大师赛今举行首轮正赛,与诸多"国际元素"同场亮相的,有莘庄钩针编结、马桥手狮舞、颛桥剪纸、七宝皮影……"非遗",努力活在人们视线中》,《上海文汇报》2012 年 10 月 7 日第 01 版。

③ 朱全弟:《上海"非遗"文化亮相澳大利亚原住民艺术馆》,《新民晚报》2014 年 8 月 14 日第 A23 版。

　　沿着这个路径,到 2018 年 4 月,上海市委、市政府提出了打响"四大品牌"的号召。四大品牌包括上海服务、上海制造、上海购物与上海文化。市委、市政府召开的"四大品牌"推进大会指出:"'上海文化'重在展现标识度。充分用好红色文化、海派文化、江南文化资源,激发上海文化的创新创造活力,加快建成更加开放包容、更具时代魅力的国际文化大都市。"①从这一段表述中我们可以解读出以下一些内容:第一,"上海文化"品牌的打造是凝聚和凸显上海地方文化特色的过程;第二,红色文化、海派文化、江南文化是上海文化的代表,是"上海文化"品牌打造的重点领域;第三,"上海文化"品牌打造的目的是为国际文化大都市建设服务。

　　从"国际文化大都市"建设目标的提出到"上海文化"品牌建设的提出,文化作为构成城市竞争力关键因素的作用越来越明显。可以说,上海已经到了不得不提升文化软实力的关键时期。这也为当前和将来很长一段时期内上海非遗保护工作树立了一个远大的目标:建立与国际文化大都市建设相适应的非遗传承与保护体系,并不断推动非遗保护工作取得更好的成绩。同时,作为上海文化表征的非遗文化也应该成为"上海文化"品牌建设的重中之重,在"上海文化"品牌建设过程中担负更多的责任。

　　2018 年 11 月 5 日,在首届中国国际进口博览会开幕式上,国家主席习近平发表主旨演讲,宣布支持长江三角洲区域一体化发展并上升为国家战略,着力落实新发展理念,构建现代化经济体系,推进更高起点的深化改革和更高层次的对外开放,同"一带一路"建设、京津冀协同发展、长江经济带发展、粤港澳大湾区建设相互配合,完善中国改革开放空间布局。② 从地域上看,这里的"长江三角洲区域"已经突破了传统苏浙沪的范围,扩展到包括江苏、浙江、安徽和上海在内的三省一市。长江三角洲区域一体化上升为国家战略,势必将对包括上海在内的三省一市产生极其深远的影响,从社会、经济、文化各方面为这

---

① 《市委市政府召开全力打响"四大品牌"推进大会》,上海市人民政府网 http://www. shanghai. gov. cn/nw2/nw2314/nw32419/nw43404/nw43407/u21aw1306317. html,2018 年 4 月 25 日。
② 《习近平:支持长三角区域一体化发展并上升为国家战略》,新浪财经 https://finance. sina. com. cn/china/2018 - 11 - 05/doc-ihmutuea7072892. shtml,2018 年 11 月 5 日。

些省市的发展提供更广阔的空间和源源不绝的动力。

如果说从"人文之城"到"文化品牌"的设计,体现了对非物质文化遗产保护的"质"的要求的话,那么长三角一体化发展上升为国家战略则在"度"上为上海非遗保护指明了方向。这个"度"既包括深度,也包括广度。一方面,我们必须深入发掘上海非遗的历史内涵,发现和阐释它在长江三角洲发展历史上和区域一体化的现实中的重要价值与意义。另一方面,我们在非遗保护中也要关注上海文化遗产与长江三角洲其他区域的文化遗产之间的关系,寻求合作共赢的机会。

简单回顾2010年以后,尤其是2017和2018两年的文化政策与战略,我们发现地方文化政策与战略从来没有这么密集地出台过。这种情况看似偶然,实则必然。在经济社会发展达到一定高度以后,文化就越来越表现出它的制约或促进作用。当文化发展明显滞后于经济社会发展时,文化就显示它的制约作用,限制经济社会的发展。当文化发展与经济社会发展同步且协调,文化就显示它的促进作用,不仅促进,有时甚至带动和引领经济社会的发展。于是我们意识到:上海已经到了不得不提升文化实力的时期。无论是"上海文化"品牌建设还是长三角区域一体化,实际上都为上海非遗保护工作提供了前所未有的机遇,为我们重新认识、审视、研究、开发、利用地区非遗项目与资源提供了良好的契机,具体分析如下:

二、重新梳理海派文化与江南文化
相关非遗项目与资源的契机

"上海文化"品牌是我们既熟悉又陌生的课题,它是一个新提法,但"上海文化"品牌建设的两个重点领域——海派文化与江南文化,很早就进入了上海学者的研究视野。而且,这两种文化资源早已在市区两级非遗项目名录中得到了体现。下面,我们将对这两种非遗项目与资源进行简要分析。为了论述的方便,本文将海派文化相关非遗项目与资源简称为"海派非遗",将江南文化相关非遗项目与资源简称为"江南非遗"。

（一）上海海派非遗及其特点

本文从已经正式公布的上海市前五批非遗项目名录和处于公示期的《第六批上海市非物质文化遗产代表性项目名录推荐项目名单》①中选取了部分海派非遗项目，列表如下：

表1　部分海派文化相关非遗项目名录②

序号	项目名称	类别	申报地区或单位	批次
1	海派旗袍制作技艺	传统技艺	上海艺术研究所、徐汇区	第一批
2	海派黄杨木雕	民间美术	徐汇区	第一批
3	海派剪纸艺术	民间美术	徐汇区、上海工艺美术研究所	第一批
4	海派面塑艺术	民间美术	上海工艺美术研究所	第一批
5	沪上闻人名宅掌故与口碑	民间文学	徐汇区	第一批
6	海派木偶戏	传统戏剧	上海滑稽剧团	第二批
7	海派杂技	杂技与竞技	上海杂技团	第二批
8	海派魔术	杂技与竞技	浦东新区	第二批
9	海派玉雕	民间美术	上海海派玉雕文化协会	第二批
10	海派绒绣	民间美术	浦东新区、上海工艺美术研究所、上海恒源祥（集团）有限公司	第二批
11	石库门里弄营造技艺	传统技艺	卢湾区	第二批
12	海派绒线编结技艺	传统技艺	卢湾区、上海工艺美术研究所	第二批
13	石库门里弄居住习俗	民俗	虹口区	第二批
14	*海派剪纸艺术	民间美术	卢湾区、闵行区	补充

① 参见《上海市文化广播影视管理局关于公示第六批上海市非物质文化遗产代表性项目名录推荐项目名单的公告》，上海市文化和旅游局网站 http://wgj.sh.gov.cn/node2/n2029/n2031/n2062/u1ai156910.html，2018年11月3日。
② 加"*"的项目为随同各批次一起公布的补充名录。

续表

序号	项目名称	类别	申报地区或单位	批次
15	上海宣传画	传统美术	上海人民美术出版社	第三批
16	海派紫砂艺术	传统美术	上海市收藏协会	第三批
17	上海说唱	曲艺	徐汇区	第三批
18	老正兴本帮菜肴传统烹饪技艺	传统技艺	黄浦区	第三批
19	上海老饭店本帮菜肴传统烹饪技艺	传统技艺	黄浦区	第三批
20	本帮菜肴传统烹饪技艺	传统技艺	浦东新区	第三批
21	上海绕口令	民间文学	徐汇区	第四批
22	海派瓷艺	传统美术	普陀区	第四批
23	海派膏方文化	民俗	上海中医药大学附属曙光医院	第四批
24	*海派锣鼓	传统音乐	上海市演出行业协会	补充
25	*海派剪纸艺术	传统美术	松江区	补充
26	*海派玉雕（水晶雕刻）	传统美术	普陀区	补充
27	海上书法	传统美术	上海市书法家协会	第五批
28	上海牙雕	传统美术	上海工艺美术有限公司工艺美术研究所	第五批
29	海派盆景技艺	传统美术	浦东新区	第五批
30	*海派玉雕（琥珀雕刻）	传统美术	上海工艺美术职业学院	补充
31	*海派绒线编结技艺	传统技艺	黄浦区	补充
32	海派插花	传统美术	上海市插花花艺协会	第六批
33	*海派玉雕	传统美术	上海市非物质文化遗产保护协会	补充
34	*上海本帮菜肴传统烹饪技艺（宝山鮰鱼烹饪技艺、金山堰菜烹饪技艺、徐泾汤炒烹饪技艺）	传统技艺	上海市餐饮烹饪行业协会，宝山区、金山区、青浦区	补充

首先,海派非遗数量相当多。在选择海派非遗项目时,本文仅选取了那些名称就能显示出海派文化特色的项目,如带有"海派""上海""本帮"等词汇的项目。实际上,市级海派文化相关非遗项目还有许多。市级项目之外,区县级的数量更庞大。而那些尚未被列入市区两级项目名录的资源就更多了。

第二,本文统计的海派非遗分布于非遗名录十大类中的传统技艺、民间文学、民间音乐、传统戏剧、杂技与竞技、民俗、曲艺等七类中,说明海派非遗的内容相当丰富。从数量上来看,传统美术与传统技艺类海派非遗的优势最明显。这与明清以后上海城市繁荣、工商业发达的历史有密切关系。

第三,海派非遗具有鲜明的城市性与商业性特征,因此集中分布在徐汇区、原卢湾区、原黄浦区等工商业发达的中心城区。

（二）上海江南非遗及其特点

本文也从已经正式公布的上海市前五批非遗项目名录和处于公示期的《第六批上海市非物质文化遗产代表性项目名录推荐项目名单》中选取了部分江南非遗项目,列表如下:

表2　部分江南文化相关非遗项目

序号	项目名称	类别	申报地区或单位	批次
1	培罗蒙奉帮裁缝缝纫技艺	传统技艺	黄浦区	第一批
2	亨生奉帮裁缝缝纫技艺	传统技艺	静安区	第一批
3	乌泥泾手工棉纺织技艺	传统技艺	徐汇区	第一批
4	淮剧	传统戏剧	上海淮剧团	第一批
5	越剧	传统戏剧	上海越剧院、静安区	第一批
6	昆曲	传统戏剧	上海昆剧团	第一批
7	江南丝竹	民间音乐	上海市群众艺术馆、闵行区、长宁区、杨浦区、嘉定区、崇明县、南汇区、徐汇区、普陀区、奉贤区	第一批
8	*江南丝竹	民间音乐	浦东新区、宝山区、青浦区	补充

续表

序号	项 目 名 称	类别	申报地区或单位	批 次
9	小绍兴白斩鸡制作技艺	传统技艺	黄浦区	第三批
10	钱氏家训及其家教传承	民俗	上海钱镠研究会	第四批
11	浙派古筝艺术	传统音乐	上海音乐学院	第五批
12	江南园林营造技艺	传统技艺	上海建工集团股份有限公司、上海阮仪三城市遗产保护基金会	第六批
13	南派鸟笼制作技艺	传统技艺	上海市收藏协会	第六批

第一,上海江南非遗数量也不少。在选择江南非遗项目时,本文也仅选取了那些名称就能显示出江南文化特色的项目,如带有"江南"等词汇的项目,或者明显在江南其他地域也有的非遗项目,如越剧、昆曲。但实际上,有不少非遗项目从名称上看不出与江南文化有关,也属于江南非遗,如上海道教音乐。上海道教音乐是上海市级非遗项目,是具有江南地区独特音乐风格和道教文化特点的音乐。在上海道教音乐形成发展的过程中,曾有过本帮、苏州帮、无锡帮等诸多帮派,受到过江南其他地区道教文化的影响。因此,上海道教音乐是显示了江南文化特点的非遗项目,是与江南文化相关的非遗项目。这样的项目还有不少。因此上表13项江南文化相关非遗项目也仅仅是上海江南文化相关非遗项目与资源中的一小部分。

第二,本文统计的江南非遗分布于非遗名录十大类中的传统技艺、传统戏剧、民间音乐与民俗五方面,内容也比较丰富。这与上海地区的文化长期受到江南文化的濡养有关。不少历史悠久的艺术文化品种都受到了江南文化的影响,而一部分发生于江南其他区域的艺术文化品种也在近现代的上海获得了关键性的成长和成功,比如淮剧。淮剧作为一种古老的地方戏曲剧种,发源于江苏省盐淮地区(盐城市和建湖县),早期称为盐淮小戏。民国时期,艺人将盐淮小戏带到上海,还陆续在杭嘉湖一带演出,当时被称为"江淮戏"或"江北小戏"。后来,江淮戏在上海得到了革新,并在上海高升大戏院取得了演出成功。此后,江淮戏不断得到发展,在解放初期正式获得了"淮剧"这一名称。1953

年成立的上海人民淮剧团是新中国第一家淮剧团。2008 年 6 月,上海淮剧团和江苏省盐城市一起申报的淮剧被列入了第二批国家级非物质文化遗产名录。

此外,上海的江南非遗与稻作农业、渔业密切相关,带有明显的稻作文化与渔业文化特色。因此,不少江南非遗分布在曾以稻作农业为主、渔业发达的郊区,如青浦区、崇明岛等地。

总的来说,"上海文化"品牌建设的提出,将使海派非遗与江南非遗受到前所未有的重视。同时,这也是一个机会,使散见的相关非遗项目与资源得到重新梳理与更好地利用。

三、重新认识发掘上海红色非遗资源

红色文化遗产资源是一种十分重要的文化遗产,是红色精神文化的有效载体,是具有政治教育、经济发展、文化传播等价值和功能的独特的综合性资源,与民众生活息息相关,而且自产生之日起便拥有广泛的群众基础。红色文化遗产资源所展现出的精神信仰对人文与社会有独特的影响。上海是红色文化遗产资源的富集地,但红色文化遗产资源在很长时间内并没有得到足够的重视,主要原因是与其他传统文化资源相比,红色文化遗产资源存在时间较短,除了政治教育功能之外的多方面的功能还没有被正确认知。不少人还没有将红色文化遗产资源当作文化遗产来对待。由于受重视程度不够和缺乏挖掘梳理,在过去,不少红色文化遗产资源遭到破坏。对红色文化遗产资源的发掘保护在近几年才受到重视。2016 年 7 月,上海全面启动为期 5 年的"党的诞生地发掘宣传工程",推动和促进了上海红色文化遗产资源的发掘和宣传。2018 年 4 月,上海市委、市政府明确提出打响包括红色文化在内的"上海文化"品牌的四层级体系。上海红色文化遗产资源保护受到前所未有的重视,其文化、经济等多方面功能与价值引起越来越广泛的关注。

上海红色文化遗产资源包括红色物质文化遗产资源与红色非物质文化遗产资源两大类。前者包括各类故居、旧居、雕塑、纪念物等,后者则主要包括以讲述和传播红色历史、红色风物、红色人物事迹为主要内容的红色传说故事、红色曲艺、红色戏剧等。上海红色非遗资源分布于各个区,且数量众多,涉及民间传说故事、歌谣、曲艺等多种形式,并在上世纪七八十年代的民间文艺集成工作中得到了一定的整理与保存。比如《中国民间故事集成·上海卷》中收录的传说故事《陈老总解卦》《陈毅拜师》《陈毅改对联》《陈云智甩"跟屁虫"》等①,《中国歌谣集成·上海卷》中收录的颂歌《党是天上虹太阳》《听话要听党的话》《共产党来了真格亲》,革命斗争歌《八路军打仗为老乡》《新四军抗敌功劳大》《革命路上找亲人》等②,《中国民间歌曲集成·上海卷》中收录的小山歌《日出东方一点红》《心里想起毛泽东》《毛主席领导好》,小调《上海工人大武装》《纪念列宁》《东天出了个红太阳》等③。这三本书中收录的篇目仅仅是红色非遗资源中的一部分,那些没有被收集整理的就更多了,比如与革命家故居、纪念物等红色物质文化遗产相关的传说故事等。

红色非遗资源对上海城市发展发展有着特殊的意义。与红色物质文化遗产相比,红色非遗资源更能直接体现其中蕴含的红色精神、城市精神与民族精神,体现出"自我"与"他者"的区别。因此,对红色非遗的发掘、保护、开发与利用更方便形成与巩固大众的文化记忆,有利于增强本民族的认同感。加强对上海红色非遗的研究与保护,不仅对上海文化遗产保护和城市发展有着重要的指导意义,对全国其他地区红色文化遗产的研究与保护也很有借鉴意义。

可惜的是,丰富的上海红色非遗资源在前期非遗保护中没有得到足够重视。在现有的上海市非遗名录中,仅在"川沙民间故事""沪上闻人名宅掌故与口碑"等少数非遗项目中保存了一些红色非遗资源,专门的红色非遗项目则一项都没有。因此,红色非遗资源的发掘、保护应该成为未来上海非遗保护工作的重点之一。

---

① 参见《中国民间故事集成·上海卷》,中国 ISBN 中心 2007 年版。
② 参见《中国歌谣集成·上海卷》,中国 ISBN 中心 2000 年版。
③ 参见《中国民间歌曲集成·上海卷》,中国 ISBN 中心 1998 年版。

四、建立长三角区域非遗项目与资源谱系

从原始社会到当代,上海文化经历了不同历史时期的积淀,形成了具有鲜明地域特点的文化特色,其斑斓的形态与深厚的内涵共同铸造了国际大都市的魅力与风采,并直接推动了上海城市的发展。但上海文化的发展并不是一个孤立的现象。从地域上来看,上海处于长江三角洲的东部。上海的成长发展离不开长江三角洲的大环境,其社会、经济、文化的发展特点都与长江三角洲其他地域具有一定的相似性。

中国第一篇区域地理著作《尚书·禹贡》就把长三角三省一市都划归入古扬州,并且描述说:

> 淮、海惟扬州:彭蠡既猪,阳鸟攸居。三江既入,震泽底定。篠簜既敷,厥草惟夭,厥木惟乔。厥土惟涂泥。厥田惟下下,厥赋下上,上错。厥贡惟金三品,瑶、琨、篠、簜、齿、革、羽、毛惟木。鸟夷卉服,厥篚织贝,厥包橘柚,锡贡。沿于江、海,达于淮、泗。

相传大禹在治水过程中对各地水文、土壤、物产资源等进行了深入了解。治水成功以后,大禹打破了原始社会以血缘为基础的氏族、部落之间的界限,根据水文、土壤、物产资源等方面的相似性,将所辖区域划分为九个区域,也就是古九州。北至淮河,南至大海的古扬州地区是一片低洼潮湿的土地,土地的质量在九州中属第九等。但是它有着丰富的自然资源,除了贵重矿产资源如金、银、铜、玉、石之外,还有珍贵以及特有的生物资源如象牙、犀牛皮、鸟羽、旄牛尾、竹子、橘子、柚子,以及当地特色手工制品如海岛民众用贡草制作的衣服和手工丝织品等。这些或贵重或特色的资源与产品被大禹确定为进贡给中央的贡品。可见,早在国家诞生之前,长江三角洲的三省一市就被视为一个整体,这是长三角区域一体化历史的早期开端。夏商周时期,位于长江三角洲的吴国与越国先后建立并强大起来,其统治范围最大时不仅完全覆盖了今天的

三省一市,甚至扩展到更遥远的齐鲁等地。吴越两国不仅地域相邻,气候相似,物产相近,民众的风俗、语言、性格也相仿,并长期相互影响。因此,从政治概念上的吴国与越国衍生出了文化概念上的吴越地区。吴越文化可以说是长江三角洲区域一体化在文化上结出的第一个硕果。大约从六朝开始,土生土长的吴越文化逐步受到中原文化的影响,传承转变为江南文化。江南文化是长江三角洲区域一体化在文化上结出的第二个硕果。

历史上长江三角洲各地区不间断的文化交融表现为当代三省一市的非遗项目与资源的趋同性、相似性。这方面的例子很多。龙舞属于非物质文化遗产申报名录十大类别中的"传统舞蹈",在全国很多省市都能见到。但是长江三角洲地区龙舞的分布密度和舞蹈种类都可以称为全国之冠,著名的品种如浦江板凳龙、长兴百叶龙、奉化布龙、兰溪断头龙、开化香火草龙等。根据本文的统计,全国各地进入前四批国家级非遗名录中的龙舞项目有39项,而长三角地区就有13项,占其中的三分之一,如表3所示:

表3　国家级龙舞项目名录

编号	省(直辖市)	项　目　名　称	申报地区或单位
1	浙江省	浦江板凳龙	浙江省浦江县
2		长兴百叶龙	浙江省长兴县
3		奉化布龙	浙江奉化市
4		兰溪断头龙	浙江省兰溪市
5		碇步龙	浙江省泰顺县
6		开化香火草龙	浙江省开化县
7		坎门花龙	浙江省玉环县
8		鳌江划大龙	浙江省平阳县
9	上海市	舞草龙	上海市松江区
10		浦东绕龙灯	上海市浦东新区
11	江苏省	骆山大龙	江苏省溧水县
12		直溪巨龙	江苏省金坛市

续表

编号	省（直辖市）	项 目 名 称	申报地区或单位
13	安徽省	手龙舞	安徽省绩溪县
14	广东省	湛江人龙舞	广东省湛江市
15		汕尾滚地金龙	广东省汕尾市
16		埔寨火龙	广东省丰顺县
17		人龙舞	广东省佛山市
18		荷塘纱龙	广东省江门市蓬江区
19		乔林烟花火龙	广东省揭阳市
20		醉龙	广东中山市
21		香火龙	广东省南雄市
22		六坊云龙舞	广东省中山市
23	湖南省	汝城香火龙	湖南省汝城县
24		九龙舞	湖南省平江县
25		芷江摔龙	湖南省芷江侗族自治县
26		城步吊龙	湖南省城步苗族自治县
27	湖北省	潜江草把龙	湖北省潜江市
28		三节龙	湖北省云梦县
29		地龙灯	湖北省来凤县
30		高龙	湖北省武汉市汉阳区
31	四川省	泸州雨坛彩龙	四川省泸县
32		黄龙溪火龙灯舞	四川省双流县
33	河北省	易县摆字龙灯	河北省易县
34		曲周龙灯	河北省曲周县
35	河南省	火龙舞	河南省孟州市
36	山东省	龙灯扛阁	山东省临沂市
37	辽宁省	金州龙舞	辽宁省大连市金州区
38	福建省	大田板灯龙	福建省大田县
39	重庆市	铜梁龙舞	重庆市

为何龙舞在长三角地区如此盛行呢？这与长三角水网密布、东部临海的地理条件密切相关。在中国传统文化中，龙除了是民族图腾和象征之外，还是一种掌管水的神，即水/海龙王。这种控制水的能力，使得龙王在多水域地区得到更多的崇拜。长江三角洲地区也是水稻种植的发源地，不少民众以稻作农业为生。水稻生产与降水量有着密切的关系，既不能过旱，也不能过涝。当天公不作美时，民众不得不常常求助于龙王。比如上海松江区的国家级非遗项目——舞草龙就是一种与民众求雨仪式密切相关的舞蹈。舞草龙是松江当地民间祭祀性的龙舞仪式，因用稻草扎成龙身而得名。关于草龙的由来，民间传说《扎草龙求雨》①是这样解释的：唐代大旱，松江叶榭出身的仙人韩湘子为救父老脱困，吹起神箫，召来东海龙王施云布雨，解救了当地民众。此后，叶榭民众便扎起了草龙，舞草龙祈雨成为当地一种重要的民俗活动。

长三角地区非遗名录与资源上的这种相似性在新世纪也逐步被认知，三省一市在非遗保护上的合作越来越多，比如：2009年10月10日，"江南俏"长三角非物质文化遗产舞台艺术邀请赛在上海市天山电影院拉开帷幕。越剧、沪剧、昆剧、锡剧、独角戏、淮剧、海门山歌等长三角民间剧种参加了邀请赛②；2014年4月30日，长三角民歌赛在昆山巴城镇举行。当天有来自长三角的16支民歌队伍参加了比赛，白茆山歌、河阳山歌、沙上号子、嘉善田歌、巢湖民歌、吴歌童谣悉数亮相③；2016年2月19日，"江南百工——首届长三角非物质文化遗产博览会"在上海朵云轩艺术中心开幕。龙泉青瓷、宜兴紫砂、云锦织造、苏州制扇、苏州玉雕、无锡泥人、青田石雕、乐清细纹刻纸、温州彩石镶嵌、舟山船模、徽墨制作、歙砚制作、宣纸制作、徽州漆器髹饰、朵云轩木版水印、海派剪纸、海派盘扣等众多长三角优秀非遗项目亮相④；2017年6月9日，长三角"非遗进校园"特色教育论坛活动在嘉善县丁栅中心学校举行。⑤

---

① 《扎草龙求雨》，《中国民间故事集成·上海卷》，中国ISBN中心2007年版，第628页。
② 《非遗展演 荟萃长三角精品》，《长宁时报》2009年10月27日第06、11版。
③ 《无锡非遗传承人亮嗓长三角民歌赛》，《无锡日报》2014年5月1日第A04版。
④ 乐梦融：《长三角非遗博览会今揭幕》，《新民晚报》（美国版）2016年2月19日第A16版。
⑤ 应微微：《让"非遗之花"开遍校园》，《今日路桥》2017年6月15日第05版。

当然，上述这些合作还停留在较浅的层面上，应该进行更深入、更有针对性的区域协同保护活动，应该搭建更广泛的区域非遗推广平台，应该开展更深入的区域内部交流学习活动。但这些协同保护行为都必须建立在对长三角地区的非遗项目与资源深入了解的基础上。因此，为了推动长三角地区的非遗保护运动，本文建议应该从整体上着眼，建立起长三角地区非遗项目与资源的谱系。长三角地区非遗项目与资源的谱系应该主要包括内容谱系、时间谱系与地域谱系三种。内容谱系主要指向长三角地区非遗的品类及其亲缘关系；时间谱系主要指向长三角地区非遗形成与发展的时间顺序及其相互影响；地域谱系主要指向长三角地区非遗的地域分布及其传播关系。保护长三角地区的非遗就是保护长三角地区的文脉，建立长三角区域的非遗谱系也是建立长三角地区的文脉谱系。

上海非遗是上海文化的精华。它对于上海民众来说，是安置灵魂的美好家园，是传承精神的重要载体。而对于上海以外的人来说，上海非遗是他们了解上海地区民众的秉性与思想、地区的历史与文化的重要窗口。"上海文化"品牌建设与长三角区域一体化战略的提出为当前以及今后较长一段时期内上海非遗保护工作提供了新的机遇，让我们有机会站在山之巅峰，在更广阔的领域中重新梳理、认识上海地区的非遗项目与资源，建立非遗谱系，将上海非遗保护工作推向更美好的未来。

一、"上海文化"品牌与非物质文化遗产

2

浅谈上海绒绣艺术的"海派"特质[*]

柯 玲[**]

摘 要 上海绒绣艺术是第三批国家级非物质文化遗产名录项目,也是第一批国家传统工艺振兴目录项目。上海绒绣艺术具有浓厚的海派文化特质,海纳百川的气度是上海绒绣自带的国际化基因;开明睿智的传统使得绒绣能在黄浦江畔这片热土上快速落地生根;而大气、谦和的品格又让上海绒绣变得雅俗共赏;追求卓越不断创新的精神则是上海绒绣的传承发展的根本保证。上海绒绣艺术已成为海派文化名片之一。

---

* 基金项目:2018 年上海社科规划课题"上海绒绣艺术的当代价值及其传承发展研究"(编号:2018BWY009)、2018 年上海市设计学 IV 类高峰学科开放基金项目"非遗服饰文化的传承与教育研究"阶段成果之一。

** 柯玲,东华大学服装与艺术设计学院教授,非物质文化遗产教育研究中心主任,硕士生导师;上海国际设计创新研究院研究员。

关键词　非物质文化遗产　上海绒绣　海派特质

　　绒绣是刺绣的一种,但又不同于一般刺绣。我国的刺绣或以区域命名,如四大名绣之苏绣、粤绣、湘绣、蜀绣、京绣等;或以民族命名,如苗绣、黎绣、彝绣等;或以针法技法命名,如打籽绣、数纱绣、平绣、双面绣等;以刺绣材质命名的则很少,仅绒绣、锡绣、马尾绣几种。其实绒绣也是曾以区域命名的"柏林刺绣",概因绒绣起源并流行于欧洲,由于当时多用德国美利奴羊的羊毛制成绒线进行绣制而得名。绒绣也曾被称为"点子绣""斜针绣"等,但最普及的还是"绒绣"。据说 14 世纪德国农民的服装和壁毯上,流行根据织物经纬线排列,计算针数绣成的图案。16 世纪欧洲又出现一种专作刺绣底子的麻布,在底子上用绒线逐针绣满,便成了绒绣。17 至 19 世纪,绒绣在英国盛行。

　　我国的绒绣是随着西方列强的扩张而被带进来的。鸦片战争后,徐家汇天主教的修女在农村传授绒绣等西方技艺,绒绣由此传入上海。20 世纪初,英国传教士詹姆斯氧茂兰在山东烟台开设"仁德洋行",将欧洲的绒绣引进中国沿海地区,随后,来沪洋人也开设一些企业,组织浦东地区川沙、东昌、高桥一代妇女生产绒绣产品。后来英美商人也在上海开设谦礼洋行、谦泰洋行,组织绒绣来料加工,绒绣在上海兴起。作为一种独特的艺术表现形式,绒绣以其独有的魅力吸引了中国乃至世界人民的关注与喜爱。20 世纪 30 年代末,上海绒绣艺术家刘佩珍等刘氏五姐妹率先用绒绣制作人物肖像,1943 年刘佩珍尝试用绒绣艺术创作人物肖像,标志着绒绣日用工艺品和艺术欣赏品开始分流,进入了创新时期。50 年代初,上海绒绣艺术家高婉玉对绒绣的配色等工艺进行了改革,丰富了绒绣艺术的表现力。时至今日,"上海绒绣"已成为我国绒绣艺术的杰出代表,被人们誉为"东方油画"。如今的上海绒绣是一项国家重视、影响深远、意义重大、亟待振兴的传统艺术。2011 年上海绒绣年被列入《第二批国家非物质文化遗产名录》,2018 年被列入文化和旅游部、工业和信息化部联合发布的《第一批国家传统工艺振兴目录》。

　　不难发现,上海绒绣自入沪至今日,其发生发展都离不开上海历史与民俗文化土壤。上海绒绣中不仅承载着上海的历史,也凝聚了上海民众的智慧,丰富了上海人的精神世界,并逐渐成为海派文化的名片之一,显示出愈来愈浓厚的"海派"文化特质,主要体现在以下四个方面——

一、上海绒绣的国际化基因与 海纳百川的海派气度

对国人而言,绒绣进沪或许并不是一段令人愉快的历史,但无论你承认与否,上海曾经的租界历史如今都已是一种文化记忆。外滩的建筑群和上海的西式教堂既是历史见证,也是文化遗存。历史上的文化交流无论是主动的还是被迫的,都会以或有形或无形的方式、或多或少的程度存在,并对当地文化发生过影响。一段华洋杂处历史不仅在上海方言里留下了洋泾浜英语,也造就了上海小开、上海老克勒、上海名媛等"洋气"的上海民俗或上海气质。

一座城市的历史风貌影响着城市精神的塑造。上海有其历史特殊性,特别是近代曾经作为世界多国殖民势力争相聚集之地期间,外国人在上海设租界、建教堂、办教育、开舞厅等的同时,也随身带来了异域的文化。看城市外形,上海城市建筑至今还明显带有英、德的新教传统色彩,带有法、意等拉丁文化为代表的天主教传统风格,带有英、法、美、俄等国各自特色的市政建筑和城市文化。或许也正是因为有了这段特殊的历史,上海比其他城市获得了更多的包容性。如同土山湾工艺、艺术一样,绒绣、编织一类偏于女性色彩的西方手工技艺在上海这块土地上得到了更好地传播和弘扬。

绒绣材质考究,必须用定制的网格底料和世界上最好的纯羊毛,因而被誉为绣品中的"皇后"。绒绣在欧洲也曾是贵族的身份象征,它是高档的装饰艺术品。其色彩绚丽浓郁,浪漫而多元化的人文风情,具有强烈的艺术感染力,也能将室内装饰得富丽典雅,是提升环境品位的上层饰品。今天高悬于北京人民大会堂国宴厅的《万里长江图》,香港厅的《维多利亚海湾夜景》便是上海绒绣中的精品。绒绣艺术能在上海发扬光大,首先离不开上海人的"接纳"而且务实的文化胸怀。上海可以说是一座移民城市,至今在沪的外来人口、外籍

人口依然领先全国。上海人从不非理性地排外,反而很擅长合理取用服务于本帮。随着对海派文化研究的深入,越来越多的人发现上海人崇尚"实力派",艳羡"高水准"。这种海纳百川的精神一直延续至今,一路助力上海成为了改革开放的排头兵、创新发展的先行者。

海纳百川既是一种文化胸怀,也是一种可贵的文化理性。"泰山不拒细壤,故能成其高;江海不择细流,故能就其深。"试想一下,如果当年的上海先民誓死抗外,或者将西人的绒线付之一炬,将西人的建筑统统捣毁,对外来的一切全盘否定,上海何以能成今日之"大"?绒绣艺术在上海的落地生根、开花结果,既要归功于上海人海纳百川的胸怀,也是上海人善于洋为中用,敢于"择优取用",开明睿智的生存智慧和发展策略的体现。这种气度也决定了绒绣艺术的现代发展。绒绣艺术自带的国际化基因,决定了它在新时期国际交流中也将发挥且已经发挥着十分重要的作用。

二、上海绒绣的落地生根与开明睿智的海派传统

上海地处长江三角洲,江南水乡的城市传统也深深影响着上海这座城市。海派文化中讲究实用、精于算计而又细腻、精致的倾向,与江南传统士大夫浪漫、颓废、唯美等心理传统融合在一起,为上海文化打上了深深的烙印。这一历史脉络,便是上海开明而又睿智的文化传统。

海派文化中的"开明",首先表现为女性地位之高。上海女人精致、节俭,出门给老公面子,但在家做一家之主的地位从来撼动不了,并且全国闻名。而上海女性家庭地位高并非因其强势无理,而是因其通情达理,勇于担当。很多人看到了上海家庭中男性的温柔体贴、家务承包,以及对太太照顾的无微不至;看到了家庭中的上海女人,对自己老公要求颇高,自己有些居高临下,殊不知在更多的时候,上海女人对自己的要求更高。上海女性的社会地位与历史上上海的生产劳动方式有着密切的关系。宋朝以后,上海松江纺织业发达,尤其是棉纺织业(得益于黄道婆的改良)极其发达,有"松郡棉布,衣被天下"之

说。而植棉、纺织等主要生产工序是由女性来完成,女性成为家庭财务的主要创造者,而男子多为辅助工作者及家务的承担者。史书记载,上海女性凭着自己的一技之长,成为养家糊口的重要支柱,用她们灵巧的双手养活了自己、孩子,甚至全家。棉纺、织布、编织、钩针、刺绣样样钻研,件件精通。可见,上海女性的家庭地位与其经济地位相关。"直到20世纪80年代农村妇女在家庭经济中仍具举足轻重的地位。"①所以有人说:"当你夸赞上海男人脾气好、儒雅的时候,你还不如多赞美上海女人,是她们用她们独立、果敢的智慧,用她们的勤奋、勇敢、懂生活的态度成就了男人的绅士,成就了上海,成就了上海这座文明城市,并且令上海男人心悦诚服!"②她们以自己的智慧成为劳动能手或工艺巧手。以刺绣为例,仅上海一地,绒绣、顾绣两个国家级非遗项目,还有市级非遗项目三林刺绣。

本来剪花、刺绣、缝衣都是我国传统女红技能,旧时女性几乎人人掌握。但上海的刺绣艺术显得别具一格,充分显示了上海人的睿智和聪慧。上海刺绣与其他地方最为显著的不同在于,这里的刺绣与艺术的联系尤为密切,刺绣的艺术性比别处更胜一筹。被列入国家级非遗名录的上海绒绣和顾绣都是画绣:顾绣专注于国画,绒绣专注于油画。在上海这两项基于刺绣的传统艺术一在浦东,一在浦西,两者相映成趣,国画和油画相映生辉。两种典型的绘画艺术通过上海绣娘之手得以呈现,共同彰显了海派刺绣的艺术独特性,也正好回应了海派文化的中西合璧特色。而上海市级非遗的浦东三林刺绣,其实也是一大瑰宝,它在本地传统绣艺的基础上,集中国传统四大名绣之精华,又融入明代上海露香园的顾绣之精髓,并且还兼顾了时尚元素,开创出了与其他绣法所不同的流派风格。三林刺绣经过几个世纪的发展,形成了独特的"抽、拉、雕"技艺:"抽",是在丝绸上抽掉几根丝,形成一定的几何图案;"拉",是用针线将丝拉成各种各样的花纹图案;"雕",是用剪刀剪掉平面上一些部位,再

---

① 金九牛:《家庭棉纺织业与上海县风俗》,载《黄道婆研究》,上海社会科学院出版社1994年版,第187页。

② 海菱:《上海男人和上海女人》,Read之桥>《杂文之苑》http://www.360doc.com/content/14/0517/10/7545229_378441174.shtml。

"雕"成镂空的立体图案。三林刺绣的发展历史极为漫长,上海女性深得江南刺绣遗韵,她们采取不同的针法,表现的山、水、云、天虚无缥缈,所绣的花、鸟、鱼、虫五彩斑斓,令人叹为观止。

上海女性的才思与聪慧在绒绣艺术中有着淋漓尽致的体现。绒绣艺术家们不断改进创新,把绒绣艺术与国内优秀的刺绣传统相结合,使绒绣成为一种兼具中外特色的工艺美术品。在针法上由原来简单的方点针法发展到扒针、掺针、乱针、打子、拉毛、铺锦等多种针法。在品种上,也由花色陈旧、色彩单调的拖鞋面、手提包片发展到领袖像、人物、风景等大型艺术品,以及靠垫、沙发套、手包等日用品和工艺小挂件。在色彩和技法上,从原来的单色绣改为拼色绣、彩锦绣、接色绣等,大大增强了绒绣的艺术表现能力。上海绒绣逐渐发展成为一种极富上海特色的工艺美术品种。20世纪中期,上海绒绣业绩辉煌,大量绒绣产品出口用于赚取外汇,绒绣经济甚至在当地百姓的生活尤其是女性生活中扮演了重要的角色,绒绣这种舶来之品已在东方神州真正落地生根。

三、上海绒绣的雅俗共赏与大气谦和的海派品格

可以说,在所有的刺绣艺术中,上海绒绣的"大气"与"谦和"是融合得最好而且名副其实、显而易见的。上海绒绣中既包括令人惊叹的艺术欣赏精品,雍容华贵,典雅大气;也包括无微不至而又美轮美奂的居家用品,栩栩如生,美观实用。前者尽显绒绣作品的大家风范,后者则一展绒绣用品的谦和贴心。

大气与谦和并举使得上海绒绣作品的表现题材广泛,极易达成雅俗共赏。上海绒绣擅长表现名山大川、古典建筑、文化古迹、城市景观,也擅长表现民俗风情,也可根据个性化创作图稿,绣制别具一格的艺术欣赏品。由于绒线的质地比丝线、棉线厚实,有毛茸感,因而使绒绣的画面具有沉着、庄重的风格和艺术表现力。上海绒绣中的艺术欣赏精品一般画面较大,多数复制名画、人物和风景照片,作品常作为大型建筑的室内装饰,尽显大气。其远观色彩浓郁,层次清晰,立体感强;近赏色彩丰富有变化,层次复杂而分明。整个画面由多种

色彩交融汇合,通过人们视觉感官的反映,形成独特的复色艺术效果。绒绣作品视觉效果柔和而不反光,质感厚实稳重、富丽高贵,无论观赏者从正面还是侧面观赏作品,都有良好的视觉效果。上海绒绣中《万里长城》《百花争艳》《珠穆朗玛峰远眺》等都成为在国内外有定评的杰作。其中《万里长城》一幅被送至联合国大厦厅堂上陈列,使各国代表惊叹不已。

不同题材、不同尺幅的绒绣作品可适用于各种类型的楼、堂、馆、厅、室的陈列布置,其艺术效果又是一般绘画难以比拟的。上海绒绣的表现对象既有油画、国画,也有摄影作品。写实绘画、抽象绘画、人物肖像、动物、风景、花草图案等等,都可以成为绒绣蓝本。从画稿到绒绣并非是被动的效仿和临摹,而是一个再创作过程,它既要符合原作的精神,又能表达绣制者的领悟和个性。由于绒绣艺术兼具大气与谦和的品格,使得上海绒绣既上得厅堂也下得民房,而这也正是上海文化的一大特质。在国内外重大活动或交际交往中,多次就见到上海绒绣的身影,在高大上的厅堂建筑内,也时常有上海绒绣重头亮相。既有精致大气的海派时尚,也有精细考究的生活风范,这便是上海。

上海绒绣中的居家用品,其实是绒绣入沪时的主流,主要服务于生活的需求。大多绣制花卉图案,用线颜色较简单。起初的上海绒绣主要生产拖鞋面和手提包片等,一般为小件物品,如靠垫、沙发套、桌子茶几套、眼镜套、粉盒、手提包等。上海绒绣发展到今天,工艺不断改进,政府对非遗保护"见人见物见生活"的要求和倡导,又催生了新型绒绣艺术衍生品,这些作品将更加贴近生活。与此同时,国际交往越来越频繁,上海绒绣的高端作品需求量也在不断增加。绒绣艺术在创新,绒绣传习队伍不断扩大,大气谦和,雅俗并举,上海绒绣艺术的发展道路将越来越宽。

四、上海绒绣的传承发展与
追求卓越的海派精神

上海绒绣艺术品闻名海内外,与历代绒绣大师们追求卓越、不断精进的精神个性有关。中华人民共和国成立后,上海绒绣在品种上由原来主要生产日用品发展到能绣制各种领袖像、人物风景等大型艺术品,并以其形象逼真、色彩浓郁、层次清晰、立体感强的"海派"艺术风格而独树一帜。上海绒绣的发展之路充分体现了上海人精益求精的工艺追求,辉映着海派文化追求卓越的精神传统。一代代绒绣人,在借鉴中国传统刺绣工艺的同时,又以多变的针法和拼接工艺、擘线、拼色等工艺大大丰富了上海绒绣的艺术语言。

上海绒绣的创作绝不是依葫芦画瓢,而是经过了绣娘们的艺术再创作,她们巧妙地将形、色、神、光相融合,使绒绣作品达到了忠实原作、胜于原作的艺术效果。从具体工艺来讲,上海绒绣还改进了绒绣艺术品防霉、防蛀工艺处理,这样不仅延长了作品的寿命,也增强了作品的艺术感染力。至于色彩,更是上海绒绣的一大特色。首先她们从原来简单的色彩改进为自行染色,技法有很大的创新。她们还吸收了刺绣技法的长处,多层次色彩的运用,因而,我们看到的上海绒绣画面没有反光,风格端庄。这一特点非常符合领袖要人或名人的肖像气质。技与艺的互相促进,绣制领袖名人肖像成为上海绒绣的一大特色。这些绣像作为国家级的礼品或纪念堂、展览厅、宾馆内的陈设品,都有着特殊的历史纪念意义或对外文化交流意义。

上海绒绣著名艺术家早期有刘佩珍、高婉玉、张梅君、唐根娣等。如今有两位国家级非遗传承人以及若干市级、区级传承人。尽管绒绣艺术进入新时期,因工厂解体曾一度衰微,但有心的绒绣人从未停止过抢救、保护和传承、创新的脚步。笔者在传承人家采访时,亲眼看到她们有成箱的作品收藏,她们像呵护孩子一样保护着这些熔铸了自己心血的艺术品。刘佩珍,开了中国用绒绣绣制人物肖像之先河。她的代表作有《高尔基》《莫斯科大学》《攻打冬宫》《列宁宣布苏维埃成立》等。高婉玉,潜心绒绣工艺的改革,首次尝试自行染色、配色,使绒绣用线颜色从固定的几十种一下子增加到近千种,并运用擘线、拼色、加色等技法,解决了绣制人物肖像时色彩的转折过渡等难题。她的代表作有《敬爱的周总理》《孙中山与宋庆龄》等。张梅君,她的技艺特点是作品色彩层次丰富,人物形象刻画逼真细腻。代表作有《周总理与尼赫鲁》《中国共产党第一次代表大会会址》《南湖纪念船》等。唐明敏,上海绒绣国家级非遗传承人,用黑、白、灰三色绣制了《国母宋庆龄》《奥黛利·赫本》,人物形象栩栩如生。她领衔为人民大会堂制作了多幅巨幅绒绣画,如国宴厅《万里长江图》、香港厅《维多利亚海湾夜景》、安徽厅《黄山日出》、河南厅《巍巍嵩山垂古今》等。唐明敏的代表作品多次参加全国工艺美术大师作品展,绒绣《老树傲风霜》《西部风情》《上海外滩夜景》分别获奖。李蔷,另一位上海绒绣国家级非遗传承人,师承高婉玉、唐根娣等,深谙海派绒绣核心技艺,作品以人物肖像为主,绣制时注重吸收中西绘画技法,在人物造型、肤色肌理乃至面部表情等方面互相关照,在染色时增加了大量过渡色彩的运用,使作品更具表现力和感染力。她的作品不少为国际国内博物馆收藏,在上海绒绣技艺领域具有代表性和较大的影响力。尤为难能可贵的是,李蔷还是一位有心人,在传承方面也作了大量工作,不仅关注师徒传承,还注重社会传承,培养了不少接班人。

同样是绒绣艺术非遗传承人的包炎辉老人,曾经是上海红星绒绣厂的厂长,不图名利,只为复兴绒绣艺术传承发展,年逾七旬仍然马不停蹄四处奔忙,为绒绣艺术的研究、保护、宣传可谓不遗余力。包老是上海市级代表性传承人,所带领团队的绒绣代表作有北京人民大会堂上海厅的《上海外滩夜景》和《浦江两岸尽朝晖》、中央军委八一大楼接见厅的《革命圣地井冈山》等。虽然年事已高,包老却尤重创新传承,他让做平面设计的儿子一起出谋划策,为传统绒绣插上时尚的翅膀。渐渐地,绒绣艺术品中出现了抽象画、立体画,绒绣杯垫、绒绣钱包、绒绣皮鞋,甚至还有用绒绣做的儿童玩具。包老已获得绒绣日用品专利,为绒绣艺术活力再现和活态传承做出了令人瞩目的贡献。

上海绒绣艺术的发展之路,既有政府部门的扶持发展,也有大中企业的参与,同时也有专业研究所的支撑。多方协力,不断创造辉煌。上海人追求卓越的精神策动他们勇往直前不停步。恒源祥,中国乃至全球羊毛使用量最大的企业之一,集团总经理陈忠伟也是上海市非物质文化遗产保护协会副会长,对上海绒绣艺术鼎力扶持,大力传播,扩大知名度。恒源祥提倡"中国非物质文化遗产要努力多'走出去'",不仅将多幅具有历史意义的上海绒绣精品捐赠给相关单位,也多次带着自己公司的绒绣精品走出国门,宣传绒绣,传播绒绣,交流绒绣,发展绒绣。

百余年来,绒绣作为一门外来手工艺术,随着上海的开埠而传入上海,凭着其日益丰富的海派文化特质赢得世人越来越多的喜爱,成为海派文化的名片之一。在国家日益强调保护非物质文化遗产,振兴传统手工艺的政策大力推动下,绒绣艺术的保护者、参与者、传承者队伍正越来越大,海派绒绣复现勃勃生机。当下在人们高度重视文化传承与创意产业发展之际,具有显著海派文化特色的上海绒绣艺术也必将迎来更好的发展机遇。

参考文献：

1. 平苔：《海派绒绣 美轮美奂 上海绒绣中日四地巡展》,《上海工艺美术》2018 年第 2 期。
2. 《黎辉绒绣 让非遗成为时尚》,《中华手工》2017 年第 6 期。
3. 夏寸草：《上海松江顾绣和海派绒绣的对比探析》,《设计》2017 年第 13 期。
4. 章磊：《包炎辉：为"非遗"插上时尚的翅膀》,《浦东开发》2016 年第 6 期。
5. 陈静静：《试论海派绒绣的工艺与特色》,《芒种》2015 年第 15 期。
6. 孙凝异、包炎辉：《跟包炎辉学上海绒绣》,《中华手工》2014 年第 11 期。
7. 《高桥绒绣》,《检察风云》2014 年第 24 期。
8. 侯旭明：《绒绣,针脚间的岁月流淌》,《中国纤检》2013 年第 24 期。
9. 边杰：《海上刺绣艺术新锐》,《上海工艺美术》2013 年第 4 期。
10. 徐真：《非物质文化遗产保护语境下的上海绒绣艺术振兴之路——兼论艺术创新实践和民间工艺美术的现代融合》,《商》2013 年第 18 期。
11. 包炎辉、唐明敏：《上海绒绣的传承和保护》,《创意设计源》2012 年第 2 期。
12. 范尚：《高桥绒绣开启新时代》,《上海工艺美术》2012 年第 1 期。
13. 世安：《绒绣〈中国〉情系世博》,《上海工艺美术》2010 年第 1 期。
14. 方舒、刘思弘：《草窝里的花凤凰——记洋泾绒绣传承人包炎辉》,《浦东开发》2009 年第 4 期。
15. 包炎辉：《巨幅绒绣〈嵩岳秋色〉》,《上海工艺美术》2006 年第 1 期。
16. 杨格：《唐明敏的绒绣生涯》,《上海工艺美术》2005 年第 3 期。
17. 邹彬：《二十一世纪能否留住上海绒绣》,《上海工艺美术》2005 年第 2 期。
18. 世安：《德艺双馨 绒绣里手——中国工艺美术大师、绒绣艺术家高婉玉》,《上海轻工业》2004 年第 3 期。
19. 崔凤彦：《上海绒绣 工艺美术的奇葩》,《上海工艺美术》2003 年第 1 期。
20. 周南：《一代绒绣名师——"刘氏五姐妹"》,《上海工艺美术》2002 年第 2 期。
21. 包炎辉：《红星绒绣走进万家》,《上海工艺美术》1996 年第 4 期。
22. 周南：《记绒绣工艺美术师朱爱真无心柳成荫》,《上海工艺美术》1994 年第 2 期。
23. 阿德：《记绒绣工艺美术师陈卓菊——锦绣前程》,《上海工艺美术》1994 年第 3 期。

3
秉承海派精神的上海都市
手工艺传承与发展[*]

吴 昉[**]

摘 要 上海都市的海派文化与市民特色近年来被广泛提及,"海纳百川""中西合璧""有容乃大""锐意创新"等词汇成为与上海这座城市持续发展关联密切的文化依据。在都市手工艺的传承与保护方面,上海自民国以来就倡导实用功能与商业价值,这种实用经济优先的都市文化理念,将上海地区的手工艺传承与社会经济发展联系起来。从外界看,上海特有的都市文化尽管难免在各地文化认同差异中被贴上"重商、流俗、非民族性"等标签,却也无法否认这种都市特征所体现的市民商业意识与创新开拓精神,在振兴传统手工艺、化解"不变"与"转化"两种观念意识冲突时所发挥的积极作用。地处沿海位置的上海,自开埠起不断接受来自海外文化的各种影响,却从未抛弃本土民俗的文化传统,一路发展而来形成内蕴丰富的都市文化风貌,使其在手工业商业文化方面更具研究价值,同时也为都市手工艺的现代转化提供了新颖的研究视角。

关键词 都市手工艺 海派精神 创新转化

---

* 基金项目:上海哲学社会科学规划一般课题"上海手工艺的现代转化研究:从小白宫到大世界"(编号:2018BWY016)阶段性成果。

** 吴昉,女,上海出版印刷高等专科学校副教授,创意园区副主任;上海大学美术学院,设计学博士;复旦大学中国语言文学系,文艺学博士后;上海市静安区政协委员、青联委员;民革上海市委祖统委委员。

文化或文明(civilization)一词的词根在拉丁文里,与城市和市民相关,城市作为人类文明发展过程中与农村相对应的区域界定,往往既是经济中心,同时又承担着文化中心的使命。诚如斯宾格勒所言,城市的"面貌"总表现为一段历史,即自身文化的精神历史。① 长久以来变化更迭、包容万象的海派精神,无疑对上海都市手工艺的传承与发展产生诸多决定性影响。海派文化所特有的中西文化交融、市井商业发达、多元艺术形式、求新求奇求变等特征,构成了上海都市手工艺的艺术风貌。研究上海都市手工艺的传承与发展,本质上是理解和接近上海这座城市的文化内核。

上海由于工商业发达,全国各地各行各业汇集于此,使其居住往来人口稠密,各方人士交流频繁。各种富有地方特色的民间手艺与手工业贸易日益发达,带来区域经济水平提高的同时,也为上海都市手工艺的发展开辟了市场空间与传承条件。与全国其他地区相比,上海所代表的海派精神与都市文化创立了另一种手工艺传统,即在工商业文化发达的背后,始终伴随着以西方现代性为追求目标的开阔视野。国际主义与民族主义在上海的都市文化中相互融合,传统民间手工艺在适应都市生活与审美需求的同时,还吸纳、借鉴了其他多种外来民间手工艺形式与风格。一个城市的文化质量,决定了它接受、融合外来异文化的能力,这种能力囊括了包容、扬弃、整合、创新。海派所具有的重要性就在于创建了一种新的传承认同模式,从而形成具有海派精神的都市手工艺发展特色。

一、上海都市手工艺发展的海派气象

在中国古代,手工艺的聚集地并非在农村,而是在城市尤其是都城。皇室的需求带来了官营手工艺的发达,也促使民营手工艺的配套发展。元明清之后,除都城以外,在经济中心的南方往往有一座城市(大部分时间是苏州)承担

---

① [德]奥斯瓦尔德·斯宾格勒著,江月译:《西方的没落》,湖南文艺出版社2011年版,第76页。

着经济枢纽的作用,也成为更商业化、市场化的手工艺生产中心。近代的对外开放使得沿海城市上海替代了苏州,成为新的手工艺商业中心,其地位还因为国际贸易而更胜一筹。18世纪末,随着海运兴起,上海港的重要性日益突出,内地一些手工艺人云集上海,带来当地传统的手工艺产品和生产技艺。制作各类工艺美术品的作坊、店铺也纷纷建立。上海开埠后,进出口贸易扩大,一些西方的手工艺品流传到上海。至上世纪20—30年代,上海的玉石雕刻、象牙雕刻、木雕、漆雕等作坊就有300多家,从业人员达到3 000余人。[①] 上海都市手工艺的发展在早期就已显露出一种与众不同的海派气象。

(一) 中华人民共和国成立前的上海手工艺

据统计,上海近50余种手工艺品种中将近40%来自江苏,而浙江、广东、国外、本地各占10%,其余则来自安徽、河南、江西等地。[②] 明清时期的上海受江南文化圈影响,富裕殷实的物质生活、市民隐逸的精神追求、博雅抒情的艺术人生,使上海地区的手工艺偏于文人审美的精致与意趣。如松江顾绣、嘉定竹刻、嘉定徐行草编等都是上海地区明清手工艺的代表,其创作者多有一定文化素养,作品表现文人生活题材,由文人参与创作、宣传和研究。1843年上海开埠后大量江浙移民移居上海,更加强了上海地区的江南文化底蕴,海派都市手工艺中的玉雕、剪纸、漆器、灯彩、黄杨木雕等艺人主要来自苏浙地区。晚清时期,上海境内形成英、法、美等租界,是西方文明进入中国的重要区域,随着外国传教士通过教会举办的慈善机构,如徐家汇土山湾孤儿工艺场,由传教士传授西方手工艺的制作技术,将西方手工艺包括绒绣、编结、抽绣花边(绣衣)、木雕、木器、玩具、金银彩绘、玻璃制品等制作技术引入上海。民国时期的上海,成为中国最大的工商业城市,中西文明冲撞,文化日趋多元,五方杂处,海纳百川,逐渐形成近代意义上的海派文化,促进了都市手工艺的繁荣。这一时

① 《上海二轻工业志》编纂委员会:《上海二轻工业志》,上海社会科学院出版社1997年版,第76页。
② 王敏:《工聚八方·艺达四海:海派工艺美术形成探因》,《上海工艺美术》2014年第4期,第13—17页。

期的月份牌、年画、宣传画、绒绣、剪纸、黄杨木雕、砚刻等民间手工艺纷纷出彩,传统技艺与西洋技法融合创新,民间手工艺与商业美术互为促发,传统创作主题被赋予了摩登形象。

总体而言,江南文化的文人气韵、西方文明的科技与工艺,以及其他地区外来的民间风俗习惯,共同构成了中华人民共和国成立前上海都市手工艺多元、变化、创新、融合的海派特征,为中华人民共和国成立后的现代发展与转化做好了前期铺垫与条件准备。

(二)中华人民共和国成立后的上海手工艺

李欧梵先生在《都市文化与现代性》一文中将"都市文化"与"城市文化"相区分,列举了19世纪至20世纪的巴黎以及20世纪初期的上海,认为几乎所有关于现代的憧憬都蕴含在都市文化之中,并将"现代性"作为都市特征的关键词。① 海派文化孕育下的都市手工艺发展同样体现了这一现代性特征。

1949年中华人民共和国成立后,"工艺美术"一词开始逐渐取代手工艺,尤其是上世纪50年代起专供出口的传统手工艺品。1956年毛泽东在《加快手工业的社会主义改造》中将"工艺美术"专指手工艺。这一阶段具有标志性的上海手工艺事件,是1956年被誉为"小白宫"的上海市工艺美术研究所的成立。该研究所吸收了当时分散在上海民间、各有专长的手工艺人,是全国第一个专门从事工艺美术创作和科学技术研究的省市级专业机构。上海市工艺美术研究所的成立标志着原本散落于民间的传统手工艺被冠以"工艺美术"之名,编入合作社集体所有制的生产组织结构,进行材料、工艺、品种的改革与开发,成为当时国家工业化发展的前期资本储备,与半机械、机械的技术现代化,共同促成上海都市手工艺的第一次现代转化。

2007年上海市公布首批非遗名录,上海手工艺进入非遗保护与发展阶段。这一阶段具有标志性的上海手工艺事件是上海"大世界"的重新对外开放,其

---

① 参见李欧梵:《都市文化与现代性》,载《未完成的现代性》,北京大学出版社2005年版,第126—143页。

定位是"为传统工艺再利用提供长期展示推广、孵化交流的平台"。随着非遗概念的提出,以及文化创意产业的兴起,上海都市手工艺迈入了第二次现代转化与发展阶段。

上海都市手工艺发展的现代性特征包含了两方面内涵。一方面,现代性主要来自西方启蒙运动以来发展的有关科学技术现代化理论,包括工具理性、工业革命、科技发展、市场经济、资本主义等不可避免的发展潮流,对上海都市手工艺产生的影响与促进。另一方面,现代性指在过去的历史文化传统中,不断寻找适应现代社会发展的精神源泉与创新依据,这种创造性的传承始终与当前文化的发展关联密切、相互适应,是上海都市手工艺生命力延续的关键。相较于现代化,指向变化中发展的动态过程,现代性更倾向于由现代化及其成果所唤起的相应精神与思想面貌,如福柯所言,是一种态度(attitude)或风骨(ethos),是与当下现实连接的模式,是一种自觉性选择。[1] 上海都市手工艺的现代之路不仅包含了某一时代受政策制度、工业化发展、商业经济、产业变化、行业划分等影响而产生的现代性特征,同时也包含着在不同时代的百姓日常与行业发展之间,通过技术与媒介的更新,不断建立起新的维系,从而形成一种新的生活方式的现代性特征。有别于传统乡土社会环境中相对稳定的传承方式,上海都市手工艺的发展秉承海派精神,呈现出变化、流动的发展特点。

二、海派文化影响下的上海都市手工艺特色

海派文化或上海风格,是对现代中国的国际性商业文化的一种表述。[2] 海派文化最早发端于绘画和戏剧两种艺术形式[3],1937 年出版的《中国绘画史》中有关于"海派"的文字记载:"同治、光绪之间,时局益坏,画风日漓。画家多

---

① 彭小妍:《浪荡子美学与跨文化现代性》,台北联经出版事业股份有限公司 2012 年版。

② [法] 白吉尔著,王菊、赵念国译:《上海史:走向现代之路》,上海社会科学院出版社 2014 年版,第 173 页。

③ 孙逊:《"海派文化":近代中国都市文化的先行者》,《江西社会科学》2010 年第 10 期。

蛰居上海……渐有'海派'之目。"①另一种说法来自晚清时期以北京为中心的京剧界,当时称外省的剧目为"海派",因此"海派"又泛指北京之外的地区。鲁迅先生曾有著名的京派、海派之论,最早见于 1934 年 2 月 3 日的《申报·自由谈》,其中将"海派"特征概括为"近海近商"。② 到了现代,海派或海派文化的内在含义进一步扩充,不仅用来表示上海都市的日常生活,也可以作为某种文化或艺术的表现形式。

海派文化作为一种都市文化,相较于"京派",所要面对的受众阶层复杂而多变,为了顺应不同阶层的市民群体,海派文化的包容与协调实则是一种应变的必然趋势。20 世纪 30 年代的上海,已开始发展在当时符合世界标准的大众文化,对于异文化的灵活应变与容纳吸收能力,是其突显于其他地区的地域文化特征。

(一)异质文化的融合与开创

文化的滋生与发展总是依附于时代变迁的大环境,上海在近现代历史发展过程中,产生了两种具有典型代表意义的文化形式:租界文化(欧美文化)与商业文化,两种文化形式均体现出与海派精神密切关联的异质文化属性,对上海都市手工艺的传承与发展产生相应作用,具体可以归纳为:第一,对其他艺术形式、不同手工艺风格进行借鉴与融合;第二,手工艺从形式到主题受市场及时代审美影响而变化;第三,题材表现不受传统程式束缚,富于创新开拓精神。

比如,上海的海派剪纸艺术最初起源于苏浙一带,用于剪制鞋花绣样的图案,风格上偏于南方剪纸特有的纤细与秀丽,题材以花草鸟兽等传统喜庆祥瑞图案为主,迎合了当时上海市民阶层对刺绣花样的审美需求。随着都市审美需求的不断变化以及外来文化艺术的引入,海派剪纸不再局限于刺绣纹样的形式与内容主题,成为能表达各式题材与风格的都市民间手工艺,呈现出异质

---

① 俞剑华:《中国绘画史》,上海商务印书馆 1937 年版,第 196 页。
② 鲁迅:《"京派"与"海派"》,载《鲁迅杂文精编》(下),漓江出版社 2000 年版。

文化融合的开放性与多变性。

海派剪纸的创始人之一、市级非遗传承人林曦明老先生在上世纪90年代尝试剪纸风格的转变。他吸收中国绘画的艺术表现灵感,将西方现代艺术语言引入海派剪纸的创新发展。在作品线条与块面的处理上趋于简洁,采用单纯的大色块,使剪纸艺术散发耐人寻味的人文情怀,林曦明也因此被称为"剪纸诗人"。年轻时林曦明喜爱李可染的桂林山水画,曾多次赴桂林写生,在一次编辑有关现代剪纸的书稿时,发现当时用剪纸表现山水自然主题的作品几近于无,秉持一贯开拓创新精神的林曦明决定以剪纸形式表现国画的山水主题。如图1所示,分别以黑、绿、蓝、淡灰的纯色剪纸拼贴,呈现层峦叠嶂的桂林风光,将国画意境与布局融入剪纸创作。尽管林曦明认为剪纸的表现不如国画的深、浅、浓、淡层次丰富,但作为绘画艺术与海派剪纸的创新结合,作品新颖的主题与形式感令人印象深刻。

图1　林曦明《漓江之夏》剪纸作品(左图)与山水国画作品(右图)

(图片来源:《林曦明现代剪纸选集》,林曦明现代剪纸艺术馆2010年;
《林曦明作品选集》,上海书画出版社1998年)

除了国画艺术,西方绘画中的许多风格流派也成为林曦明现代剪纸创作的灵感来源。他吸收、借鉴西方抽象绘画中的简约色块与线条,创作了现代剪纸作品《山水》,如图2所示。将西方现代抽象艺术、中国传统水墨画,以及拼贴艺术互为融合,大面积的灰调色块既包含图形视觉语言的概括与夸张,又传递出中国山水画的格局气息。表现绘画艺术形式魅力的同时,不失民间剪纸艺术的质朴美感,使海派剪纸艺术更符合现代审美的诉求。这类现代感十足的剪纸实践与探索,即使今天看来,依然具有先锋意识。

图2 林曦明抽象风格剪纸

(图片来源:《林曦明剪纸选集》,上海三联书店1990年)

图3 林曦明剪纸作品《浴》,创作于20世纪90年代,时年约72岁(左图);马蒂斯剪纸作品《蓝色裸体》创作于1952年,时年82岁(右图)

(图片来源:《林曦明现代剪纸选集》林曦明现代剪纸艺术馆2010年;劳拉·坤宁(Laura Cumming)著,姜岑译:《马蒂斯的剪纸:一生的修行》,《东方早报》2014年,http://collection.sina.com.cn/cjrw/20141029/0944168826.shtml)

林曦明将"现代意识,民族精神"视为其一生艺术创作的信条。"现代意识"使其在创作上始终与时代发展相适应,具有海派精神的现代性特征,"民族精神"则表达了他对传统的敬重,以及对海派剪纸艺术传承的坚持。林曦明晚年的现代剪纸艺术,经常与法国马蒂斯的剪纸作品相比较,如图3所示。马蒂斯的现代剪纸创作汲取了绘画艺术的元素,风格明快简洁。马蒂斯与林曦明同样拥有绘画艺术基础,通过对各自绘画风格的转借,形成有别于传统的现代剪纸。林曦明欣赏并借鉴了马蒂斯的现代剪纸风格,运用自身对海派剪纸艺术多年的创作理解,如鱼得水般将西方艺术融入本土创作,现代剪纸的背后是海派文化兼收并蓄、敢于创新的都市精神。

(二)民俗流变中的生活主题

当一个地区的市民审美习惯跳跃出传统的母体范畴,民间手工艺的形式必然也会发生变化,继而产生新主题和新形式。海派文化的现代性特征,促使上海手工艺发展在不停歇的都市民俗流变中,寻找贴近市民日常生活、展现当下审美趣味的主题。都市生活变化的节奏为手工艺的创作提供源源不断的生活依据。流动与变化成为都市民俗的常态，正如鲍辛格所言，必须服从这个当下时代的法则，并接受这样一个事实：过去意义上的"本土性"已不复存在。[①]都市的民间手工艺无法孤立传承，它融于当下生活，受生活影响，又通过表现生活，建构都市民俗的本土价值。

继承浙江传统木雕技艺的海派黄杨木雕，自上世纪 30 年代起，融贯中西技艺，创新题材，成为国内木雕工艺一个特色鲜明的手工艺分支。海派黄杨木雕的题材内容丰富，从早期的宗教题材、农村题材、历史题材，到儿童题材、都市生活题材、现实题材等等，其中最令上海市民记忆深刻的当属儿童题材与都市生活题材，也正是这两类主题表现，赋予海派黄杨木雕都市民俗的情怀，确立了其独特的都市手工艺地位。海派黄杨木雕以上海弄堂市井生活与民间三百六十行为专题，表现石库门弄堂生活中富有童趣、生动活泼的世俗世界。以创始人徐宝庆，及其弟子林翊、陈华明为代表的海派黄杨木雕手工艺人群体，用发现的眼光，在上海狭窄的弄堂里寻找都市生活的精彩定格。

徐宝庆创作的上海都市儿童游戏系列作品，同一主题多次创作，每一件作品都生趣盎然、妙趣横生，如图 4 所示。《吹泡泡》表现了三个上海小囡鼓着腮帮子昂首吹泡泡的情景，带头的小囡神情志在必得，一旁稍小的则攒着劲努力把自己的泡泡吹得更大，最小的那个正开心观战，三个小囡正、侧身交错站立，富有节奏感。《放风筝》表现的是江南地区自古就有的风俗，"三月三，放风筝"，小小的孩童与大大的风筝在体量上形成对比，动态的刻画逼真自然，定格的姿态仿佛布勒松的"决定性瞬间"[②]——表达内涵、空间构图、即时捕捉，三者皆备，雕刻技艺方面则格外谨慎，保证风筝大而薄的造型。《抬轿子》展现了上海小囡从小热衷的儿童游戏场面，左右两个年龄稍长的孩子双手交叉紧握，将一个小囡高高抬起，上下颠着模仿乘坐轿子，欢腾的笑声仿佛就在耳边。

---

① [德]赫尔曼·鲍辛格著，卢晓辉译：《技术世界中的民间文化》，广西师范大学出版社 2014 年版，第 99 页。
② 法国摄影家亨利·卡蒂埃·布勒松（1908—2004）提出的摄影美学理论核心。

图4 徐宝庆海派黄杨木雕作品：《吹泡泡》《放风筝》《抬轿子》(从左至右)

(图片来源：《赏心悦木》鉴赏系列)

在生活题材中，徐宝庆还发展出另一种都市表现——三百六十行民间技艺。丰富的手工业生产与贸易行当是当时上海主要的城市面貌之一，近代上海城市摊贩贸易兴盛，定点或流动的摊贩随处可见，所经营的项目多与市民日常生活休戚相关。诸如《馄饨担》《补碗》《磨剪刀》《爆米花》《耍猴》等主题作品，在海派黄杨木雕中都有生动表现。都市的手工艺创作为那些曾经存在、而今正慢慢消亡的老上海生活留下历史的痕迹，这些手工艺制作还原的场景，犹似拉洋片一般让往日记忆浮现眼前。[①]

海派文化的市民意识使上海格外重视民俗传统对日常生活的观照与提升，而上海都市发展的高效率与国际性，又使上海市民对于传统民俗能否重新融入当代生活表现得尤为敏感。不可否认，都市民俗流变的特征确实会对传统手工艺的"本土性"造成一定影响，然而这种影响可以是削弱与模糊，也可以是建立与更新。上海都市手工艺的当下性与生活主题，让文化的传承与改变更易于为市民所接受，民俗文化流变的都市环境为都市手工艺赋予更多元的发展空间，为赢得更多市民群体的认同提供了机遇。

三、海派精神引领上海都市手工艺的转化与创新

成长于都市海派文化氛围中的手工艺人，在传承与发展手工艺时发扬海

---

① 王莉韵：《黄杨木雕》，上海文化出版社2012年版。

派精神,于传统中体现鲜明的个性特色。上海都市手工艺人群体中相当大一部分有着原"工艺美术"行业背景,经历了上海手工业的第一次现代转型,具备现代创新与市场意识。改革开放后,随着国外现代设计理念的引入,受技术革新和市场经济等影响,出现了一批从事民间工艺制作的能人巧匠,新一代都市民间手工艺人的代表性特征可以概括为:独立创作、自成一派、自负盈亏、开拓创新。进入非遗保护阶段的上海手工艺传承人群体多数来自研究所、教育单位、文化机构、工作室与公司,其中高级职称、工艺美术师、画师占据比例较大。整体而言,上海手工艺人的文化水平相对较高、审美素养好、经济独立、生活有保障,对于新生文化、流行风尚的接受与反应更快,因而他们创作的作品现代感强、富有新意。上海都市手工艺的转化与创新发展,处处体现出海派精神的引领,是上海都市这方水土孕育了海派手工艺传承的独特魅力。

(一)摩登现代的都市情怀

上海都市手工艺的主题内容表现兼具国际性与本土特色,尤其善于把握时代特征鲜明的都市时新题材。上世纪30—50年代,上海民间手工艺人就以当时风靡一时的外国电影为创作主题,将原本出现在街头、剧院的大幅宣传画、明星画报,以剪纸、绒绣等手工艺形式进行再次创作。李欧梵曾设想民国上海市民的都市生活:经常看的是《礼拜六》(周瘦鹃创办)、《玲珑》等杂志,偶尔读一篇茅盾的小说,去"大光明"看几场电影,尤其当好莱坞电影的某些情节与中国传统小说相吻合时,观众特别欢迎,最明显的例子即《茶花女》。[①] 这就是上海摩登现代的都市情怀,在传统中谋求新奇,又在革新中期待传统。

海派剪纸艺术市级代表性传承人李守白,在上海的时尚文艺地标田子坊内开创了守白艺术中心,将现代设计理念与本土民间手工艺汇集一处,营造海

---

① 参见李欧梵:《都市文化与现代性》,载《未完成的现代性》,北京大学出版社2005年版,第126—143页。

派风情。他的海派剪纸擅长表现上海摩登现代的都市情怀,作品中最常见的景致是上海代表性建筑石库门,最常见的人物则是明艳的上海旗袍女子,两者均为海派文化的符号代表。旗袍制作技艺也是上海独特的非物质文化遗产,而旗袍女子更是塑造了一种贯穿海派与摩登的重要形象,无怪乎康奈尔大学民国史专家高加龙(Sherman Cochran)认同并转引张仲礼先生在《近代上海城市研究》中对"海派"的感叹——"海派,就是摩登女郎!"("Haipai is like a modern girl.")①上世纪二三十年代在上海兴起的新感觉派,将摩登女郎视为都市文化的女神,代表了富裕社会的精神,充满了对商品美学、欧美日本风、通俗娱乐心生向往的中产阶级品味,是当时如《良友》《妇人画报》等时尚刊物的热点主题。李守白以海派剪纸艺术形式表现上世纪风靡上海的摩登女郎,作品融合了对"过往岁月"的怀想以及对未来都市生活的美好憧憬。"三〇年代""摩登女郎""老上海""洋派",诸如此类的词汇,不仅表现了上海都市的历史文化、人文风情,更以"与国际接轨"的"过往"来寓意今后的大都市上海梦。② 新感觉派作家默然曾模仿法国现代主义作家、记者莫里斯·德哥派拉(Maurice Dekobra)的《中国女性美礼赞》,发表《外人目中之中国女性美》一文,其中有对摩登女郎标准定义的详细说明:"一对杏仁形的斜眼,一对淡红色的贝壳形耳朵,'老虎'嘴,鹰嘴形的鼻,'汤匙形'的下颌,'半月形'的前额,'瓜子脸'的脸孔;肩部、大腿、小腿,稍微丰满而有曲线,身长五尺二寸。她的美是神秘的,迷人的。"③这份描述,在刻画细节上几乎都与李守白海派剪纸作品中的旗袍女子形象相吻合,如图5所示。近一个世纪的前尘旧事,几代人的文化传承,当今的都市海派剪纸暗合过往的文学描述,恰巧证明了海派文化的情感诉求与审美认同是每一个上海都市人所共有的情怀。

---

① Sherman Cochran. Inventing Nanjing Road, Commercial Culture in Shanghai, 1900 – 1945[M]. New York: Cornell University East Asia Program, 1999: 63.

② 倪文尖:《从"张爱玲热"到"上海梦"》,载《当代东亚城市:新的文化和意识形态》,上海书店出版社2008年版,第3—12页。

③ 《妇人画报》第17期,1934年4月,转引自《浪荡子美学与跨文化现代性:一九三〇年代上海、东京及巴黎的浪荡子、漫游者与译者》,台北联经出版事业股份有限公司2012年版,第130—132页。

图 5　李守白上海风情系列套色剪纸作品《春眠》《夏语》《秋游》《冬聚》

900×300 mm，创作于 2007 年（图片来源：李守白提供）

（二）媒介融合的创新转化

手工艺传承具备文化与生活双重复合的民俗特征，它的传承与转化符合民俗模式的发展规律，既是终结，又是重新向生活开放的起点。上海都市手工艺在传承中蕴含的现代性，主要体现为与城市发展脚步合拍的思维转化与概念创新，将传统手工艺的现代转化视为一个再媒介化（remediation）的过程，即新媒介从旧媒介中获取部分形式与内容，实现手工艺文化的新生。都市手工艺的创新转化发展，与传统意义上讲求传承与接续的家族传承、师徒传承不同，转化可以作为一种延续传统的"承"，也可以是另一种受传统影响的再创造，具有多元性和开放性。

上海市工艺美术大师、市级传承人、王氏海派剪纸传人王建中参与了芷澜自然课堂的一项公益活动：为学生设计校园农场阳台小种植箱。王建中将剪纸与木制激光浮雕工艺相结合，为海派剪纸艺术的原创审美功能赋予日常实用性，同时也使剪纸艺术以更丰富的形式呈现。王建中的王氏海派剪纸艺术传承其父王子淦的剪纸风格，作品线条流畅、蜿蜒灵动，有典型江南民间婉约秀雅的神韵风貌。王建中以对称剪纸为创意形式，选取原剪纸作品中的"对猴"作为小种植箱一侧激光浮雕的主体对象。小猴子的形象灵动自然，整体造型契合芷澜自然课堂推崇学生校园农场农具设计的生态健康主旨。由于激光浮雕工艺可产生高低错落的层次感，营造出与剪纸艺术镂刻效果相近的视触觉感受，因此，完成后的小种植箱成品，成功保留了王氏海派剪纸的艺术特征与手工质感，兼具传统民间意蕴与现代审美趣味，如图6所示。

图6　王建中剪纸风格——芷澜自然课堂农场阳台小种植箱（剪纸原作与成品效果）

（图片来源："建中剪纸"、王建中提供）

这件剪纸创意产品的诞生，是对王建中王氏海派剪纸艺术的再度创作。海派都市的开拓精神与创新实践，使都市手艺人更易于接纳新技术和新思维，在接续传统的进程中勇于突破，寻求符合现代市民需求的认同感。王氏海派剪纸艺术与芷澜自然课堂的合作项目，通过现代工艺实现传统媒介材料的转化，让都市手艺人在现代生活中获取更多的话语空间、更大的表现舞台，也为都市民间艺术注入全新的生命活力，使其成为现代都市人寄托乡土情怀与民间记忆的文化载体。

传统手工艺现代转化的意义产生于媒介材料与文化内涵的交汇之中，好的转化源自传统，又独立于传统，具有自身存在的现代价值，不仅不会阻碍反而能促进手工艺的发展。上海都市手工艺要突破当前的传承困境,需发掘手工艺本质特征中某种具当代价值的审美经验,这种经验的获取来自承载手工艺形式的媒介特性与该手工艺的本体语言相契合。德国社会学家、文化理论家阿尔弗雷德·韦伯(Alfred Weber)认为技术在发现的过程中进步,媒介融合与创新技艺将传统手工艺蕴含的文化精神转变为可感、可用的现实存在。上海都市手工艺正探索能体现手工艺本体性能量的现代媒介表现方法,在媒介融合的过程中实现传统审美经验的现代转化。

由陈文奎领衔的创新海派绒绣是上海都市手工艺实践媒介融合与现代转化的典型案例。一百多年前,欧洲的绒线绣经由天主教传入上海,本地绣娘结合中国传统刺绣技法,加以改良,逐渐形成具有海派特色的绒绣风格,2011年海派绒绣被列入国家级非物质文化遗产名录。上世纪七八十年代,陈文奎曾工作于上海红星绒绣厂,是当时上海两大绒绣厂之一,另一家为东方绒绣厂。2003年红星绒绣厂歇业,陈文奎放不下心中的绒绣,与妻子王晔继续从事绒绣并成立了自己的公司,同时推广"大相研习社"。陈文奎具有典型海派手工艺人的国际视野与创新魄力,他与美国经典品牌拉尔夫·劳伦(Ralph Lauren)积极合作,制作海派绒绣高级定制男士乐福鞋和皮带,首次将海派绒绣真正带入国际时尚界,如图7所示。

图7　陈文奎与美国品牌拉尔夫·劳伦(Ralph Lauren)合作推出的绒绣定制鞋
(图片来源:"大相研习社"、陈文奎提供)

近年来,随着政府重视以及传统文化热潮的回归,上海都市手工艺与国际品牌合作的机会并不鲜见,陈文奎海派绒绣的突破点在于对传统绒绣从媒材到技法的革新。传统海派绒绣的特点是采用绒线点状刺绣图案,绣制的作品

图8 陈文奎创新绒绣技法及其成果：绒绣女鞋

（图片来源："大相研习社"、陈文奎提供）

具有油画般的立体效果，作品更适宜远观，近看则颗粒排列清晰，易产生粗糙感。陈文奎以更细的绣花线取代原来较粗的羊毛线，在供应商特制的蚕丝绢布上刺绣，使刺绣图案更细腻耐看，如图8所示。在绣法上运用传统海派绒绣的西洋宫廷绣法，同时吸取了纳纱绣、苏绣等其他技法。传统海派绒绣需要满绣，否则露出底布则不美观，创新技法可以将绣片直接绣制在多种布料上，解决了绒绣虽美但难与服饰结合的问题。此外，传统海派绒绣由于需在厚重的钢丝布上绣制，订制在服装上过于厚重，不够轻便服帖，也不舒适，陈文奎的创新绒绣通过更复杂的工艺，使产品细腻轻盈、不易损坏、易于保养，让海派绒绣也能在高级成衣订制领域绽放华彩。

依托媒介融合进行传统工艺的创意转化，陈文奎夫妇尝试将海派绒绣应用于首饰制作。挂坠《玫瑰人生》在饰品正面运用了海派绒绣工艺，边缘部分和底托使用990纯银质地以苗族掐丝工艺手工镶嵌，技艺精湛、绣面细腻、形式新颖，如图9所示。依循媒材转化、媒介融合的途径，陈文奎创新海派绒绣陆续推出了绒绣项圈、耳饰、项链、胸针等一系列更时尚多元的产品,吸引年轻市场,为传统都市手工艺谋求更精彩的潜在价值。

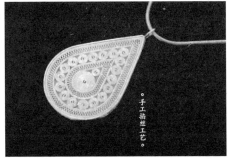

图9　结合海派绒绣与手工掐丝工艺的首饰作品《玫瑰人生》

（图片来源："大相研习社"、陈文奎提供）

结　　语

以绣花线代替绒线作为海派绒绣的新材料,用木制激光浮雕模拟纸张创造海派剪纸风格的实用产品,媒介材料的改变与制作技艺的革新,是否意味着偏离传统手工艺的本体语言、有悖于手工艺的保护与传承初衷？这些质疑和犹豫的声音仍值得商榷和思考。关于都市手工艺如何在文化融合的大势所趋中保留甚至提升本土价值,使都市民俗不致湮没于汹涌的变换与不确定性中,是每一个参与其间的现代都市人所面临的共同问题。唯一可以确认的是,质疑或犹豫从未曾真正阻碍上海都市文化在变化中的不断前行,海派精神指引下的都市手工艺传承与发展,就如同海明威笔下"流动的盛宴",充满了未知可能与想象空间。

4

上海妈祖信仰空间的建构以及作为世界级非物质文化遗产的意义

黄江平 *

摘 要 "妈祖信俗"成功申遗意义十分重大,不仅极大地张扬了中国妈祖信仰的文化精神和文化内涵,更是对中国民间信仰的文化价值和文化地位的肯定。上海妈祖信仰空间的建构从物质空间建构和非物质空间建构两个方面展开,形成了具有上海特色的妈祖信仰文化。作为世界非物质文化遗产的妈祖信仰文化,在当代具有增强海内外华人文化认同,促进文化交流和经贸发展,推动"21 世纪海上丝绸之路"建设的积极意义。目前,上海市委宣传部牵头开展打响"上海文化"品牌工作,提出大力打造"红色文化品牌""海派文化品牌""江南文化品牌"。妈祖文化内涵丰富,影响广泛,我们应该抓住契机,打造上海妈祖文化品牌。

关键词 上海 妈祖信仰 空间建构 文化品牌

2009 年 9 月 30 日,联合国教科文组织保护非物质文化遗产政府间委员会第四次会议审议并批准了中国福建的"妈祖信俗"列入世界非物质文化遗产名录。这是中国首个信俗类的世界级遗产。"妈祖信俗"的成功申遗,意义十分重大,不仅极大地张扬了中国妈祖信仰的文化精神和文化内涵,更是对中国民

---

* 黄江平,上海社会科学院文学研究所副研究员,院民俗与非物质文化遗产研究中心副主任,主要研究领域为民俗学与地域文化。

间信仰的文化价值和文化地位的肯定。

一、上海妈祖信仰空间的建构

妈祖信俗是中国著名的民间信仰。妈祖文化起源于北宋后期,至今已有一千多年的历史。关于妈祖的身世背景、出生地点和生卒年月,历史上众说不一,目前比较一致的看法是:妈祖,原名林默,北宋建隆元年(960)三月二十三日出生于福建莆田湄洲岛的一户林姓人家。相传妈祖不仅水性好,还能通晓气象,预测吉凶。传说她曾游魂救父,乘席渡海,遇难船只和渔民经常得到她的救助,"具有预言、占卜、巫医、护航等神功"[①],深得百姓喜爱。雍熙四年(987)农历九月初九,妈祖因在海上救人而献出年轻的生命,年仅 28 岁。此后,渔民们经常看到她身穿红衣在海上巡游,解救遇难船只,当地民众相率立祠祭祀,号"通天神女"。从此,成为历代船工、海员、旅客、商人和渔民共同信奉的海洋女神。

妈祖信仰在福建莆田湄洲岛形成之后,逐渐向沿海各地传播。宋元祐元年(1086),因妈祖护佑出使高丽船队有功,在莆田的圣墩建庙分灵,朝廷诏赐"顺济"庙额,开启了官方妈祖信仰的先河。宋高宗绍兴二十六年(1156),妈祖被封为"灵惠夫人"。此后,妈祖信仰从南北两条路线向沿海地区传播:一是向南传播到广东(包括今香港、澳门)、海南等地,二是向北传播到浙江、江苏、上海、山东、河北、天津、河南、辽宁等地。香港早在南宋末年就建有天后祠庙,澳门的妈祖阁至今已有五百多年的历史。明代,妈祖信仰经过澎湖岛向台湾岛传播,日本、越南、新加坡、马来西亚、菲律宾、泰国等东南亚各国和沿海地区都相继建有供奉妈祖的神庙。大约至迟在南宋末年,妈祖信仰传播到上海地区。

民间信仰空间的建构主要有两个路径,一是物质空间的建构,二是非物质空间的建构。物质空间的建构主要是指各类祭祀场所的修建,非物质空间的

---

① 李露露著:《妈祖信仰》,学苑出版社 1994 年版,第 26 页。

建构主要是指各类祭祀仪式和祭祀活动的展开。

(一)物质空间的建构

1. 妈祖庙的修建

上海最早的妈祖神庙叫"顺济庙",这也符合宋元祐元年朝廷诏赐莆田圣墩"顺济庙"的史实。据明正德《松江府志》记载:"顺济庙,即圣妃宫。在县治东北黄浦上,宋咸淳中重建。后有丹凤楼,观潮者登焉,潮汹涌北来,至庙门而伏,过则复起,人以为神。"元初文人宋渤所作《庙记》中说:"莆有神,故号顺济。瓯粤舶贾,风涛之祷辄应。""松江郡之上洋为祠,岁久且圮。宋咸淳中三山陈侯珩提举华亭市舶,议徙新之。"①说明在宋咸淳(1265—1274)之前上海地区已有妈祖庙。后来,这座妈祖庙屡毁屡建。清代,朝廷敕封妈祖为天后,庙改为天后宫。此后又数次修葺、重建和增建。清光绪九年(1883)迁址重建于铁大桥北,即今河南路桥堍。

笔者查阅上海地方旧志,除明代之前因缺乏资料难以统计之外,明清时期上海地区妈祖庙的数量及分布大致为:在明代尚存的妈祖庙或明代建造的妈祖庙共有9座,清代中期增建到13座,主要分布在上海的沿江和沿海一带。具体分布为:上海县3座、金山县2座、奉贤县1座、南汇县1座、娄县1座、川沙1座、崇明县2座、宝山县2座。到清代末年,增建到16座。具体分布为:上海县2座、金山县2座、奉贤县1座、南汇县1座、娄县1座、川沙1座、崇明县4座、宝山县3座、嘉定县1座。②其中,上海县减少了1座,而崇明县、宝山县都有所增加。总体而言,明清时期上海妈祖庙的修建呈现出缓慢增加趋势。需要说明的是,这些妈祖庙基本都属于官方性质,民间性质的妈祖庙或妈祖殿当远远超过此数。

2. 会馆公所妈祖殿的修建和妈祖造像

上海地区妈祖信仰空间的一个重要构成,是会馆公所妈祖庙和妈祖祭祀。

① (明)正德《松江府志》卷十五卷《坛庙》。
② 据上海府县旧志、乡镇旧志有关资料统计。

早在唐宋时期,浙江、福建、广东等沿海地区的商人就已经频繁往来于上海,而来自日本、越南、新罗等国的商船每年也都有往返。海上贸易风险很大,为了防范风险,各地商人抱团取暖,组成一定的商人群体,而当他们拥有了一定的经济实力之后,便开始购置土地,建造固定的活动场所,这就是后来遍布于上海的商人会馆公所。会馆公所是地缘性和行业性的商人组织机构,具有祭祀、住宿、集会等多种功能。在这些会馆公所中为妈祖塑像或辟建专门的妈祖殿是非常普遍的现象。

上海最早的会馆当数泉漳会馆,相传在明末,泉漳两属中的龙溪(今龙安)、同安(今厦门)、海澄(今龙海)三县海商已在上海建立会馆组织,清初开始建馆,其建馆初衷主要为了祭祀、停柩和住宿。据不完全统计,清代上海至少有14座会馆公所祀奉妈祖。如闽商所建的泉漳会馆、三山会馆、南市点春堂、建汀会馆、兴安会馆;粤商所建的潮州会馆、潮惠会馆、揭普丰会馆;浙商所建的浙宁会馆;上海商人的船商会馆、木商会馆、靛业公所;山西商人所建的山西汇业公所,以及由京沪同业商人公建的敬业堂西烟公所等。大多数会馆的建馆动机便是祭祀天后。比如泉漳会馆于乾隆年间,"建造泉漳会馆一所,供奉天上圣母神位,春秋祭祀,以展敬诚,而昭歆享"[1]。建汀会馆于嘉庆初年,"于董家渡购屋数椽,春秋祀天后。借祭余以联乡情"[2]。由福建等地果业商人构建的三山会馆又称为"天后宫"。其会馆门额上方刻有"天后宫"的字样和图案,"神座南向,剧台北向,东西楼相对峙,余地分筑室宇"[3],表现出早期会馆庙宇与会馆合二为一的特点。

3. 随船安放妈祖神龛

海船上设神龛供奉妈祖神像或神牌也是上海妈祖海洋信仰的一个重要组成部分。福建人随船携带妈祖供奉,源自人们对于海洋的恐惧心理,船中供奉

---

① 上海博物馆图书资料室编:《上海县为泉漳会馆地产不准盗卖告示牌》,载《上海碑刻资料选辑》,上海人民出版社1980年版,第233页。
② 上海博物馆图书资料室编:《创建建汀会馆始末碑》,载《上海碑刻资料选辑》,上海人民出版社1980年版,第276页。
③ 上海博物馆图书资料室编:《建汀沪南果桔三山会馆碑》,载《上海碑刻资料选辑》,上海人民出版社1980年版,第359页。

妈祖便于在海上遇险时能够及时得到妈祖的救助。随船祭祀妈祖的习俗也被上海本地从事航海运输业的商人所接受。比如，上海沙船商人、靛青商人等等。沙船业者直接与大海打交道，其命运很大程度上托付于变化莫测的大海，自然特别崇拜妈祖。靛青是上海出口海外的大宗商品，从业者在海外贸易中同样会碰到许多难以预料的风险，因此，他们不仅在会馆中供奉妈祖，在船上也供奉妈祖神像。据说后来日本商船上也安放了中国妈祖的神龛，作为海上航行的护船神。

如果说会馆是庙堂与会馆合二为一的话，那么船上供奉妈祖则可看成是船庙合二为一，亦可称之为流动的庙宇。对此，民国文人姚公鹤记述道："凡海船舵楼上均设有小神龛，龛中除安设天后牌位外，并具备木制之小斤斧镩凿等物。遇海洋中大风浪倾折之际，旧法必先斫断桅木以免招摇，若仓猝间力斫不断，则由舵工向神龛虔诚拈香，然后取出木制之小斤斧，作形式上之斫伐，则其桅自断。"① 说明妈祖崇拜已经成为渔民和船民普遍的信仰习俗。

（二）非物质空间的建构

妈祖信仰的非物质性文化空间的建构，主要体现在祭祀主体的祭祀活动方面。

1. 官员祭祀

自宋高宗绍兴二十六年（1156），因妈祖护佑出使船队有功，封为"灵惠夫人"起，历代朝廷都对妈祖有所加封。宋绍熙三年（1192）因救旱疫有功，加封"灵惠妃"。元代，朝廷赐封"天妃"。明洪武五年（1372）因庇护漕运，赐"圣妃"。清乾隆二年（1737），加封为"天后"。据史料记载，妈祖在历代受封达36次，封号长达66个字。民国十六年（1927），改称"林孝女"。

上海天后宫是上海地区现存最早的官建妈祖庙。天后宫里除了定期的祭祀活动之外，官方的妈祖祭祀还与海运有关。元代，江南地区每年都要从海上向朝廷运送大量的漕粮和贡品，海上风涛险恶，船队随时都会遇到危险。为了

---

① 姚公鹤著：《上海闲话》，上海古籍出版社1989年版，第23页。

祈求妈祖护佑,官方特别重视对妈祖的祭祀。每次在漕粮起运前,朝廷都会遣使到上海天妃宫致祭。元代文人成廷硅《题上海天妃宫》曰:"昔年漕运开洋日,御赐香来动杳冥。真篆九朝连昼夜,斋厨一月断荤腥。祠光赤现天妃火,云气黄占使者星。沉璧丽牲严祀典,至今神肃在宫庭。"祭祀仪式非常虔敬和隆重,既有御赐沉香,前来致祭的官员还要斋戒一个月。清道光五年(1825),重开漕粮海运,此次海运航线从上海黄浦江出发到达天津直沽港。开洋前,江苏巡抚陶澍亲自到上海天后宫致祭,祈求妈祖保佑海运顺利。当漕船顺利抵达天津后,陶澍又再次到上海天后宫致祭答谢,希望船队返航时继续得到妈祖的庇佑。

2. 海商祭祀

闽粤商帮对妈祖的供奉和祭拜尤为虔诚,他们不仅捐赠巨资修缮会馆公所,还很重视妈祖祭祀,平时有专人负责洒扫妈祖殿,朔望日要点烛上香。伴随着祭祀活动的还有热闹非凡的演剧、灯会等娱乐活动的开展。泉漳会馆和三山会馆都有戏台,每逢天后诞辰,均请戏班演戏酬神。葛元煦《沪游杂记》中记载道:"三月二十三日为天后诞,粤、闽客商及海舶皆演剧伸敬。"①不仅闽粤商帮对妈祖极其虔诚,其他各地海商也是如此,他们除了会馆公所的常规祭祀外,每当海船出海和远洋归来,还要到天后宫举行隆重的祭祀活动。晚清松江人顾翰在《松江竹枝词》中写道:"天妃宫里起笙歌,商贾纷纷祭赛多。"其注曰:"天妃宫在上海城西北隅,俗称'天妃娘娘',海商奉之甚虔,张乐演剧,赛无虚日。"②秦荣光在《上海县竹枝词》中描述道:"惯驾沙船走北洋,船头四望白茫茫。得归幸庆团圆会,天后城隍遍爇香。"他在注中补充道:"沙船舣浦滨,由南载往花布之类曰'南货',由北载来饼豆之类曰'北货',率以番银当交会,利过倍蓰,转瞬可致富。凡沙船进出口,必向天后城隍处烧香。"③

3. 民众祭祀

元代以后,上海民众形成了普遍祭祀天后的传统,尤其是三月二十三日的

---

① 葛元煦著:《沪游杂记》,上海书店出版社 2009 年版,第 11 页。
② 顾炳权编:《上海历代竹枝词》,上海书店出版社 2001 年版,第 171 页。
③ 顾炳权编:《上海历代竹枝词》,上海书店出版社 2001 年版,219 页。

天后诞辰更是将祭祀活动推向高潮。这一天，也是上海城乡百姓的共同节日。伴随着祭祀活动的是形形色色的娱乐活动。除了酬神演剧之外，更为盛大的活动是举办"灯市"。每逢妈祖诞辰，上海城里从大东门至小东门一带，彩棚高搭，灯火辉煌，笙歌燕舞，城乡民众蜂拥而出，观灯、看戏、赏曲。其盛况在晚晴文人张春华的《沪城岁事衢歌》、毛祥麟的《墨余录》、王韬的《瀛壖杂志》等著作中都有精彩的描述。张春华的《沪城岁事衢歌》描写当时的灯市盛况道："大开灯市六街妍，十日东门沸管弦。村妇新妆忙底事，趁晴齐说到宫前。"其注曰："三月二十三日为天后诞，市人敬礼，灯彩特盛，虽乡村妇女必往观焉。"① 毛祥麟《墨余录》写道："三月二十三日为天后诞辰，前后数日，城外街市，盛设灯彩"。县城里，"绵亘数里，高搭彩棚，灯悬不断"。黄浦江上，"百里外舟楫咸集，浦滩上下，泊舟万计"。城里城外，"笙歌之声，昼夜不歇"。② 王韬《瀛壖杂志》也记载道："三月二十三，为天妃诞。市人敬礼倍至，灯彩辉煌，笙歌喤聒，虽远乡僻处，咸结队往观。"③

民国以后，上海妈祖信仰逐渐衰落。1980年因市政动迁，把原位于上海市河南路桥北的上海天后宫移建到松江方塔园内，实行异地保护。这是目前上海仅存的一所天后宫。

二、妈祖信仰的当代意义

妈祖信仰在世界上影响广泛。20世纪80年代，妈祖被称为"海峡和平女神"，赋予了海峡两岸和平统一的新功能。新世纪以来，随着海洋文化的兴起和各国对海洋开拓的日益重视，妈祖又被誉为"海洋和平女神"，其信仰功能再次得到提升。2006年，湄洲妈祖祖庙的"妈祖祭典"被列为第一批国家级非物质文化遗产。新世纪以来，妈祖信仰活动在各地蓬勃发展。规模盛大的"中国·湄洲妈祖文化旅游节"已经连续举办了十九届。目前，中国大陆各地举办

---

① 顾炳权编：《上海历代竹枝词》，上海书店出版社2001年版，第114页。
② （清）毛祥麟著：《墨余录》，上海古籍出版社1985年版，第189页。
③ （清）王韬著：《瀛壖杂志》卷二，上海古籍出版1989年版，第32—33页。

的妈祖文化节多达数十个,如:莆田万达妈祖文化节、天津妈祖文化旅游节、汕头妈祖文化节、潮阳后溪妈祖文化节、漳平永福妈祖文化节、梅林土楼妈祖文化节、惠州巽寮妈祖文化旅游节、长岛中华妈祖文化节、漳州乌石妈祖文化节、浙台(苍南)妈祖文化节、广东陆丰妈祖文化节、洞头妈祖平安节、烟台妈祖文化节、北京妈祖文化艺术节、上海浦江妈祖文化周,等等。甚至不少地方的镇和村都在举办妈祖文化节,如:广东省汕头市潮南区的胪岗镇妈祖文化节、浙江丽水市遂昌县的王村口镇妈祖文化节、福建龙岩市新罗区的红坊镇悠远片龙星村妈祖文化节,等等。2001 年,松江区对上海天后宫大殿进行了修葺,命名为上海天妃宫,天妃宫内供奉的妈祖神像命名为"浦江妈祖",正式对外开放,举行纪念妈祖活动。妈祖文化是海洋民俗文化的一个核心组成部分,是中华民族优秀传统文化,是海峡两岸心灵沟通的精神桥梁和纽带,推动以妈祖文化为内涵的海洋文化建设意义重大。妈祖信仰的当代意义至少表现在以下几个方面:

(一)增强海内外华人的文化认同

海内外华人同根同源,妈祖信仰是全世界华人共同的精神文化。弘扬妈祖精神,有助于增强海内外华人的文化认同。目前,台湾有遍布全岛的妈祖庙500 余座,香港有 50 多座,澳门有 2 座。全世界共有妈祖庙近 5 000 座,信奉者近 2 亿人。日本、新加坡、马来西亚、朝鲜、菲律宾、印尼、越南、泰国、挪威、丹麦、法国巴黎、加拿大、美国檀香山、旧金山、墨西哥、巴西、新西兰、非洲等地都有妈祖庙或妈祖祀奉场所。1992 年 10 月,湄洲岛成为国家级旅游度假区。2004 年,国家批准的首个世界性妈祖文化社团"中华妈祖文化交流协会"在湄洲岛妈祖祖庙成立,标志着妈祖信仰正式被界定为妈祖文化,具有里程碑意义。2006 年 5 月 25 日,妈祖祖庙及其"妈祖祭典"被国务院列为第六批全国重点文物保护单位。湄洲妈祖庙成为全世界华人共同的精神家园。

(二)促进文化交流和经贸发展

妈祖信仰起源于福建,传播于世界各地。大力开展妈祖信仰文化交流活动有利于文化交流和经贸发展。比如，为期一个多月的湄洲妈祖文化旅游节，每年来自"海丝"国家及两岸三地数万信众欢聚一堂，同谒妈祖，共享平安。湄洲妈祖节吸引了大批妈祖信徒和游客参会，现已成为对台对外文化交流合作的重要平台和旅游节庆活动。丰富多彩的活动以妈祖文化为纽带，推动了"海丝"国家的融合发展，同时也带动了旅游、餐饮、服饰、住宿、日用品、祭祀用品、礼品、纪念品等产业的发展。如今，妈祖祖庙的"妈祖祭祀"与山东的"孔子祭祀"、陕西的"黄帝祭祀"并称为中国三大传统祭典。湄洲岛每年举办的朝拜妈祖祭祀大典，气势磅礴，恢宏壮观。

（三）推动"21世纪海上丝绸之路"建设

挖掘具有广泛国际影响的民俗文化资源，是推动海峡两岸交流、拓展国际交往的重要方法。妈祖是海内外华人共同景仰的海洋女神，是海洋文明的重要组成部分和重要象征，也是中国海洋文化的一面旗帜，对开拓"21世纪海上丝绸之路"具有重要意义。例如，近年来各地举办的妈祖文化节，就已经产生了广泛的国内国际影响。2018年第九届洞头妈祖平安节，仅一个乡镇举办的妈祖纪念活动，就吸引了数百位来自台湾的同胞和全国各地游客，共谒妈祖、共享安福。几乎所有的妈祖庙都会在妈祖三月二十三日的诞辰日、九月初九的升天日举行祭祀活动，所以，积极开展各种有益的文化活动，释放内在文化活力，加强各民族和国家之间的民心相通，有助于推动"21世纪海上丝绸之路"建设。

三、打造上海妈祖文化品牌

上海是全国最大的海港城市，处在21世纪海洋和平开拓的前沿，如何正确利用妈祖信仰文化中的积极因素，为提升城市文化软实力服务，是值得我们思考的问题。妈祖信仰在上海有着广泛的群众基础。目前，上海市委宣传部牵头开展打响"上海文化"品牌工作，制订了《关于全力打响"上海文化"品牌 加快建成国际文化大都市三年行动计划》，提出大力打造"三个文化品牌",即"红色文化品牌""海派文化品牌""江南文化品牌"。妈祖文化内涵丰富,影响广泛。我们应该抓住契机,打造上海妈祖文化品牌。

首先,从物质文化形态上,尽可能地恢复修建原有的官建妈祖庙,尤其是沿海的各个区,如浦东、奉贤、金山、崇明等。庙宇是神灵的安享之所,也是信仰的物质载体。历史上,仅明清时期有据可查的官建妈祖庙就有十多座,会馆妈祖殿也有十多所,散布在民间的妈祖庙或供奉妈祖神像的庙宇更是数量众多。而目前上海的妈祖庙仅有迁至松江方塔园的一座,此外,就是分散在五六座道观中的妈祖殿或妈祖神像,在上海中心城区没有一座妈祖的安享庙宇,这不能不令人遗憾。当然,2010年上海世博会期间,三山会馆重修了妈祖殿。但是,目前三山会馆也只着重于妈祖文化展示,相关活动很少,无法很好地成为妈祖信仰的承载之地,更不能发挥昔日借祭祀以联乡谊的功能。因此,在上海恢复修建数座妈祖庙是必要的。具体思路:

第一,在市中心,最好能在黄浦区旧城厢一带辟出一地,恢复修建具有宋元建筑风格的上海天后宫,使之成为妈祖信仰文化的物质载体。

第二,出于妈祖信仰的海神文化性质的考虑,在上海沿海的浦东、奉贤、金山、崇明等区修建妈祖庙,由此形成上海妈祖信仰在物质形态上的重构。甚至还可以考虑修建一座妈祖文化园,以供人们祭祀和休憩。现在,只在金山嘴渔村建有一座妈祖文化馆,这是远远不够的。此外,民间有没有妈祖庙?也要进行调查摸底。

其次,从非物质文化形态上,要重视妈祖信仰的内涵挖掘。妈祖信仰中的"见义勇为、扶危济困、无私奉献"的精神体现了中华民族的传统美德,其核心内涵可以用四个字来概括,就是"大爱无疆"。上海历史上有两位了不起的女性,一位是本土的"海归"黄道婆,一位是外来的女神妈祖。黄道婆是载入中国科技史的纺织女神,妈祖是世界性的海洋女神,她们都具有"大爱"的品质和"慈悲"的情怀,历代受民众信奉。可是,如今对这两位伟大的女性,我们都没有给予应有的重视,在上海地区,不仅庙宇零落,而且纪念活动也是少之又少。因此,我们不仅要恢复妈祖祭祀,更应该从多方面组织相关活动。具体思路:

第一,文艺界可创作相关节目,如音乐、舞蹈、戏曲以及电视片等,弘扬妈祖精神和妈祖信仰文化。

第二,学术界可通过对妈祖信仰文化资料的整理和挖掘,举办相关学术活动,出版相关学术书籍或通俗图书,对妈祖文化进行充分的研讨和普及。

第三,宗教界可举行形式多样的纪念活动,除了在目前上海唯一幸存的松江方塔园内的上海天妃宫举行活动以外,在其他道教庙宇,特别是建有妈祖殿或供奉妈祖神像的道观,可适时举办妈祖纪念活动,比如上海城隍庙、白云观、崇福道院、钦赐仰殿、下海庙等。

第四,商人自古以来就是妈祖信仰的忠实信众,特别是沿海地区的商人,敬奉妈祖尤为虔诚。因此,各商人团体,如上海市福建商会、上海市广东商会、上海市浙江商会、上海市江苏商会、上海市天津商会以及上海的各类商业组织,也应广泛开展活动,在其官网上刊登相关内容。

此外,妈祖信仰在上海具有一定的民众基础,因此,在社区中也可以举办一些相应的活动,以弘扬妈祖的"大爱"精神。

总之,深入挖掘妈祖信仰文化内涵,打造上海妈祖文化品牌,不仅有利于传承传播妈祖文化,同样也有利于上海城市文化建设。

5

浅论沪语文化与海派听觉文化遗产的研究与保护

程　洁*

摘　要　长久以来,建立在沪语基础之上的诸多文艺样式共同积淀形成了一座丰富多彩的沪语文化资源库。它是上海文化以及中华文化的重要组成部分。近年来,上海在方言文化的保护传承方面取得了很多进展,但这依然未能扭转沪语文化式微的现实。如果从"听觉"的维度,将沪语文学、曲艺等非物质文化遗产纳入"海派听觉文化",进行整体观照,重拾聆听之道,或有利于沪语文化、海派文化的研究与保护。

关键词　沪语文化　听觉文化　聆听之道

　　方言乃语言的地方变体,是不同地域文化的非物质产物。明唐寅《阊门即事》诗云:"五更市买何曾绝?四远方言总不同。"广袤的中华大地承载着无数独特的地域文化,也形成了纷繁多样的多民族语言和方言,它们是多元一体的中华文化的重要构成。方言虽然只是在一定的地域中通行,却有自身完整的系统。每种方言都能体现出使用者所在地域、民族的世界观、思维方式、社会特性以及文化、历史等,因此,方言极具地域文化特色。作为一种特殊形式的语言,方言承载着源远流长的文化,是人类珍贵的无形遗产。属于吴方言的沪语是上海这座城市在悠久的历史演变中形成的方言。建立在沪语基础之上的文学、戏曲、话剧、影视等,显示出这方水土特有的文化创造。近年来,在保护

---

* 程洁,博士,上海社会科学院《社会科学报》主任主编。

传承上海方言的呼吁下，沪语及沪语文化保护取得了一定进展，然而，仍未逆转式微的趋向。沪语文化的研究与保护依然迫在眉睫，任重道远。

一、沪语与沪语文化

沪语，也就是上海话，又称上海闲话、上海吴语、吴语上海话，是上海本土文化的重要根基。现在的沪语，广义上涵盖南上海话（奉贤、南汇、松江、金山、部分闵行地区）、宝山话、川沙话、嘉定话、青浦话。狭义上是指"上海白话"。上海白话产生于鸦片战争之后开埠通商的上海滩，她以南市老城厢一带的官话为母体，融入了浦东腔和苏州白话的部分语音词汇特点，形成了如今上海话的雏形。沪语在开埠前是吴语中发展相对滞后的语言，因此在沪语中至今还保存着很多的古代语音、词语和语法现象，及其反映出来的古代江东文化信息，甚至更早的百越民族语言文化遗迹。上海开埠以后，五方杂处，中西交汇，上海话在语言杂交优势中取得长足的发展，汇聚了农业社会、工业社会，尤其是商业社会的种种精细的词汇、成语和谚语，丰富多彩。上海话是吴语的重要代表，与吴语太湖片其他方言基本能互通，是现代吴语地区比较有影响力的一支语言。① 沪语有着深厚的文化积淀，用沪语研究专家钱乃荣教授的话来说，"上海话承载上海这座城市的时代回音、文化血脉、历史记忆"②。保护和传承沪语及其承载的文化，就是弘扬和保护海派文化。

由此，本文将沪语及其承载的文化，也就是建立在沪语基础之上的文学、曲艺、影视等文艺形式，统称为"沪语文化"。在此意义上，诸如上海闲话、沪语方言小说、绕口令、顺口溜、谜语、沪语歌谣、独脚戏、上海说唱、浦东说书、青浦田山歌、奉贤山歌剧、崇明扁担戏、沪剧、滑稽戏、上海方言剧、沪语舞台剧、沪语影视剧、沪语方言广播电视节目等，都是"沪语文化"题中应有之义。

---

① 钱乃荣：《传承上海话，就是传承上海文化基因》，《解放日报》2005 年 7 月 28 日第 6 版；黄浩：《从〈新闻坊〉看非遗保护和沪语传承》，《上海艺术评论》2018 年第 3 期。
② 《沪语研究专家钱乃荣：上海话里的城市文化密码》，载腾讯网 http：//sh. qq. com/a/20131116/001931. htm，2013 年 11 月 16 日。

沪语文化有着悠久的历史。开埠之后的上海,汇集着来自全国甚至国外的人才,明清以来经济文化最发达的吴语地区的知识精英,更是纷至沓来,上海一时成为吴语文化的荟萃之地。"发行了用上海话、苏州话写的诸如《海上花列传》《九尾龟》《商界现形记》等几十本长篇小说,以及《三笑》《描金凤》《珍珠塔》等戏曲小说和散文小品等。即使是用普通话写作的大量海派小说、散文、电影、流行歌曲,也不同程度地打上了上海话文化的烙印。二十世纪三十年代至六十年代前期,上海的本土文化非常活跃,在国内可谓首屈一指。就地方戏曲看,江南江北诸如沪剧、滑稽戏、越剧、评弹、甬剧等 10 多种地方文艺,都在上海草创、汇聚并迅速成熟。"①发达兴盛的沪语文化见证了上世纪前半叶上海滩的热闹与繁华。

再比如,沪语与电影的亲密接触,也有半个世纪以上的历史了,除了观众熟悉的《三毛学生意》《大李小李和老李》,"还有 1963 年拍摄、由上海市大公滑稽剧团杨华生、绿杨、笑嘻嘻等主演的《如此爹娘》,以及 1994 年沪港合作的《股疯》等,这些为数不多获得公映机会的沪语电影,均获得良好的口碑,成为一个时代的经典"②。

因此,沪语文化的意义不可等闲视之,主要包括如下两点:

第一,它是上海本土历史文化的宝库。方言是地域文化的根基和典型元素,以方言为基础的沪语文化将上海市民的生活方式、思想情调以及多样化的文艺趣味都溶化在上海话和海派文化中,以富于个性的"上海叙事"带来的地方性特色的原生态文化呈现,将上海人民的生存空间、生活细貌、民俗文化和上海社会变迁面貌展现得栩栩如生,记录或见证着这座城市文化、历史的发展。

第二,它是中华文明的土壤。如胡适先生昔日所言:"方言的文学越多,国语的文学越有取材的资料,越有浓富的内容和活泼的生命。如英国语言虽渐渐普及世界,但他那三岛之内至少有一百种方言,内中有几种重要方言,如苏

---

① 钱乃荣:《传承上海话,就是传承上海文化基因》,《解放日报》2005 年 7 月 28 日第 6 版。
② 王悦阳:《沪语入电影,叫好又叫座》,《新民周刊》2018 年第 24 期。

格兰文、爱尔兰文、威尔斯文,都有高尚的文学。国语的文学造成之后,有了标准,不但不怕方言的文学与他争长,并且还要倚靠各地方言供给他新材料、新血脉。"①中国文学的盛景,正是由老舍的"京味儿"、"西李马胡孙"的"山药蛋"味儿、孙犁的白洋淀味儿、贾平凹的"秦腔"、莫言的高密味儿、金宇澄的沪味儿等构成。他们都用文学实践证明:"'方言的文学'是一国优秀文学的重要组成部分,而且是魅力无限、不可取代的那部分。诚如语言学家所言,方言不仅是语言,还是中华文明的土壤;发掘方言的语言资源软实力,可以大大增强中华文化的魅力。"②

二、沪语文化在当下

世纪之交,联合国教科文组织绘制的"全球濒危语言地图"引发了人们的关注。新世纪以来,随着沪语的使用空间和人群逐渐缩小,与之相应的沪语文化也慢慢萎缩,2005 年,上海市人大委员提交议案建议要求保护沪语文化,规范沪语,推行沪语;更有甚者,"上海闲话将要绝迹""救救上海话"等论断警醒了上海各界,研究和保护沪语文化行动渐次展开。

(一)沪语方言保护有共识

2016 年末公布的《上海市语言文字事业改革和发展"十三五"规划》在强调进一步"精准提升"普通话的同时,也提到:"加强上海地方语言资源的保护、开发与利用。继续开展上海方言保护性调查研究。"2017 年 1 月 27 日,上海市语言文字工作委员会在《2016 年上海市语言文字工作要点》中明确指出:"科学保护上海语言资源。"其中具体提到:"根据国家语委语言资源保护工程的要求,调查采集上海地方口传文化等有声数据。继续在幼儿园开展上海话体验活动,指导高校和区县积极开展上海地方语言文化进校园活动。"

---

① 胡适:《答黄觉僧君折衷的文学革新论》,《新青年》第 5 卷第 3 号。
② 刘巽达:《"沪语文艺"背后的方言魅力》,《光明日报》2013 年 5 月 22 日第 2 版。

　　2017 年,上海话数据库专家、上海师范大学教授刘民钢指出:"在之前的五年中,上海在记录、保存地方特色语言文化方面做了大量的工作。比如调查采录了 12 个调查点的上海方言数据,全面完成了中国语言资源有声数据库上海建库工作;建设开通了展示地方语言资源有声数据、语言地理信息、口头文化和民俗文化的网络平台等。这是探索科学保护上海语言资源的重要成果。"[①]

　　保护和传承活动受到各界的响应,近十年来,上海"两会"期间就有人大代表和政协委员提出了保护沪语的相关议案。2011 年,市语委启动了"寻找上海话发音人"的活动,对沪语的有声数据进行采集保存。2012 年,市卫计委在华东医院开办沪语培训班,让医护人员学习上海话,更好地服务上海老年病患。2013 年,市教委在全市幼儿园开展沪语上海乡土文化教育,努力推动沪语传承"从娃娃抓起"。2014 年,市交通委开始全面普及公交车沪语报站服务。上海沪剧院、上海各滑稽剧团也推出了相关沪语传习班。[②]

　　上海的曲艺界还与教育界联手探索一条"艺·校联动"的有益路径。2015 年,上海市曲艺家协会发起成立了以惠民中学牵头的上海市沪语文化教育联盟。独脚戏和上海说唱的一些经典文本成为联盟学校"推广沪语"的最佳载体,曲协的艺术家们成了孩子们的"沪语辅导员"。曲协副主席、上海滑稽剧团副团长钱程每周都会去惠民中学用沪语给孩子们讲上海滑稽戏的艺术。[③]

(二)沪语文化新发展

　　2013 年,上海作家金宇澄用沪语写作的《繁花》不但成为年度最上榜长篇小说,而且引起了"方言如何入小说"的热议。全书采用方言写作,深刻勾勒出了上海的物件、地域和私人记忆之间的关系,《繁花》被贴上了上海地域小说的标签。除此之外,"在这一文学探索的长廊中,邹平的长篇新作《戆大阿二

① 刘民钢:《大力推广普通话,科学保护上海话》,《语言文字周报》2017 年 1 月 25 日第 1 版。
② 黄浩:《从〈新闻坊〉看非遗保护和沪语传承》,《上海艺术评论》2018 年第 3 期。
③ 陈雷:《沪语复兴的"艺·校联动"模式》,《上海采风》2017 年第 2 期。

传》，无疑是应该引起关注的"①。

2013年5月，"根据著名作家白先勇同名小说改编的沪语话剧《永远的尹雪艳》在上海文化广场首演，曾经百乐门歌舞升平的繁华，张叔平别出心裁、做工精细、用料考究的各色旗袍，还有在如今的上海街头少有听到原味正宗的上海话，《永远的尹雪艳》以一个传奇女子的传奇经历拉开了一幅精美绝伦的上海的历史风情画卷，展现了上海这座城市的绝世风华和文化底蕴"②。2018年1月26日，改编自小说《繁花》的沪语舞台剧《繁花》在美琪大戏院上演，成为又一部成功舞台化的"上海故事"。

2016年沪语电影《罗曼蒂克消亡史》在沪语背景观众群中口碑爆棚，2017年的《上海王》也是充斥着大量沪语，满屏浓郁的上海味道。作为2018年上海国际电影节里"向大师致敬"单元中的一部老电影，上海话配音版的《大李小李和老李》在网上一开始售票就被一抢而光。根据经典沪剧《雷雨》改编的电影也已开机。另外，动画电影《黑猫警长之翡翠之星》是中国动画电影史上首次使用沪语的尝试。

2016年，一首名为《老鬼心不死》的沪语歌曲在网上悄悄走红，之后五位演唱者又一同为这首歌拍了一支腔调超级浓的MV，上线短短几天时间，就在各大视频网站和微博等社交平台抢走了数十万点击量。

（三）形势依然严峻

"然而，现实的情况是，在这波拯救沪语的集体行动中，沪语并没有重新真正地崛起。"③沪语文化式微的警钟仍然长鸣。

上海社会科学院曾经发布过《2012年上海市中小学生成长情况最新调查报告》，该报告显示，当时上海市中小学生的日常习惯用语为普通话，沪语则处于弱势地位，即使在上海本地出生的学生中，只有60%左右能完全听懂和会说

---

① 杨扬：《沪语小说的新尝试》，《解放日报》2018年6月7日第9版。
② 白先勇：《大型沪语话剧〈永远的尹雪艳〉首轮演出圆满成功》，载倾城网 https://www.hercity.com/s/201305/25920.html，2013年5月28日。
③ 吴怡敏：《传承沪语留住海派文化的根脉》，《声屏世界》2017年第4期。

上海话。

2016 年暑假,"新一代中小学生上海话使用现状的调查研究"课题小组对上海市部分中小学生进行了调研,旨在了解他们口语中的上海话现状。调查结果不容乐观。有 17.3%的人表示在家里会经常和家人用上海话聊天,有 46.3%的人表示在家几乎不使用上海话,其余 36.4%的人是有时会说上海话。有 44.2%的人认为没有必要推广上海话,另外 55.8%的学生认为有必要推广上海话。①

2017 年,上海师范大学外国语学院课题组采取随机抽样的形式,对来自上海不同区县的学生进行问卷调查。从对上海话的了解程度和使用习惯来说,有 36%的学生认为自己不了解上海话;没有学生知道上海话的起源地;有 86%的学生认为在日常生活中不使用上海话也能很好地与人交流。就使用频率而言,有 46%的学生几乎不使用上海话与家人交流。在学校中,上海话的使用频率更低——仅有 8%的学生会在学校里用上海话与同学或老师交流,有 51%的学生在学校几乎不使用上海话。②

而据知名沪语节目主持人黄浩介绍:"上海电视娱乐版块的沪语节目,以 SMG 卫视中心各频道近 3 年内使用沪语的 17 个节目为样本进行的生态调查,可以发现 17 档节目中:脱口秀 1 档,调解节目 3 档,真人秀 3 档,串编类 1 档,谈话类 1 档,综艺类 8 档。8 档在播,9 档停播,33%的节目没有活过 2 年。由于专业沪语编导、沪语主持人数量的严重不足,不少节目存在"炒冷饭"——题材重复、大同小异;"饭泡粥"——脱离主题、开无轨电车;'夹生饭'——张冠李戴、以讹传讹、娱乐至死的倾向。持证主持人 13 位(沪语面貌良好的 4 位),外聘嘉宾主持 6 位(其中曲艺演员 3 位)。有沪语背景持证的 80 后主持人仅有 4 位。主持人整体沪语水平随年龄递减而下降,后继无人的情况也十分严重。在相当长的时间内,上海的电视屏幕上,没有一档融合海派沪语的电视民

① 汤紫丹、原苏荣:《新一代中小学生上海话使用现状的调查研究》,《文教资料》2016 年第 34 期。
② 郑子安、原苏荣:《上海中小学生沪语使用情况及教学调查报告》,《现代语文(语言研究版)》2017 年第 1 期。

生新闻节目。"①

演艺界形势也不乐观。上海著名滑稽表演艺术家王汝刚指出："由于有一段时期不鼓励说上海话，对本地的戏曲影响很大。在上海，沪语表现的曲艺形式仅有沪剧和滑稽戏两种。而现在，上海沪剧团招生也面临着缺人的尴尬，有时候还得去安徽招生。这些安徽演员唱是能过关，但在舞台上用沪语对话就不行。"②

上述调查结果显示，目前沪语文化依然处于逐渐流失的阶段。究其原因，主要有三：一、城市化的推进加速了普通话的推广和"上海闲话"的弱化；二、基础教育阶段的"普通话意识"被强有力地灌输进当代学生的脑海中；三、"上海闲话"存在着渐渐向普通话靠拢的趋势。有些话语的含义用沪语来表达，所能传达的意思不如普通话来得准确和传情达意。③ 由此，应该尽快采取措施对其进行保护，否则由方言所承载的文化将会消失，上海的文化链将不复完整。

三、重拾聆听之道，打造上海的"听觉名片"

2017 年底，上海市委书记李强同志提出打响上海服务、制造、购物、文化四大品牌。其中，打响上海文化品牌，要用好用足丰富的红色、海派、江南文化资源。沪语文化显然是一张不错的"牌"。那么，如何在现有的努力和成绩的基础上，打造沪语文化品牌呢？

中国文化是感性文化。《礼记·乐记》提出"声音之道，与政通矣"，就是强调音乐与社会、政治有密切关系。不仅如此，地理也有感官性，诸如"舌尖上的中国"、"印象刘三姐"、龙井香的西湖，等等。如上海广播电台 Love Radio 的

---

① 黄浩：《从〈新闻坊〉看非遗保护和沪语传承》，《上海艺术评论》2018 年第 3 期。
② 王悦阳：《沪语入电影，叫好又叫座》，《新民周刊》2018 年第 24 期。
③ 参见孙嘉旭、王国林、唐礼勇：《"上海闲话"何去何从》，《浙江工商职业技术学院学报》2012 年第 9 期；吴怡敏：《传承沪语留住海派文化的根脉》，《声屏世界》2017 年第 4 期；汤紫丹、原苏荣：《新一代中小学生上海话使用现状的调查研究》，《文教资料》2016 年第 34 期；郑子安、原苏荣：《上海中小学生沪语使用情况及教学调查报告》，《现代语文（语言研究版）》2017 年第 1 期。

一句经典广告语"把上海放在耳边,发现不一样的上海"所示,地域听觉文化能够很好地构建地域图景,听觉形象传播也是城市形象传播的一个很好的途径,"腔调上海"可以打造一张独具一格的"听觉名片"。

(一)听觉文化遗产保护研究的话语建构

位于眼睛后面的耳朵,是人类的五官之一。耳有两个重要的功能,即采集声音信息和保持人体的平衡。耳联合听神经和听觉中枢的共同活动来产生"听觉"。在此过程中,声能转变的神经信号被翻译成我们可以理解的词语、音乐和其他声音。

俗语云"一聋三分痴",耳聪目明才能头脑清晰。人类社会建立在交流互动的基础之上,人类的文明史从某种意义上说,是说和听的历史。声音符号联系起个人与家庭、社会以及历史的过往。不仅如此,听觉上的感动能够延伸至视觉,乃至嗅觉、味觉等其他感官,心理学上称作"联觉效应",这是由声音引发的听觉的"文化同情"。"坚持声音保护不仅是将它们作为珍稀动物一般保护以维持'声态'平衡,更是在保护人类心灵与精神的一处寄居所。这时,声音早已超越了它本身的意义,而成为一种文化的象征。潺潺的溪流声令人想起的可能不仅是一条清澈的小溪,还附带有岸旁欲滴的花朵、安逸闲适的小木屋,抑或绕溪结伴而游的三五好友的欢笑,这种联想进而可能会引起某种田园精神的回归。"①从这个意义上说,声音和听觉不仅是人类存在的基础,而且塑造着人类社会的文明与和谐。由此,听觉文化的研究和保护顺理成章,听觉文化遗产保护研究的话语建构也势在必行。

沪语文化以沪语为基础,发乎于心,宣之于口,以转瞬即逝的声音符号,展现海派文明的韧性。沪语听觉文化十分丰富,上海人最喜欢说的一个词就是"腔调",它最初是从上海的老弄堂里跑出来的,"你看看自己说话的腔调"中的"腔调"完全是贬义。当今上海人,开口闭口的"腔调","这个人很有腔调",

---

① 罗俊:《趋同化背景下的听觉关怀——论电影中声音生态学的意义》,《艺术百家》2015 年 S1 期。

"那个人腔调好来",却都是褒义词了,气派、风度、格调、情调、素质、品格,都由"腔调"取代。这不也说明上海本就是"偏重耳朵"的城市么。

沪语文化之海派听觉文化遗产至少包括两个方面:一是沪语文化及其相关标示性声景本身。声景(soundscape)概念最初由加拿大作曲家和理论家雷蒙德·默里·谢弗(R. Murray Schafer)提出,即声音景观,由视觉景观(visual landscape)衍生而来。声景由众多声效构成,但绝非单纯的声效叠加,它注重声效间的相互联系和作用。声景有三个层次:"基准音调"(keynote sound)、"声音讯号"(sound signal)和"声音标志"(sound mark)。声音标志由地标(landmark)一词推演而来,是主导"声景"特征的最独特标记。① 作为听觉文化研究的先驱,谢弗开启了将不可触的声音和有形的空间性联系起来进行描述的话语方式,声音景观如同地理景观,标示一个地域社区的特征。比如沪语文化之沪语方言、田山歌、海派清口、沪剧等很好理解,相关标示性声景如上海影视剧中经常出现的上世纪二三十年代卖花姑娘"栀子花……白兰花……"的甜美叫卖声、弄堂的声音、阿姨爷叔们的声音,可以称作居民声景,还有其他一些具有典型特征的"市声"。二是沪语文化作品构建出来的城市文化标识,即"上海腔调"。如小说《繁花》中,有两段意味深长的声音描写:"'两万户'到处是人,走廊、灶披间、厕所,房前窗后,每天大人小人,从早到夜,楼上楼下,人生不断。木拖板声音,吵相骂,打小囡,骂老公,无线电声音,拉胡琴,吹笛子,唱江淮戏,京戏,本滩,咳嗽吐老痰,量米烧饭炒小菜,整副新鲜猪肺,套进自来水龙头,嘭嘭嘭拍打。钢钟镬盖,铁镬子声音,斩馄饨馅子,痰盂罐拉来拉去,倒脚盆,拎铅桶,拖地板,马桶间门砰一记关上,砰一记又一记。"②"有次听见窗外喊,卖面包,卖面包咪……小贩是沙喉咙,声音熟,这个声音,皋兰路经常听到的呀,别墅位置,应该是上海,一定是市区,离皋兰路应该不远,属于小贩叫卖的范围。"③再比如:"电影《压岁钱》向人们生动展示了 20 世纪 30 年代的上

① [加]雷蒙德·默里·谢弗著,王敦译:《被玻璃所阻隔的"声音风景"》,《文化与文学》2016年第 2 期。
② 金宇澄:《繁花》,上海文艺出版社 2013 年版,第 138 页。
③ 金宇澄:《繁花》,上海文艺出版社 2013 年版,第 301 页。

海声音景观：留声机、汽车、电话、广播，以及中国传统方言、戏曲、戏剧，这些声音中西杂糅、新旧并蓄；记录的场景包括车水马龙的街道、柴米油盐的普通人家、奢靡动感的舞厅、朝气蓬勃的中学学堂等。"①

对听觉文化研究者来说，"听觉文化研究，顾名思义，是在文化研究的意义上，针对听觉感知及听觉艺术形态所进行的研究。它考察人们生活在怎样的历史和现实的声音环境里，以怎样的方式和心态去听，体现了怎样的社会关系"②。就沪语听觉遗产研究而言，不仅要研究沪语文化自身的方方面面，而且要关注沪语文化的艺术刻画过程中侧重听觉感官而发生的意味的叙事，还要关注沪语文化背后的庞杂文化，包括沪语文化变迁及其揭示的社会历史文化的变革真相。

（二）听觉复权，重拾聆听之道

沃尔夫冈·韦尔施在其《重构美学》一书中断言，视觉霸权正在将人类驱向灾难，如果要将人类从灾难中解救出来，"只有当我们的文化将来以听觉为基本模式，方有希望"。③ 梅尔巴·卡迪-基恩也在《现代主义音景与智性的聆听：听觉感知的叙事研究》一文中表示"耳朵可能比眼睛提供更具包容性的对世界的认识"④，其在"转向听觉"的契机到来之际，在文明面临空前威胁的今天，在自然被重新估值的大背景下，听觉必须复权，人们需要重新认识声音、自我与环境的关系。

首先，需要从被动到主动的训练和引导，培养、开发内心听觉。"现代心理学研究进一步证实内心听觉绝不是简单的听觉活动，它是含有多种心理层次、包含丰富音乐记忆积淀、明晰的表象能力、创造性思维与想象力的复合体。"⑤

---

① 姚远：《电影中的城市声音记忆——以〈压岁钱〉为例》，《文化学刊》2018 年第 2 期。
② 王敦：《听觉文化研究：为文化研究添加"音轨"》，《学术研究》2012 年第 2 期。
③ ［德］沃尔夫冈·韦尔施著，陆扬、张岩冰译：《重构美学》，上海译文出版社 2002 年版，第 209 页。
④ ［加］梅尔巴·卡迪-基恩著，申丹等译：《现代主义音景与智性的聆听：听觉感知的叙事研究》，载《当代叙事理论指南》，北京大学出版社 2007 年版，第 456 页。
⑤ 詹艺虹：《融入钢琴音乐之中的内心听觉》，《艺术百家》2010 年第 7 期。

建立了内心听觉，大脑就能够对过去音响形象再现、记忆和创造形成新音响形象，也就拥有了随意运用自己的声音想象力的本领。

其次，培育听觉关怀，养成倾听的人文主导性。"今天也许很多人已忘记，'audience'（受众）最原始的词义是'倾听'，特指听的状态。"[1]中国古代为政者就很善于运用听觉关怀，官方常以"听证"捕捉社情民意。《国语·晋语六》："古之王者，政德既成，又听于民。于是乎使工诵谏于朝，在列者献诗使勿兜，风听胪言于市，辨袄祥于谣，考百事于朝，问谤誉于路，有邪而正之，尽戒之术也。"又如《左传·襄公十四年》："自王以下，各有父兄子弟，以补察其政。史为书，瞽为诗，工诵箴谏，大夫规诲，士传言，庶人谤，商旅于市，百工献艺。"古代庙堂听政于民间，而且是要求如实听到百姓声音，以补察为证得失，不失为听觉关怀的绝佳例子。

再次，建立"重听"机制。沪语文化声域是一个浩瀚的空间，既有艺术与审美，又能折射声音在都市生活中的复杂面向。个人与社会都要与声音重新建立关系。通过听觉机制的构建创造对现实世界和文化世界的阐释方式，使经典的沪语文本在"聆听"中被赋予新的意味。

（三）技术支持

第一，建立有声数据库。声音符号有别于文字符号，它没有形状，无法触摸，瞬间消逝。因此，声音符号的记录和保留对技术手段的依赖严重。幸运的是，20世纪以来的众多文化技术产物都与耳朵有关。"作为麦克卢汉所言'电力媒介'的重要组成部分，留声机、录音机、电话、扩音系统、广播、'iPod'是人耳的现代延伸，延伸了人与时间、空间、自己、他人的关系。……他认为电子时代唤醒了耳朵，因为若没有听觉的加入，单靠视觉很难实现由电磁波造就的虚拟的部落式'现场'交流。"[2]近现代以来，随着技术的发展，声音才得以被刻录保存，被扩大，被广播。从留声机到电台，到影视和自媒体，不同的途径使声音

---

① ［英］迪金森著，单波译：《受众研究读本》，华夏出版社2006年版，第16页。
② 王敦：《流动在文化空间里的听觉：历史性和社会性》，《文艺研究》2011年第5期。

的保存和传播变得愈加便捷。因此,上海地方口传文化等有声数据库数据的建立,就是一个很好的办法。今后,可以将海派听觉文化遗产作为一个整体性文化遗存,进行完整的声音采集和保存。

第二,打造经典有声节目或语言节目。中央电视台《见字如面》《朗读者》等大型语言文化类节目一经播出,在全国收到了极高的收视率,口碑极佳。这些节目以声音之美、文字之美、情感之美,回归内心宁静,引起千万观众的情感共鸣,充分传达了朗读的力量。朗读是一种有意识、有目的的有声语言表达活动,自然被纳入听觉文化的范畴。"通过声学的而非语义学的阅读,感知的而非概念的阅读,我们发现了理解叙事意义的新方式。"[1]如果可以打造一台沪语"朗读者"或者类似节目,势必会对沪语听觉文化遗产的传承起到十分积极的效果。广播电台在这方面,更是有优势。在媒体变革的今天,应保有广播节目的魅力和担当。就个人而言,"为了避免'重听'过程中的'以目代耳',当前还应大力提倡恢复讽咏、诵读等传统'耳识'方式"[2]。郑樵《通志·乐略》之问似乎是向今人而发:"古之诗,今之辞曲也,若不能歌之,但能诵其文而说其义,可乎?"

第三,设置公共听觉传播空间。与中央电视台《朗读者》节目同时推出的城市可移动录音棚——"朗读亭"是人类重新"部落化"时期有关声音书写的有益尝试。[3] 据人民网,"伴随《朗读者》在荧屏热播,朗读亭作为《朗读者》的线下延伸,之前已经在广州、北京、杭州驻留过,当前正在西安驻留。'朗读亭每到一地,都会成为媒体和大众关注的焦点,亭外都会排起长长的队伍,引起不同职业、不同年龄、不同性别的人在亭外聚集,等待着朗读。'"[4]朗读亭也来到上海,据新华网报道,2017 年 3 月 5 日,"上海图书馆知识广场东侧的朗读亭

---

① [加]梅尔巴·卡迪-基恩著,申丹等译:《现代主义音景与智性的聆听:听觉感知的叙事研究》,载《当代叙事理论指南》,北京大学出版社 2007 年版,第 458 页。
② 傅修延:《听觉叙事初探》,《江西社会科学》2013 年第 2 期。
③ 米斯茹:《朗读:文化研究视域下的现代声音书写》,《编辑之友》2018 年第 9 期。
④ 《一个人一段文:〈朗读者〉点然阅读热情》,载人民网 http://media.people.com.cn/n1/2017/0310/c40606-29137057.html,2017 年 3 月 1 日。

前排起了长队,高峰排队时长超过 9 个小时"①。声音的储存和点播技术使聆听者可以在任何时候感受到由朗读的声音唤起的情感,并能打破时空的限制,产生"天涯若比邻"的情感共鸣。"'朗读亭'可视为现代都市的声觉空间,它为朗读的时空传播提供了新的场域,值得推广。"

第四,培养优秀的沪语文化讲解员。上海历史文化博物馆的历史馆有一位年轻的女讲解员,给笔者留下深刻的印象。她为人亲和,在讲解上海历史的过程中,不时用沪语表达,以沪语与观众互动,彼时,地方性语言对地方性文化的表现和感染力非常强。博物馆、美术馆、规划馆等是重要的公共文化传播场所,讲解员是博物馆的活的灵魂。"地域传统听觉文化,人们可以通过进入或游览特定的地方,在真实的地理环境中来接受该地域产生的传统听觉文化。这不仅使得地域传统听觉文化得到传播,而且也为旅游者的旅游活动带来更为丰富的文化内容。……这种时空专一性对于有着地理环境延续性的地域传统听觉文化的传承来说,具有保护作用;而即使地理环境发生了巨大的变化,也可以通过它的时空专一性和混合现实性来构建地域图景,既能给人们带来生活的丰富性,也能很好地保护地域传统听觉文化;另外它的超文本性也给地域传统听觉文化在新形式下的开花结果带来了契机,即对于传统的保护可能更多的是在于基因上的流传,而非僵死的形式的再造。"②因此,公共文化场所的讲解员对沪语文化传承义不容辞,培养优秀的讲解员是一个不错的办法。

第五,校园传承。通过沪语进校园,使得"听"的社会教育的有效性得以倡导,为孩子们从小播下沪语文化的种子。

综上,声音是理解海派文化的一把钥匙,缺少了听觉文化的沪语文化不能算是完整的海派文化。呼吁恢复视听平衡,通过磨耳朵,使海派文化从地理坐标到情感坐标得以赓续延伸。

---

① 《上海:朗读亭成文化新宠》,载新华网 http://www.xinhuanet.com//photo/2017-03/05/c_1120571880.htm,2017 年 3 月 5 日。
② 黄贤春:《"位置感知型音乐"对地域听觉文化传播的启示》,《新闻窗》2018 年第 1 期。

6

上海红色文化遗产景观叙事研究

——以上海四行仓库纪念馆为例

邱爱园*

摘　要　民俗叙事视角下的景观叙事以其文化重塑性的独特作用而进入研究者的视野。以上海四行仓库纪念馆为代表的上海红色文化遗产的景观叙事内容丰富,形式多样,大体上包括静态景观叙事、动态场景叙事两种。其景观叙事具有两个主要特点:景观叙事与语言叙事相互补充;叙事景观与红色历史相辅相成。上海四行仓库纪念馆景观叙事具有一些独特的功能,如重塑文化记忆,增强地方文化认同等。通过调研与分析,本文对改进上海红色文化遗产景观叙事提出一些建议:丰富红色景观中叙事传承人的类型;拓宽景观叙事的宽度和深度;构建"叙事场域";突出景观叙事的教育价值,注意景观叙事与其他民俗叙事的相互补充。

关键词　红色文化遗产　景观叙事　四行仓库

上海作为中国共产党的诞生地,有着悠久的红色文化发展史,也有着丰富的红色文化遗产资源。"红色文化遗产"一词是从"革命历史文化遗产"一词转化而来的。2004 年 12 月,中共中央办公厅、国务院办公厅印发的《2004—2010 年全国红色旅游发展规划纲要》将中国共产党领导人民在革命和战争时期建树丰功伟绩所形成的纪念地、标志物,遍布全国各地的纪念馆、革命遗址、

---

*　邱爱园,上海社会科学院文学研究所 2016 级硕士研究生,民俗学专业。

烈士陵园统称为"革命历史文化遗产"。而以"革命历史文化遗产"为载体，以其所承载的革命历史、革命事迹和革命精神为内涵，组织接待旅游者开展缅怀学习、参观游览的主题性旅游活动则被称为"红色旅游"。后来在实践过程中，"红色文化遗产"逐渐取代了"革命历史文化遗产"的表述。① 由此看来，红色文化遗产的内涵、意义及事件指向性很强，不仅具有文化意义，政治意义与教育意义也非常突出。

上海红色文化遗产资源相当丰富。2018 年 7 月 1 日，由上海市文物保护研究中心及上海市测绘院合作编制的《上海红色文化地图》在中共一大会址纪念馆首发。该图共标注了上海 387 处红色文化资源，是迄今为止上海最全的"红色地图"，也是我们研究上海红色文化遗产的重要资料。上海红色文化遗产资源具有极高的研究价值，同时研究上海红色文化遗产也响应了上海市委市政府关于建立"上海文化"品牌的号召。

景观叙事是民俗叙事的一个组成部分。民俗叙事理论是民俗学的一种重要研究理论。田兆元教授认为：民俗叙事具有三位一体的结构，由语言（口头的、书面的）叙事、仪式行为的叙事、物象（图像的、景观的—人造的和自然的）叙事三部分组成。② 在此基础上，余红艳认为：景观叙事是将景观视为一个空间文本，叙事者依托一定的历史事件、社区记忆和神话传说等其他类型的文本为叙事原型，通过命名、序列、揭示、隐藏、聚集、开启等多种叙事策略，让景观讲述历史、唤醒记忆，从而以空间直观的形式实现景观叙事的记忆功能。③ 她给"景观叙事"下了这样的定义：以景观建筑为核心，由传说图像、雕塑、文字介绍、导游口述等共同构成的景观叙事系统。④ 本文认为：景观叙事作为物象叙事的一种，是以塑造的景观讲述神话传说故事，通过命名、序列、揭示、隐藏、

① 王元：《红色文化遗产的协同发展研究——以上海市为例》，《井冈山大学学报（社会科学版）》2017 年第 2 期。
② 田兆元：《民俗学的学科属性与当代转型》，《文化遗产》2014 年第 6 期。
③ 余红艳：《"白蛇传"传说的景观叙事与语言叙事》，《湖北大学学报（哲学社会科学版）》2015 年第 4 期。
④ 余红艳：《走向景观叙事：传说形态与功能的当代演变研究——以法海洞与雷峰塔为中心的考察》，《华东师范大学学报（人文社会科学版）》2014 年第 2 期。

聚集、开启等多种叙事策略,让塑造的景观赋予独特的叙事意义,从而实现景观叙事的文化教育和记忆认同功能。本文将民俗叙事视角下的景观叙事分为静态景观叙事和动态场景叙事两种。两类景观叙事方式共同构成了景观叙事记忆重构和文化重塑的重要功能。本文拟从景观叙事角度对以四行仓库纪念馆为代表的上海红色文化遗产进行研究。

一、上海四行仓库纪念馆景观叙事的现状

上海四行仓库纪念馆是在四行仓库战争遗址的基础上改造而成的抗日战争遗址纪念馆。1937 年,八一三淞沪抗战爆发。当年 10 月下旬,谢晋元领导的孤军"八百壮士"最后坚守四行仓库,留下了可歌可泣的革命事迹和富有传奇色彩的传说,其革命精神一直被后人传颂。当代人根据红色传说故事,对四行仓库建筑进行了重塑和改造,形成了本文接下来所阐述的具有叙事意义的"景观"。

(一)静态景观叙事

静态景观叙事是指以石碑、雕塑等静止、固定空间状态的物象为载体,讲述某一文化事件或文化现象。

1. 石碑与石柱

纪念馆前"四行仓库抗日纪念地"的石碑作为参观者进入纪念馆首先接触到的叙事"微景观",讲述的是四行仓库纪念馆的历史地位和存在意义。入口处序厅家书前面的四根石柱以及上面浮雕的二十七位战士形象建构了一个景观叙事的叙事空间。一般来说,在叙事空间内进行的语言叙事更具有仪式感。比如传统祭祀活动中的祭祀台不仅是举行祭祀仪式的空间,也是适合讲述神话与传说的叙事空间。安徽蚌埠市禹会龙山文化遗址中就有一个祭祀台。中国社会科学院考古研究所安徽工作队考古发现:祭祀台基面之上,大体沿南北中轴线的位置分布着几种不同类型的遗迹,从北往南依次排列有凸岭、柱洞、凹槽、烧祭面、方土台、圆形圜底坑和长排柱坑等,这些遗迹和台基面构成

不可分割的整体。① 虽然后期祭祀台基因为各类原因不断的简化,但其构筑的叙事空间还一直存在,参与祭祀的民众在此不断讲述神话传说。四根石柱建构的景观叙事空间,让进入这个空间的民众自觉和自发地产生一种仪式感。

2. 雕塑

(1) 抗战准备:"积极备战"

纪念馆讲解员认为:"积极备战"雕塑中七位战士以不同姿态扛麻袋的形象建构了一个"构筑掩体"的叙事场景,叙述了当时(1937年10月27日凌晨)谢晋元和524团一营营长杨瑞符有序指挥各连排分头设防,利用仓库物资和沙包修筑防御工事,准备应战的场景故事,表现了备战的紧张态势和井然有序的备战过程。

(2) 集体抗战:"夜袭仓库""浴血奋战"

"夜袭仓库"和"浴血奋战"两组雕塑塑造了传递弹药的战士和手拿钢枪射击的战士,叙述了1937年10月28日凌晨日军夜袭仓库,四行孤军奋起反抗,十四名战士英勇杀敌的情景。它们表现了持续四个昼夜的激烈战斗过程,反映了战士们机智果敢、英勇对敌的革命精神。这是日军唯一一次攻入仓库的危机情景,也是保卫战最危险的时刻之一,所以在此塑像,还原当时场景,以此纪念和激励后人。

(3) 英雄抗战:"舍生取义""伤员救护"

"舍生取义"和"伤员救护"两组雕塑塑造了敢死队战士从上而降,三个日军顶着两块钢板,一个日军在下面埋藏炸药,一个日军仰倒在地,以及两名医护人员分别为一名坐着和躺着的战士包扎头部的场景,展现出抗战军士临危不乱,心系战斗和战友,为胜利全力以赴,不畏失去生命的高贵品质。通过这些景观的塑造,展示出一个个富有传奇色彩的英雄人物,以及他们身上所体现出来的不畏生死、为民族大义勇敢献身的精神。

(4) 抗战决心:"同写遗书""团附作训"

"同写遗书"和"团附作训"这两组雕塑是通过对当时战士们的精神状态

① 钱仁发、王吉怀:《安徽蚌埠市禹会龙山文化遗址祭祀台基发掘简报》,《考古》2013年第1期。

的塑造来展示其革命精神。"同写遗书"中八名战士同写遗书的静态场景,表现了先烈为民族抗战的决心和信心。这组景观雕塑实际上也展现了抗战英雄人格升华的过程。在传统民间故事中,神化某个人物,可能是通过托梦,也可能是吞卵,这里是通过"同写遗书"将普通战士转化为抗战英雄的"英雄化"过程。"团附作训"这个场景除了集体英雄化的意义外,还表现了谢晋元将军在战术指导和精神支持中的中流砥柱作用。他"死守四行仓库,与最后阵地共存亡"的誓言,激励战士们勇往直前,挽救国家民族危亡。

(5)民众联合:"就地取材""童军献旗"

"就地取材"雕塑位于楼梯间,主要内容是九名战士分别围着两个锅,一个锅里是水煮黄豆,另一个锅里是炒萝卜(百姓送的),表现了抗战时期战士们生活环境的恶劣,以及百姓冒险送萝卜的真情。"童军献旗"表现了一名手捧国旗的小学生向一名敬礼的战士献国旗的情景,体现了当地民众对四行保卫战的支持。当时,四行仓库保卫战引起了国内外的关注,民众纷纷捐赠物资,支援四行孤军。以"中国童子军"为原型塑造的这个"童军献旗"的雕塑景观,代表了民众支持四行仓库保卫战的许多广为流传的传奇故事,表现了民众联合、军民联合共同抗战的革命精神。

3. 微缩景箱

在"不朽丰碑"部分有一个主题为"万众一心,抗日救亡"的微缩景箱。这里的三个微缩景箱截取了三个历史截面,生动立体地展示了在抗日民族统一战线的旗帜下,在党的领导下,人民群众为抗战所做的贡献。左边是"伤病救护",讲述了包括佛门弟子在内的上海各界人士全力以赴抢救伤员的景象。右边是"慰问募集",其建构的空间叙述的是上海各行各业纷纷成立抗敌后援会、抗日救亡组织,以各种形式支持、支援前线抗战。中间是"抗战宣传",讲述了中共上海党组织引领上海各界救亡团休,积极进行多种形式的抗日救亡宣传,鼓励民众树立抗战必胜的信心。

(二)动态场景叙事

在一般的语言叙事中,很多讲故事的人都会故意加入一些营造气氛的语气词或者动作,来使故事讲述得更具有"现场感"。本文认为四行仓库纪念馆中运用的多媒体交互技术等塑造的动态场景叙事很有特色,具有营造"现场感"、增强"代入感"的作用。

1. 增强"现场感":"四行仓库攻防"模型、蜡像还原战士风采

在"不朽孤军"厅中,"团附作训"有 19 位蜡像战士和 1 位将领,每日还在特定的时间播出全息投影的视频。谢晋元将军的声像出现在屏幕上,并喊出"决死动员"的誓词。这个场景动态还原了当时感人肺腑的情景,让民众置身于"八百壮士"之中,增强了"现场感",使他们更能感受到先烈为民族大义奉献生命的革命精神。

在"坚守四行"展厅中等比例缩放的"四行仓库保卫战"模型亦有此作用。展厅运用多媒体影像和放映技术,在屏幕上建构了一个动态空间的显示效果,让民众置身于四行仓库之中,使民众可以更直接地感受到四行仓库的建筑变化,以及战争的场面,增强了民众在"现场"与战士们共战斗、同命运的感觉,从而激发了民众的民族主义和爱国主义精神。

2. 强化"互动性":隔河助战

在"隔河助战"放映区,有一个投影还原、真人扮演的苏州河南岸中外民众隔着苏州河为中国军队摇旗呐喊、抗战助威的动态场景。通过一个实景栅栏分隔为河两岸,一侧放映反映战斗的影片,另一侧则播出民众助战的场面,他们高喊"国家兴亡,匹夫有责""地不分南北,人不分老幼""国人皆有守土抗战之责""将抗战进行到底"等口号为四行孤军呐喊助威。离租界仅一河之隔的四行仓库保卫战,引得成千上万的中外民众聚集苏州河南岸关注战况,这是中外战争史上从未有过的战争景观。而动态的多媒体交互技术,让叙事场面更具有"互动性",包括战争场面与民众的互动、参观民众与历史民众的互动。据纪念馆工作人员回忆,曾有一位李姓游客说他爷爷就是当时的民众,他讲:"那个场面,终生难忘。"[1]在此区域还有"隔河助战"的电子互动游戏。它以真实茅草屋搭配多媒体电子技术,让当代民众与历史场景实现互动,从而使叙事更

---

[1] 据李先生告知,其爷爷已于 2018 年去世。

具有"代入感",使民众产生一种与历史对话的共同记忆。

二、上海四行仓库纪念馆景观叙事的特点

上海四行仓库纪念馆的红色文化景观叙事具有一些特点,主要表现在如下两点:

(一)景观叙事与语言叙事相互补充

红色文化景观本身就在叙事,在讲述红色文化传说与故事。但除了景观的叙事之外,四行仓库纪念馆中还有讲解员,通过他们的语言叙事,红色文化得到了更为清晰和完整的传播。讲解员在红色文化场馆中是一类特殊的讲述者。他们与传统民间文学的传承人不一样。比如在云南佤族的《司岗里》神话传播中,讲述者多为头人、酋长,或巫师、长老一类。他们是神话最重要的传承人,有些神话只为他们所掌握。但是在四行仓库纪念馆中,由于景观的开放性和平等性,四行仓库的讲解员掌握了这些红色叙事,他们因此也具有了新的身份——红色传说故事的传承人。讲解员一般还兼"场馆导览""秩序维护者"等身份。当讲解员讲解到一、二楼楼梯间时,会提示说"接下来是一个不规则的道路,大家注意脚下安全",以及在嘈杂环境中维护秩序,"请不要大声喧哗"等。这些"兼职"的身份有助于巩固其红色传说故事讲述者的身份,增强其在传播红色文化方面的权威性。讲述者的权威性对于传说故事的传播具有重要意义。

(二)叙事景观与红色历史相辅相成

民俗叙事视角下的红色景观叙事具有一定的革命性和历史性,有"红色意识",而不是"无意识"。"团附作训"这个场景的展示还以全息投影为辅助,让当时的革命历史场景得以还原。谢晋元将军"真实"出现在屏幕上,发表"决死动员"的誓词,拉近了观众与历史的距离,使历史更真实可感。与此同时,这个革命历史场景也让民众感受到景观叙事的作用,让景观叙事这一方式更加

贴近民众。

在四行仓库纪念馆中,一座有着不少弹孔的墙被保留下来,成为纪念馆景观叙事的一部分。其中八个炮弹孔是由日军大炮轰炸形成,四百三十个小孔是由小型武器形成的。弹孔墙对四行仓库战斗历史的讲述是极其直观的,对观众具有极大的视觉冲击效果。站在弹孔墙前,观众似乎能感受到那一段激烈的战斗,因而不自觉地升起对革命英雄的崇敬之情。景观讲述着红色历史,而红色历史也赋予景观以讲述的内容,两者相辅相成。

三、上海四行仓库纪念馆景观叙事的功能

与普通叙事方法相比,景观叙事具有一些独特的功能。四行仓库纪念馆景观叙事的重要功能包括如下两点:

（一）重塑文化记忆

民俗叙事中的景观叙事不同于一般的景观叙事之处在于它的文化重塑作用。民俗本身就有规范功能,钟敬文在《民俗学概论》中把社会规范大致分为四个层面:第一层是法律,第二层是纪律,第三层是道德,第四层是民俗。民俗是产生最早、约束面最广的一种深层行为的规范。[①] 在这种视角下的景观叙事有了对民众的规范作用,重塑了文化记忆。比如四行仓库保卫战中,实际只有四百三十多名战士,谢晋元将军为了给敌军造成压力而谎称"八百壮士"。在纪念馆的静态雕塑和动态场景中,抗战军民顽强的革命精神,让精神上的"八百壮士"成为了真正的"八百壮士"。当时的战斗实际毙伤敌 200 余人,同时我军伤亡也比较惨重,且士气有所动摇。但在雕塑景观塑造中,"浴血奋战"景观中的抗战士兵人数众多,"决死动员"士兵们士气高昂。这是景观叙事对文化记忆进行的重新塑造,有利于红色文化精神的传承与发扬。

---

① 钟敬文主编:《民俗学概论》,上海文艺出版社出版 1998 年版。

（二）增强地方文化认同

本文作者曾访谈过一位家长。家长刘晓是一位"新上海人"①，他带孩子参观四行仓库纪念馆是想让自己的孩子了解上海的历史，了解革命的精神，从中感受不一样的生活，受到精神上的鼓舞。景观叙事能够更为生动地打造城市记忆，让新上海人更加了解上海历史，增强作为上海人的认同感。红色文化、海派文化和江南文化是"上海文化"品牌建设的三项主要内容。本文认为红色文化应该作为"上海文化"的魂，得到更多的重视。上海红色文化遗产是上海文化的一部分，我们应该重新构建"红色上海记忆"，将"红色记忆"融入"上海记忆"。到上海四行仓库纪念馆参观的民众就通过纪念馆的景观叙事建构了对包括红色文化遗产在内的上海文化的认同，塑造了共同的"上海记忆"，建构了地区认同感。

四、对改进上海红色文化遗产景观叙事的建议

以四行仓库纪念馆景观叙事为代表的上海红色文化景观叙事对红色文化遗产进行了很好的展示，有助于红色文化精神的传承与传播。但现有的红色文化景观依然没有能最大程度地发挥出其作用，对此，本文提出如下建议：

（一）丰富红色景观中叙事传承人的类型

红色景观的叙事传承人非常重要，它关系到红色叙事能否得到大范围的传承与传播。现有的叙事传承人是纪念馆解说员，但这样的叙事传承人类型太单一，可以选取在民众中有威望的公众人物来讲述故事。优秀演员或者政界代表人物都可以加入景观叙事的传承人群体。比如 2017 年 10 月 31 日，习

---

① 2001 年 12 月 13 日的《人民日报》（海外版）第 5 版曾有文章称：最早提出并诠释"新上海人"这一概念的，是时任上海市委书记黄菊，"他说，新上海人，他们是一种能够闯荡世界的人，是世界人，中华人。上海就要有容纳世界最优秀人才的海量，同时又该成为人才自如来去的一湖活水。上海本来就是一个移民城市，现在要在人才的柔性流动中成为新的移民城市"。

近平总书记带领中共中央政治局常委集体瞻仰上海中共一大会址和浙江嘉兴南湖红船,在广大党员干部群众中引起热烈反响,带动了全国各地党员群众参观一大会址纪念馆的热潮。在这个个案中,习总书记就充当了红色景观的叙事传承人。在习总书记威望的影响下,2018 年 7、8 月间,尤其是在建党日和建军日,一大会址日均参观人数持续突破一万人,接待团队二百多个。一大会址纪念馆为保护旧址和纪念馆安全,保证参观质量,也推出了参观预订政策,并招募了五百名场馆志愿者。

（二）拓宽景观叙事的宽度和深度

在四行仓库纪念馆的参观中,不同人群有不同的需求。因此,红色文化场馆可以针对民众的不同需要进行不同的设置。根据调研,我们发现,参观民众的需求大致可以分为对"景观"的需求和对"叙事"的需求两种。在调研中,一位外地游客申恒兵谈到:纪念馆雕塑太多,感觉自己像在参观蜡像馆。他说如果想系统学习历史可以从书上学到,来纪念馆参观是想换一种方式学习,并且也想放松。这一类民众需要更多的参与感和体验感,可以拓宽景观叙事的宽度,设立多种互动方式。另外一类则是对于"叙事"的需求。一部分民众想要深入了解上海红色历史,想要找到上海文化认同。对于这部分观众的需求,可以深化景观叙事的深度,设立专门阅览室,以及知识竞赛之类的互动。

总的来说,不管是拓展景观叙事的宽度还是深化景观叙事的深度,数字化、可视化都是重要的手段。本文调研发现:在四行仓库纪念馆的类似"隔河助战"互动游戏区域驻足的民众远远超过纸质留言互动区域的民众。

（三）构建"叙事场域"

在景观叙事中,景观的主要作用在于构建一个"叙事场域"。比如四行仓库纪念馆中"同写遗书""伤员救护""就地取材"等九位战士、三组雕塑共同构建一个了"叙事场域"。叙事场域的叙事比单独的景观(如一组雕塑)的叙事内容更丰富,更有场面感,因而也更具感染力。又比如为纪念抗战英雄谢晋元而建立和命名的晋元纪念广场,也是为了达到更好的叙事效果。在信仰民俗当中,人们为了纪念某位神灵,首先想到的就是建立庙宇。庙宇就是一个"叙事场域",围绕着庙宇,人们会进行神灵传说故事的讲述和传播,会有一些民俗仪式的表演,慢慢也会吸引更多民众参与。但在四行仓库纪念馆中,叙事场域并没有建构完全,需要不断建构新的叙事场域或不断拓展现有的叙事场域。

(四)突出景观叙事的教育价值,注意景观叙事与其他民俗叙事的相互补充

景观叙事是通过静态形象或营造一种场景来叙事。这个形象或场景都包含有一定的叙事内容和一定的教育意义。比如前文介绍的"舍生取义"的雕塑塑造了从天而降的 21 岁的敢死队员陈树生的形象,向民众传达了不畏牺牲的精神。尾厅的"战争与和平"雕塑①表达了告别战争、珍惜和平的美好愿景。尾厅设置这样的雕塑,强化了整个纪念馆中红色景观叙事的教育意义,具有重要的价值观导向的作用。与其他的艺术景观更追求视觉的冲击和思维的碰撞不同,红色文化景观更重视其教育价值。

景观叙事只能建构部分红色历史内容。比如"伤员救护"雕塑四名战士所构建的场景是医护人员为战士包扎头部伤口的场景,战争中其他医护场面并没有得到展示。但这些没有建构的景观也是具有意义的,通过叙事传承人的讲述,弥补了景观叙事所建构的场景的片段化缺点,让叙事内容变得完整。比如场馆讲解员讲解说:"当时救助的不仅仅是战士抗战的枪伤,还有日军向四行仓库投掷毒气炮弹和毒气罐筒造成的头晕、呕吐甚至晕倒的中毒情况。"因此民俗叙事的各个叙事方式之间具有互相补充的关系。景观叙事在塑造景观时,应注意叙事的完整性和与语言叙事、仪式叙事之间的关系,尽量让叙事内容变得完整且避免不必要的重复。

综上所述,以四行仓库为代表的上海红色文化遗产景观叙事内容丰富,形式多样。由于上海红色文化遗产是特定历史时期、特定历史环境下产生的具

---

① 雕塑家蒋铁骊先生创作,头盔、军号、钢枪等战争元素演变成一只巨大的和平鸽,和平鸽的羽毛上生长出橄榄枝,同时孕育出小和平鸽。

有明显叙事内容和意义指向的文化遗产,其蕴含的特殊意义和革命精神具有不可再造性和特有的教育价值。但目前我们对红色文化遗产的传播、传承还远远不够。本文认为应该对上海红色文化遗产从理论和应用两个层面上,就其传承与保护及相关问题进行深入探究,从更高的立意上,发掘上海红色文化遗产的价值,从而为更好地发挥红色文化遗产的教育功能,为建构上海地方文化认同服务。

二、非物质文化遗产的理论研究

7

我国地方非遗保护条例的重要价值、
主要特点以及相关问题 *

蔡丰明 **

摘　要　非遗立法是我国文化立法建设上的一个重要里程碑。2011 年 6 月 1
日，全国人大正式颁布的《中华人民共和国非物质文化遗产法》是我
国文化立法历史上的一个创举，也是我国非物质文化遗产保护事业
发展道路上的一个重要的里程碑。据不完全统计，目前我国已有 20
多个省市根据国家的非遗法精神先后出台了符合自身特点的地方性
非遗保护条例。目前，我国地方非遗保护条例的主要特点表现在如
下几个方面：贯彻推行了国家非遗法的基本精神，丰富拓展了国家
非遗法的部分内容，突出强调了地方非遗保护的自身特色。我国各
地非遗保护条例的制定以及具体的非遗立法工作上虽然已经取得了

*　基金项目：本文为文化部 2017 年委托课题"非物质文化遗产法实施条例研究"中期成果。
**　蔡丰明，上海社会科学院文学研究所研究员，院民俗与非物质文化遗产研究中心副主任，主要
研究领域为民俗文化。

很大的成绩,但是也存在着一些困难与问题,它们主要表现于以下方面:立法条件受到限制,部分诉求无法落实;现有条款执行力度不足,缺乏更为细化的配套措施;部分立法内容缺乏法理支撑,有待进一步修正完善。

关键词 非遗立法 地方非遗保护条例 价值 特点 问题

一、制定地方非遗保护条例的重要意义与价值

非遗立法是我国文化立法建设上的一个重要里程碑。早在20世纪50年代,日本就出台了《日本国文化财保护法》,通过立法的形式对自己国家的文化遗产予以了很好的保护;20世纪60年代,韩国也出台了自己国家的文化遗产保护法,对自己国家的文化遗产进行了有效的立法保护。但是长期以来,我国在有关文化遗产的立法方面却一直处于滞后状态,这一结果导致我国在有关文化遗产保护领域的工作始终难以有效推进,难以找到最为坚实的法律保障。

进入21世纪以后,我国大大加快了文化立法的进程,这一举措为人们盼望已久的非遗立法提供了重要的机遇。2011年6月1日,全国人大正式颁布了《中华人民共和国非物质文化遗产法》(下简称"国家非遗法"),这是我国文化立法历史上的一个创举,也是我国非物质文化遗产保护事业发展道路上的一个重要的里程碑。这部法律的制定,对于更好地弘扬中华民族的优秀传统文化,提高全民族对于非物质文化遗产保护事业的自觉,指导今后非物质文化遗产保护工作实践等方面,都具有非常重要的意义。

在《中华人民共和国非物质文化遗产法》这部专门针对非遗保护而设立的国家层面的文化大法中,包含了很多极为重要的,具有我国自身特色的价值理念与精神思想,如政府主导理念、制度建设理念、保护与发展并重理念、注重教育与传承理念、尊重非遗保护自身规律理念等等。它们是在深入总结我国非遗保护工作实践的基础上产生的,充分反映了我国在非遗保护工作上的国情

特点、立法理念、主导思想以及实践经验。这部法律的制定与推行,不但对我国的非遗保护工作起到了重要的法律层面的指导与保障作用,而且也对整个世界的非遗立法工作具有一定的参考意义。

国家非遗法颁布以后,我国各省市的非遗地方立法工作也开始全面地推行开来。国家非遗法作为一部具有宏观意义的国家大法,对全国各个地方的非遗保护工作具有宏观性与纲领性的意义,同时也为全国各地非遗保护工作的顺利推进奠定了重要的法律保障。但是另一方面,国家非遗法的制定与推行并不能够完全替代地方非遗法的价值与作用。由于各个省市、各个地区在社会文化特点以及非遗保护工作的具体情况有所不同,因此,在我国国家层面的非遗法出台以后,依然需要根据各个省市与地区的具体特点,根据自身的经验积累与工作需要,制定相关的地方性非遗保护条例,借以更好地完善我国非遗保护的整体立法体系,充分发挥我国各个省市与地区非遗保护的独特优势,以使我国的非遗保护立法工作能够得到更为深入有效的推进。

据不完全统计,目前我国已有 20 多个省市根据国家的非遗法精神先后出台了符合自身特点的地方性非遗保护条例,这些地方非遗保护条例的出台,一方面贯彻了国家非遗法的基本精神,与国家非遗法在基本精神与思想理念上保持了高度的一致,另一方面又在根据自身的地域文化条件以及非遗保护实践基础上,对国家非遗法进行一定程度的细化与拓展,使国家非遗法中的许多理念、内容、做法得到更加有效的实施与推进。这些地方非遗保护条例的颁布实施,不但对非遗工作中的许多重要问题,如政府管理机制、非遗保护单位责任、非遗传承人责任、非遗资金管理等作了更为具体、细化与明确的规定,而且也为我国整体非遗立法体系的完善与提升提供了有益的经验。从这种意义上我们完全有理由可以说,我国各省市非遗保护条例的颁布与实施,是贯彻落实国家非遗法基本精神的一种有效措施,既是对国家非遗法的承继,又是对国家非遗法的拓展,它们不但可以使国家的非遗法得到更为有利的实施与贯彻,而且也可以更好地丰富与充实我国非遗立法的内涵,使我国的非遗立法事业更加全面、具体地体现我国非遗保护工作的实际情况。

二、我国地方非遗保护条例的主要特点

具体而言,我国地方非遗保护条例的主要特点表现在如下几个方面:

(一)贯彻推行了国家非遗法的基本精神

我国地方非遗保护条例是在国家非遗法的基础上产生与制定的,是国家非遗法在各个地区的具体体现。尽管这些地方非遗实施条例是由各地的人大立法部门颁布的,但是在其立法的基本精神思想方面,却与国家非遗法保持了高度的一致性,较为全面地贯彻、奉行了国家非遗法中的一些最为基本的原则、精神与理念。

在各个地方非遗保护条例中,最为重要的是贯彻推行了我国非遗法中重点强调的政府主导与政府责任的精神思想。在各个地方非遗实施条例中,都明确规定县级以上地方人民政府应当加强对非物质文化遗产保护工作的领导,统一协调非物质文化遗产保护工作,并将非物质文化遗产保护工作纳入国民经济和社会发展规划以及城乡规划。明确规定县级以上地方人民政府应当根据非物质文化遗产保护工作需要,组织对本行政区域内的非物质文化遗产进行调查;明确规定县级以上地方人民政府应当建立本级非物质文化遗产代表性项目名录,将本行政区域内体现优秀传统文化,具有历史、文学、艺术、科学价值的非物质文化遗产项目列入名录予以保护;明确规定县级以上地方人民政府及其有关部门应当积极支持非物质文化遗产代表性项目的传承、传播、宣传活动,为非物质文化遗产代表性项目的传承、传播提供必要的活动场所和经费资助,以及组织开展有关非遗项目的研讨、展示、表演、宣传、推介活动;明确规定县级以上地方人民政府应当加强非物质文化遗产保护人才队伍建设,培养和引进非物质文化遗产研究、传承、保护、管理等专门人才。总之,在我国的地方非遗保护条例中,对国家非遗法中所体现的政府主导与政府责任意识进行了很好的贯彻,对于政府在资源普查、项目认定、传承人扶持、资金投入、队伍建设等方面的责任都作出了明确的规定,旗帜鲜明地强调了政府在非遗保护方面的重要责任。这种立法思想,充分体现了我国作为一个社会主义国家在文化立法上的特色。

在各个地方非遗保护条例中,同样也较为全面地贯彻推行了我国非遗法中重点强调的制度建设的精神思想。制度建设是促使非遗工作有效推进的重要保障,在许多地方非遗保护条例的内容中,都重点强调了有关非遗保护各种工作机制的制定与建立问题,包括机构设置、经费投入、考察评估、专家咨询等等。例如在机构设置方面,一部分地方非遗实施条例中明确规定:县级以上人民政府应当根据非物质文化遗产保护工作的实际需要,建立非遗保护管理工作机构和专业队伍。根据这一法规,许多地方省份成立了相应的非遗保护机构。如至 2014 年时,浙江省除成立了省级层面专门的非遗保护中心以外,全省 11 个市 90 个区、市、县都已建立了有独立编制的非物质文化遗产保护中心,共有 520 名专职人员从事非物质文化遗产保护工作。这些机构有独立编制,有独立法人,这对于推动非遗保护工作来说无疑是一个重要的保证。

另如在各个省份的非遗保护条例中,都提到了关于经费保障的问题,明确规定县级以上人民政府要将非物质文化遗产保护经费列入本级财政预算,有的还专门强调了非遗财政资金的适用范围、监督机制。例如在重庆市非遗保护条例第八条、河南省非遗保护条例第五条、广东省非遗保护条例第四十一条、江苏省非遗保护条例第四十条、山西省非遗保护条例第二十六条、浙江省非遗保护条例第九条、宁夏回族自治区非遗保护条例第三十二条、新疆维吾尔族自治区非遗保护条例第三十九条中,都明确规定了非物质文化遗产保障经费或专项经费的适用范围;在云南省非遗保护条例第二十二条、河北省非遗保护条例第二十九条和安徽省非遗保护条例第四十二条中,还规定了财政、审计等相关行政主管部门应当对保护经费的使用情况进行监督和检查,保证各级保护经费能够安全使用,不被挤占、挪用,并对及时发现的问题予以纠正。

在各个地方非遗保护条例中,同样也较为全面地贯彻推行了我国非遗法中重点强调的法律权利与义务方面的精神思想。非遗法作为一种具有约束效力的法律形式,其重点就是要明确非遗责任对象的权力与义务,以及它们之间的关系,这对于非遗传承人、非遗保护单位等非遗责任主体来说是至关重要的。所谓权利,就是权利人所享有的以某种正当利益为追求的能为法律所保障和确认的某种资格和行为自由;所谓义务,是指法律义务主体必须做出的行为,不能够迟延履行,更不能拒绝履行,具有一定的强制性。这种注重权利义务的立法思想,在我国国家非遗法中得到了十分明确的体现,而这一立法思想,同样也被全面深入地贯彻落实在许多地方非遗保护条例之中。许多地方非遗保护条例中都对有关非遗保护单位、非遗代表性传承人的权利与义务做出了明确规定,例如非物质文化遗产项目保护单位可以享有开展知识和技艺传授、生产、展示、讲学、学术研究;依法向他人提供产品和服务;参加非公益性活动并获取相应的报酬;可以向县级以上地方人民政府及其文化主管部门申请资助等权利;应当履行制定并实施项目保护与传承计划;收集项目的资料、实物,并登记、整理、建档;推荐项目代表性传承人,并为其开展传承提供必要条件;保护项目相关的资料、实物、建(构)筑物和场所;开展项目的宣传推介活动;定期向文化主管部门报告项目保护及专项资金使用情况,并接受监督;配合文化主管部门和其他有关部门进行非物质文化遗产调查等义务。非物质文化遗产代表性传承人可以享有开展知识和技艺传授、艺术创作与生产、展示、表演、学术研究等活动;依法向他人提供其掌握的知识和技艺以及有关的原始资料、实物、建(构)筑物、场所;依法向他人提供产品和服务;取得传承、传播工作或者其他活动相应的报酬;开展传承有经济困难的,可以向县级以上地方人民政府及其文化主管部门申请资助等权利;应当履行妥善保存、保护所掌握的知识、技艺及有关原始资料、实物、建(构)筑物、场所;采取师承或者其他方式培养后继人才;积极参与非物质文化遗产公益性宣传、展示、表演、交流、传播等活动;配合文化主管部门和其他有关部门进行非物质文化遗产调查等义务。通过这些对于有关非遗立法方面的权利义务的明确规定,各个地方的非遗保护单位以及传承人责任意识与法律意识大为增强,传承非遗项目的积极性也日益有所提高。

（二）丰富拓展了国家非遗法的部分内容

我国地方非遗保护条例一方面较为严格、全面地贯彻推行了国家非遗法中的基本精神思想,与国家非遗法保持了高度的一致性,另一方面则又在某些方面与某种程度上对国家非遗法的精神思想与基本内容进行了一定的丰富与拓展,使国家非遗法的精神思想与基本内容得到了更为细化与具体的体现。例如在有关非遗的制度建设、条件保障、法律责任方面,江苏省的非物质文化遗产保护条例中提出了"一套保障""两个名录""三个退出""四项制度"的精神思想,具体细化与丰富拓展了国家非遗法中的相关精神思想。所谓"一套保障",就是要在非遗保护工作上提供经费保障、人员保障、原材料保障,这是非遗保护工作能够顺利开展的重要基础。所谓"两个名录",是指于代表性名录之外另设濒危项目名录(这是参照联合国教科文组织非遗名录设置的模式)。对于那些目前生存状况堪忧的代表性项目,经过评估后可以将其纳入濒危性项目名录中;如果这些濒危性项目后来经过保护,生存状况好转之后,又可以回归到代表性项目。两个名录互相贯通,采取动态管理模式,既起到警示作用,也起到激励作用。所谓"三个退出",是指非遗代表性项目退出、非遗代表性传承人退出以及非遗项目保护单位的退出。除了非遗代表传承人以外,江苏省非遗实施条例中针对那些过度开发、技艺失传、虚假申报、难以活态传承的非遗代表性项目,以及保护动机不纯、保护手段不当、保护责任无法承担的非遗保护单位,也都设定了退出机制,并明确通过专家的评估和报请政府批准,实行对这些项目与保护单位的退出制度。这样既可以给其他有代表性的项目让出一席之地,又可以避免国家资源的浪费。所谓"四项制度",是指调查制度、名录制度、保护单位制度和传承人制度。这些立法规定细化了国家非遗法中的退出机制,使我国的非遗立法制度具有更强的可操作性和可参照性。

在浙江省的非物质文化遗产保护条例中,则更加突出了有关非遗保护的许多前瞻性思考,从发展的视角强调了非遗保护的"九个转变"。具体包括:(1)保护观念上从保守型向开放型转变;(2)管理方式上从行政管理向法制管理转变;(3)保护决策上从经验型向科学型转变;(4)保护载体上从单一性向多样性转变;(5)保护手段上从传统的展示展演向现代化的信息多媒体、网络方式转变;(6)保护范畴上从项目保护向文化生态区建设转变;(7)宣传方式上从活动报道向电视栏目方面转变;(8)保护主体上从政府主导型向多方协调型转变；(9) 保护模式上从基础型向长效型转变。这些立法思想，对于促进与推动本地区的非遗保护工作起到了十分重要的作用。

在有关境外组织开展非遗调查、社会机构团体参与非遗保护，以及相关非遗项目的开发利用等方面，各地非遗保护条例中也有着许多较为细化与具体的规定。例如在江苏省保护条例中，对国家非遗法中涉及的境外组织开展调查的内容作了更为细化与具体的补充规定，明确境外组织或个人在本省内进行非物质文化遗产调查，除了与学术研究机构进行合作，还可以与保护工作机构进行合作；境外留学人员和境外访问学者参与调查时，应当服从所在高等学校、研究机构和文化主管部门的管理等等，进一步明确了保护工作机构对境外人员调查的监管责任。

在有关非遗项目的开发利用方面，各省市的地方法规中也大都根据自己的特点对合理利用非物质文化遗产项目进行了具体的规定，并对国家非遗法中提到的可以对部分非遗项目进行合理利用的原则进行了更加细化的说明，体现了鼓励、支持对部分非遗项目实施开发利用的理念。如重庆市的保护条例第三十条第三款中提到，对非遗项目实施合理开发利用，除了可以享受税收优惠外，还可以享受信贷优惠。安徽省的保护条例第四十三条第二款中提到，相关部门应当出台非物质文化遗产生产性保护的税收优惠政策和融资优惠政策，区别生产单位不同情况，减免非物质文化遗产生产性项目企业及相关行业相应的增值税；放宽非物质文化遗产生产性项目企业及传承人的信贷质押条件，并简化审批手续；其产品出口按照国家现行税法规定享受出口退(免)税政策。安徽省的非遗保护条例中还对相关的税收优惠政策做了具体的规定，明确了享受税收优惠的主体和应该享受的税种。

（三）突出强调了地方非遗保护的自身特色

除了对国家非遗法进行了一定程度的具体细化与丰富拓展以外，在我国各地的非遗立法内容中，还较为鲜明地体现了一些地方非遗保护的自身特色。例如云南省作为一个多民族地区，非遗资源丰富，分布地域广泛，整体特色鲜明，保护生态良好，因此在云南省非物质文化遗产保护条例中，专门设立了区域性整体保护一章,规定了民族传统文化生态保护区应该具备的条件、申报认定公布程序、扶持办法和管理原则,制定专项保护规划管理建设的措施,开展经营活动的鼓励办法,安排旅游收入资金反哺的扶持政策;同时,对不再符合规定条件的民族传统文化生态保护区的退出制度也作出了相应规定。在贵州省的非遗保护条例中,也单独设立文化生态保护区一章,对文化生态保护区的实行条件、保护措施、保护规划、发展传承和监督管理进行了规定。设立生态保护区、实行整体性保护能够保证活态传统文化和良好自然环境和谐共存,动态文化与静态文化的共同保护与发展,可以更好地实现文化、生态的多样性保护和可持续发展。

而在上海这样工商业历史悠久、海派文化特色鲜明的国际大都市中,则有着大量具有工商文明与都市文化特色的非物质文化遗产形式,如传统手工艺、商业老字号、码头号子、石库门弄堂习俗、海派戏剧曲艺等等。它们大都是上海城市工商文明与都市文化的产物,尤其是与近代时期上海都市社会中民众群体的生产方式与生活方式紧密联系在一起。在上海大量的非物质文化遗产项目中,也有相当一部分是属于各种行业性的非物质文化遗产,如朵云轩木版水印技艺、老凤祥金银细金制作技艺、鲁庵印泥制作技艺、钱万隆酱油酿造工艺、海派旗袍制作技艺、南翔小笼馒头制作工艺等等,它们是上海城市发达的手工业经济的产物,与上海城市门类众多、形态丰富的手工业行当紧密联系在一起。很显然,对于这些非遗项目的保护,在理念、方法、模式等方面,必然与其他地区有着许多不同,因此,在非遗立法中也必须突出这些资源与项目的自身特色,以达到对于这些项目的科学保护。

在上海制定的非遗保护条例中,有着大量体现自身特色的内容,如上海市非遗保护条例第二十一条规定:对具有生产性技艺和社会需求,能够借助生产、流通、销售等手段转化为文化产品的传统技艺、传统美术、传统医药药物炮制等非物质文化遗产代表性项目,市和区(县)人民政府及其有关部门应当通过扶持、引导、规范对项目的合理开发利用,实行生产性保护,使该项目的核心技艺在生产实践中得以传承。第二十三条规定:市和区(县)人民政府应当将符合条件的中华老字号和上海老字号企业的传统技艺,优先列入本级非物质文化遗产代表性项目名录,加大保护和扶持力度,促进本市工商业文化的传承与发展。第三十六条规定:鼓励和支持其他省市具有特色的非物质文化遗产代表性项目在本市传承、传播,并与本土文化融合发展等等。这些条款的制定,都鲜明地体现了上海地方社会文化的自身特色,具有较高的独特性意义。

三、地方非遗立法及其实施条例制定 过程中的困难与问题

我国各个地方省市在非遗保护条例的制定以及具体的非遗立法工作上虽然已经取得了很大的成绩,但是也存在着一些困难与问题,它们主要表现于以下方面:

(一)立法条件受到限制,部分诉求无法落实

在各个地方非遗条例的制定过程中,由于受到立法条件的限制,致使部分立法诉求无法很好落实,其中最为突出的就是非遗保护机构的编制设置问题。由于在国家非遗法中没有涉及保护机构建立的内容,因此从目前全国的情况来看,还有相当一部分省市虽然已经成立了专门的非遗保护机构(即非遗保护中心),但是这些机构并没有独立的行政编制,而是附属于群众艺术馆、文化馆等其他文化单位。

本课题组在对江苏省进行调研时,该省文化厅同志曾经十分感慨地指出:由于一直没有独立的行政编制,导致江苏省的一些从事非物质文化遗产保护的工作人员不专业、不好控制,因此江苏省文化行政部门最大的愿望和最强烈的主张是机构、队伍、人员能够在法规中体现出来,通过立法能够使非物质文化遗产保护中心成为一个具有独立编制的单位。为了实现这一愿望,江苏省在最初的文稿中提出了"县级以上地方人民政府应当加强非遗保护工作机构和人员队伍建设,要设立非遗专门工作机构和相应编制的人员,并在财政上予以保障"的建议,但是最终却还是没能落实。因为根据2007年《地方各级人民政府机构设置和编制管理条例》规定,"禁止擅自设置机构和增加编制","对

擅自设置机构和增加编制的,不得核拨财政资金或者挪用其他资金安排其经费"。

在上海,虽然在制定非遗保护条例的初稿中也提出了类似的建议,但是最终也因为编制办没有非遗岗位的专门编制而被删除。目前,上海市、区两级的非遗保护中心的行政编制依然挂靠在上海市群众艺术馆和各个区县的文化馆之中,没有在行政上完全独立(目前上海只有奉贤区一个区有正式的非遗中心编制),这一现象的结果是导致许多非遗保护工作往往处于"名不正言不顺"的状态,无法形成具有专业化特点的运作机制。

(二)现有条款执行力度不足,缺乏更为细化的配套措施

目前各地虽然都出台了较为完整、系统的非遗保护条例,但是其中有相当一部分条款执行力度不足,在实施效果上打了一定折扣。例如虽然目前各省市都在非遗保护条例中作出了经费保障、人员保障的规定,但是在具体的执行过程中却仍然存在经费投入不足、工作人员缺少的情况。有些地方由于项目多,导致经费不够,甚至出现项目间挪用经费的问题,即一个项目的保护经费不够,挪用另外一个项目的经费,导致很多项目没有资金的支持,不能很好地进行保护和利用。也有些地方的非遗工作人员工作变动较为频繁,一两年就要换一次,由此导致非遗工作人员业务生疏、经验不足,未能形成一个对于非遗项目的长期、稳定的跟踪保护机制。有些保护单位甚至至今仍然没有确定正式的保护人员。

在有关传承人以及保护单位的追责问题上,同样存在执行力度不足的问题。例如在许多省份的保护条例中都规定了因主观原因不能履行义务的责任单位和代表性传承人,应当取消资格并重新认定新的保护责任单位和代表性传承人。但是这只是较为笼统的规定,并没有具体的评判标准,因此在实际的操作中很难落实。例如云南省虽然早就将有关传承人以及保护单位的追责内容写入非遗保护条例之中,但是至今为止,实际上还没有实施过一起真正取消非遗传承人资格的案例。

除了在经费、人员保障,传承人与保护单位资格认定与责任处罚等方面的

立法条款难以有效执行以外,由于缺乏各个部门之间的协调统筹,也往往使得部分非遗的立法条款最终无法正式执行实施。例如浙江省非物质文化遗产保护条例第二十八条提出,在传统文化生态保持较完整,并具有特殊价值的村落或者特定区域,可以设立非物质文化遗产生态保护区。但是当这些生态保护区要真正推进时,却因要涉及许多相关主管单位,例如建设部门、城乡规划部门、土地部门等而变得困难重重。由于主管非遗保护的文化部门与其他的建设部门、城乡规划部门、土地部门不属于同一个系统,因此,在有关问题的协调统筹上就有相当的难度。应该如何处理、协调文化部门与其他诸多职能部门之间的关系,往往成为非遗立法实施工作中的一个难点。

又如非物质文化遗产保护条例与文物保护条例的协调问题。由于非物质文化遗产既包括传统知识等无形遗产,也包括文物等大量相关实物,因此国家非遗法第二条规定,属于非遗组成部分的实物和场所,凡属文物的,适用文物保护法有关规定,江苏省非物质文化遗产保护条例的第三条与国家非遗法这一规定相承接。但是由于非物质文化遗产与文物由两个不同部门管理,工作方式不一样,管辖条件不一样,因此某些非物质文化遗产在贯彻执行某些计划时,就需要同时适应两部相同级别的法律,这对文化遗产保护实践将是一个挑战,对相关主管部门的管理和协调能力也将是一个挑战。

针对以上这些方面的问题,都需要出台一些更为细化的配套措施,以使许多非遗立法内容能够真正得到很好的贯彻执行。但是从目前的整体情况来看,这些更为细化的配套措施还大多处于探索、尝试阶段,并没有完全跟上与国家非遗法以及各个地方非遗保护条例相衔接、相对应的步伐。

(三)部分立法内容缺乏法理支撑,有待进一步修正完善

在我国的立法系统中,为非遗立法还是一种新生事物,这就使得在我国国家层面的非遗法以及各个地方的非遗保护条例中,多少还存在着一些不够完善,或者缺乏较为坚实的法理支撑的地方,还需要更好地进行修正与完善。

这方面较为突出的事例之一是有关非遗的知识产权问题。非遗知识产权问题在当前的非遗领域中正有日益突出之势,由于非遗产品日益走向市场化,

使得许多非遗传承人对于非遗产权保护、非遗维权路径、非遗侵权诉讼等问题十分关注。例如福建省是一个手工技艺特别发达的省份，有非常著名的陶瓷烧制、石雕、木雕、漆线雕、木偶雕刻等各种手工艺品牌，但是现在一些代表性传承人的作品在市场上出现模仿、复制，针对这种知识产权的侵犯现象，如何维权、如何抵制侵权的措施却迟迟没有跟上。又如云南省少数民族地区非遗资源非常丰富，它们经常被运用到影视作品、舞台作品中，并产生一定的经济利益。其中非常典型的一个事例就是杨丽萍的原生态歌舞集《云南映象》，一些文艺工作者在对云南当地的非遗舞蹈、民俗进行改编的基础上，创作了《云南映像》这一颇具影响的文艺作品形式。在《云南映像》创作的过程中，固然有一定的编创者个人的劳动成果，但是其资源与原始材料却并不属于编创者个人，因此，应该说有关《云南映像》的知识产权，在一定程度上是具有共享性的。诸如此类的在民俗与非遗资源基础上加工而成的文艺作品应当如何来处理对它的拥有权与归属权问题，都需要通过严谨的知识产权法来作出回答。

但是针对这些相关非遗知识产权方面的问题，在我国现有的非遗立法体系中却并没有作出较为具体的阐释。例如在国家非遗法中，仅仅是在第四十四条附则中对非遗的知识产权问题有所涉及，而且表述简单，语焉不详。在各地的非遗保护条例中，对于非遗的知识产权问题同样没有作出较为明确的规定。例如在河北省非遗保护条例第三十六条、宁夏回族自治区非遗保护条例第二十二条中对非遗知识产权问题表述为："非物质文化遗产具有的知识产权，受相关法律法规保护。"在广东省非遗保护条例第三十条、河南省非遗保护条例第三十八条、云南省非遗保护条例第二十二条和重庆市非遗保护条例第二十九条中对非遗知识产权问题表述为："相关部门要指导代表性传承人和保护单位保护其享有的知识产权。"很显然，这些立法条款中虽然都提到了非遗知识产权的问题，但是大多较为简单空泛，很难应对在实际语境中所遇到的各种复杂的非遗知识产权问题，也很难满足非遗传承人日益增长的、出于维权需要而寻找法律依据的诉求。

非遗知识产权问题之所以没有在我国现有的非遗立法体系中得到较为明确的体现与表述，与这一问题背后的法理依据不足有很大关系。长期以来，有关知识产权方面的法律主要是针对个人或者某些团体的私权而设置的,如《著作权法》《商标法》等等,而对于像民间文学、民间手工艺、民间习俗之类的主要以公权形式出现的非遗知识产权问题,在法理上则缺少系统的阐释,也没有进行很好的研究,因此非遗知识产权问题成为了非遗立法条款制定中的一个难点,同时也造成了非遗立法条款表述上的空泛与简单。

(四)立法尺度较难把握,立法思路各有差异

为非遗立法是一件行在当下、利在千秋的好事,但是由于非遗保护工作涉及面广,政策性强,因此在为非遗立法时,往往较难准确把握立法的尺度。例如在有关如何通过立法的形式处理好有效保护与合理利用的关系问题上,实际上就需要把握一个准确的立法尺度。一方面,我们需要通过非遗立法的方式来鼓励对非遗项目进行合理利用开发;另一方面,我们又需要通过非遗立法的方式来限制对非遗项目进行过度开发,以致造成非遗保护走向歧途。对于前者,在我国的国家非遗法以及相当一部分地方非遗保护条例中都做出了明确的规定,如国家非遗法第三十七条:"国家鼓励和支持发挥非物质文化遗产资源的特殊优势,在有效保护的基础上,合理利用非物质文化遗产代表性项目开发具有地方、民族特色和市场潜力的文化产品和文化服务。"江苏省非遗保护条例第三十九条:"鼓励和支持发挥非物质文化遗产资源的特殊优势,在有效保护的基础上,合理利用非物质文化遗产资源,进行弘扬优秀传统文化的文艺创作,开发具有民间和地方文化特色的传统文化产品,拓展民间民俗文化旅游服务。"合理开发和利用非物质文化遗产资源,是传承、发展非物质文化遗产的重要方式,因此国家非遗法和地方保护条例中都提到需要给予鼓励和支持,这是十分必要的。

对于后者,我们则必须在立法中坚持以有效保护为根本的思想,把握好"合理""适度"的标准,预防对非遗资源与项目进行过度开发,这是非遗立法中同样必须坚持的。如果在非遗立法的内容中只是注重了开发利用,而忽视了有效保护的重要性,那么往往就会使非遗的核心内涵与价值产生变化,以致失去非遗最为本质的意义。这方面实际上现在已经有着很多的教训。例如云

南丽江古城曾经"用保护世界遗产带动旅游业,以旅游发展反哺遗产保护的实践经验",被联合国教科文组织认为是为困惑的中国乃至世界城市类型文化遗产保护面临的共同难题探索出了全新的路子和经验。然而,旅游业的蓬勃发展,也造成丽江原住居民大量外迁,传统民族文化遭受冲击,生态环境正在发生改变,过度的开发和过度的商业化,片面的追求经济利益与其最初的目的已然背道而驰。因此,在非遗的立法中,既要鼓励发展,又要坚持保护,这个辩证的尺度必须把握好。但是在具体的实施与操作过程中,要想真正把握好这一尺度,往往还是有着一定难度的。

由于立场、思路不同而造成的立法取向不一致的问题,在一些地方性的非遗立法内容中也往往有所体现。例如有些地方省市的非遗立法内容中规定,作为在本地被认定的非遗传承人,必须要为本地的非遗保护事业服务,并纳入本地的非遗保护管理体系之中。因此,当某些传承人因为某些原因离开本地时,就往往会被取消传承人资格。而在另一些地方的非遗立法内容中,却较为注重吸收外来非遗保护人员以及外来非遗传承人力量,借以发展自己的非遗保护事业。很显然,这两种立法思路,各有各的道理,各有各的依据,但是又存在一定的矛盾。从法理层面上来看,既然是提倡传承人为本地服务,那么就必然会使吸收外来非遗传承人才的立法思路受到很大限制,反之,既然要提倡吸收外来非遗传承人才,就必须打破非遗传承人受地域限制的局限,使他们能够在更大的范围内流动。由此可见,在某些具体问题上,我国的地方非遗立法思路还存在着一定的差异性甚至矛盾性。

8

历史原点·神话谱系·文化建构

——民俗谱系学理论的三重逻辑

孙正国*

摘　要　上世纪90年代,文学历史专业的田兆元先生全面梳理中华民族神话
系统,较早提出了方法论意义的"谱系"概念;本世纪初研究闻一多先
生的神话学成就时,又洞见了"谱系学方法论"的独特魅力。此后结
合非遗保护和民俗实践,田兆元先生完整论述了族群谱系、空间谱
系、时间谱系、形式谱系的"民俗谱系四维说"。至此,历二十余年,田
兆元先生创立了基于历史原点、神话谱系和文化建构三重逻辑的"民
俗谱系学理论",为中国民俗学作出了原创性的理论贡献。中国民俗
学正在进入自主发展的新时代,民俗谱系学理论的形成,正是中国民
俗学新时代的理论先声。

关键词　历史原点　神话谱系　文化建构　民俗谱系学理论

　　上世纪80年代以来,中国民俗现实的变化风雷激荡、新象迭出。商品市
场社会的到来,掀开了传统农业民俗加速变迁的序幕;传统大年的压岁钱已为
春节的"微信红包"淹没;媒妁之言的姻聘礼制与网络婚恋平台并驾齐驱;三大
洋节(情人节、万圣节、圣诞节)引发的中国传统节日的狂欢化、娱乐化正在不
断扩展;传统民俗越来越被当代创意产业碎片化;城镇化进程带来的广场舞休

　　*　孙正国,华中师范大学文学院教授,华中师范大学非物质文化遗产研究中心教授,中国民俗学
会理事。

闲娱乐渐渐深入人心……这些新现象的影响,导致中国传统民俗变得零散和虚弱。传统民俗重构与多元文化阐释,成为当代中国民俗学重要的理论命题。基于以上学术语境,田兆元先生以历史为原点,从中国神话切入,全面考察中国民俗现实和非遗保护实践,逐渐探索出自己的研究方法与民俗理论,进而回应中国文化建构与文化创新的当代问题。

一、基于历史原点的"神话谱系论"

上世纪八九十年代,"文化热"在神话研究领域也有积极反应,学者们把中国古代神话的起源与系统作为重要的研究对象。田兆元先生也从历史学的维度讨论中华民族神话系统的内涵问题。

田兆元先生从历史文献出发,梳理早期神话形成的文化背景。他认为,"炎黄阪泉之战"是一份非常重要的材料,讲述了黄帝依靠部落联盟的力量击败对手。《史记·五帝本纪》载:黄帝"度四方,教熊罴貔貅貙虎,以与炎帝战于阪泉之野"。那么,其中的六种动物是一些什么样的力量呢?

田兆元先生认为:"所谓熊罴貔貅貙虎,实为六种猛兽为图腾的氏族群体,它们虽然有着自己独立的信仰,但行将归入华夏族的阵营。"①华夏族首领黄帝组织六个以猛兽为族徽的小氏族大战炎帝部族,力量强大,最终打败炎帝。黄帝所代表的华夏部落显然是部族联盟的领袖。当然,华夏族作为包容六个小氏族的大部族集团,虽可称之为非严格意义的"小民族",但仍然只是民族的前身与雏形。这一时期,部族之间加快了冲突与融合,他们通过标识与图腾认知,特别重视血统联盟,因为这些部族"相信大家都是起源于一个神,这个集体有一个神的谱系"②。田兆元先生条分缕析地从这场部族战争中发现图腾信仰,认为这些正处于部族向民族过渡时期的人们,他们相信共同建构起来的血统联盟有着"共同的神话来源",也就呈现出"神的谱系"。由此,"谱系"概念

---

① 田兆元:《论中华民族神话系统的构成及其来源》,《史林》1996 年第 2 期。
② 同上。

正式被提取出来，它是作为图腾制度下神话共同体的一个特征，也是具有"共神"认知的血统联盟氏族的基本结构，揭示了从早期部族社会"共同神话来源"的重要意义，一定程度上打开了"谱系"作为方法论的研究视角。

田兆元先生从历史学的视角所发掘出来的"阪泉之战"，已经从史实中抽象出部族社会的发展逻辑，即由小氏族向氏族联盟、氏族联盟向民族演进的文化过程。而氏族联盟是部族演进的关键。他们彼此之间有一个共神的来源，以血统为基础，正是联盟认同的前提。在此，"谱系"成为我们认识中华民族神话系统的第一个显性特征。"炎帝黄帝，帝俊帝喾，颛顼祝融，这三大集团的部族首领逐渐被神化后，成了三个集团分别崇拜的上帝和祖先，便宣告了民族形成这一天的到来。这三大团体势力的消长是中国原始社会后期以至于秦汉社会发展的主旋律。它们相互间有冲突，更多的是融合。所谓五帝故事，记载的是各部间先后轮掌盟主的史实，这是中国历史上早期社会组织形式。中国古代神话就是在三大神话系统的基础上建立起来的。中华民族核心神话是龙凤合一的神话，五帝的神话，创世神话与皇天后土的神话。它们自春秋以来不断发展完成于秦汉，跟汉民族的成长历程同步。"①田兆元先生从"谱系"出发，吸取前贤研究成果，进一步明确了中华民族的三个基础性来源：炎黄集团、俊喾集团和颛祝集团，三大集团领袖的神化与整合，标志着民族的形成与融合的趋势。这些集团所创造的三大神话系统，共同构成了中华民族神话的基础。而系统神话的不断深化，有着较为清晰的历史线索，即夏以前的起源，经商代融合，再到春秋不断发展，最终定型于秦汉，基本上与汉民族的成长历程同步。也就是说，神话系统的发生发展有一个历史的原点，正是从历史原点之上，我们才能够为神话系统寻找到存在的坐标，以及为神话系统建立起"谱系"的内部逻辑来。

如何为神话系统确立恰切的历史原点，是神话系统研究最难的一道工夫。田兆元先生以其渊博的史学修养，从部族社会里为中华民族神话系统溯源，以民族兴起为逻辑主轴，将神话系统的发展对应于文明之后的历史朝代。这样

---

① 田兆元：《论中华民族神话系统的构成及其来源》，《史林》1996年第2期。

的历史原点线索,不仅符合神话系统的历史化现实,而且为虚实难稽的神话系统提供了清晰可辨的历史框架,极大地增强了神话研究的可信度与科学性。关于图腾物向灵物转换的讨论,可以见出田兆元先生运用历史原点方法探讨神话系统变化的精妙之处:"周代建立了领主制封建社会,从总体上已不再把图腾物看得很重。它改变了小邦林立的状况,倘还助长图腾崇拜旧习,势必产生离心倾向。周统治对传统的改造的一大特点就是把原先带有氏族标志迹象的图腾旧习汰去,而代之以吉祥物信仰。于是,原先众多的图腾物全成灵物,它们不是被视为自己的祖先,而是能给人带来福惠的吉祥神物。这样做的目的是化解民族积怨,调合民族矛盾,促进民族融合。周代的玉佩龙凤合为一体,这是用心良苦的,是为了说明夷夏本为一家。"①这段充满历史睿智的思考,本义是反思神话系统的"图腾观念"如何向"灵物观念"转型,但是表象上却以历史原点时代的制度变迁内因为主线,鞭辟入里地精细讨论"周统治对传统改造"这一命题,历史原点弥合了神话想象的空泛、制度实在体的历史需求,深刻彰显出周代领主制封建社会的文化使命:"化解民族积怨,调合民族矛盾,促进民族融合。"②这场讨论还以"龙凤合体"玉佩来象征表达这种基于历史原点的神话系统演化特征,其史其神,有理有象,谱系也自然而生。历史文献相关记载也验证了上述推论,《礼记·王制》云:"中国戎夷五方之民,皆有性也,不可推移。""五方之民,言语不通,嗜欲不同,达其志,通其欲。"也就是说,周代统治为民族融合与民族团结曾开展过历史性调查与研究,贡献不可谓不卓著。

中华文明具有多元发生史,早期部族都做出过文化发明的巨大历史性成就,因此不可能存在神话共祖。但是汉代统一,"标志着汉民族的统一,标志着汉民族的正式形成,龙凤始以吉祥和平的图案友好地相处在一起,成了整个中华民族共同的象征。五帝神话之构成龙凤神话为一纽带将汉民族结为一体,而五帝的神话则把神话整理成真实的世系。确定一个民族的共祖,这是历史与神话在民族形成过程中的根本地位的体现"③。田兆元先生以汉代为历史原

---

① 田兆元:《论中华民族神话系统的构成及其来源》,《史林》1996 年第 2 期。
② 同上。
③ 同上。

点,以"龙凤呈祥"神话图像为中心,以五帝神话世系的神话共祖为目标,探索了国家统一与汉民族形成的内在关系,厘清了多元神话来源的"龙凤呈祥"实现了本质上的融合,成为了整体中华民族的象征,最终建构了中华神话共祖的五帝神话世系。这一研究,还揭示了历史、神话、民族三者之间互动生成的文化规律,其学术史意义尤为显著。

总之,历史原点视角下的神话谱系研究作为一种治学方法,贯通史学、神话学和民族学,以文献考辨的思路,确证汉民族根本神话发端于中国原始社会,源于黄帝部族、东夷部族和苗蛮部族三大部族的宗教信仰,经周融合,成于秦汉,恰与汉民族史同步,这正是从神话考察民族流变的逻辑依据。"龙的传人""炎黄子孙"这两个文化标识已经成为中华民族最基础的文化认同,它们根植于汉民族神话博大体系之中。而汉民族神话系统也成为整个中华民族所认同的核心神话。[①]

如果说,历史原点的谱系方法在中华民族神话系统的探索中得以成功实践,那么,从方法论角度形成谱系理论自觉,则是田兆元先生梳理前贤神话学成就时的新进展。

梳理学术史的过程中,着眼《伏羲考》的经典研究,田兆元先生发现了这篇论文的方法论逻辑。他认识到,闻一多先生在写作《伏羲考》之前所整理的出土文物中,存在大量的人首蛇身两相交尾的图像,参之以田野报告,"原来他们都是伏羲女娲交尾图的不同形式,本质上是一样的,都是两龙交配之相。一系列散漫的文化事象一下子变成了一个系列。系统性整体性原则成为第一原则,于是,所谓图腾就变得只是大的文化框架下的一个小的研究要素"[②]。很显然《伏羲考》一文包含着系统性、整体性的方法论意识,这种意识突出的优势在于,它很好地还原了看似无关却有内在关联的多个事象的系列性结构,在散漫的文化事象中抽取出谱系的线索,纲举目张,拨云见日,还原历史现实的本来面目。

同时,对闻一多先生详细分析 49 个伏羲女娲故事的论证方法予以高度赞

---

① 田兆元:《论中华民族神话系统的构成及其来源》,《史林》1996 年第 2 期。
② 同上。

许。田兆元先生认为,在整体性、系统性的学术视野中,《伏羲考》不仅将民族交流和文化发展的统一性观念融贯一体,还将奇特的神话要素以系统性方法给予全新的诠释。最典型的是关注与强化其中的葫芦要素。作为避水工具,葫芦没有引起学者们的足够重视,大家忽略了葫芦的叙事功能。闻一多先生引用丰富的语料,以精深的音韵之学养,认为《易传》写伏羲作包戏,实为匏瓠,即葫芦。女娲也可以从音韵学出发证其为匏瓜,由此他认为伏羲女娲就是葫芦化身。由此,整个《伏羲考》因葫芦要素内涵的发掘而焕然一新,所有的神话要素以伏羲为核心而建立起系统性关系,成为谱系学方法的成功个案。①

二、文化建构:民俗谱系学理论的多元实证诉求

就当下而言,中国民俗传统的危机恰与国家非物质文化遗产保护运动相契合。十多年来,国家非物质文化遗产保护战略致力于化解中国民俗传统的传承危机,客观上提供了制度平台的保障措施,也从学者的层面上凝聚力量,为当代中国的文化建构敞开了本土源泉。基于此,田兆元先生以饱满的学术热情与创新的文化智慧,建立国家级民俗文化应用研究机构,开创中国节日高校传承的实践模式,探索民俗文化创意产业与地方产业发展的市场之路,从多个领域、多个业态倡导和推广有着深厚历史内涵的"精华民俗学",阐明转型时代"精华民俗学"的重大文化使命与强大服务能力,赋予"精华民俗学"以谱系学意义上的"文化建构"品质,形成了较为完备的民俗谱系学理论。

民间精英的文化创造,华彩乐章的美好生活,共同构成民俗的精华表达。悠久的中华文明,形成了流芳百世、魅力四射的汉文化圈,其中一部分重要内容正是精华民俗的"华彩乐章"。田兆元先生在琉球考察时发现,海岛虽然远离中国大陆,却一直流行着海上龙舟习俗。回溯明代作为宗主国出使琉球的文献,还能窥见中华大使观看琉球海洋龙舟赛的盛大景象。海上龙舟习俗与大陆农耕文明存在着深刻的文化关联。经过研究,田兆元先生发现水族端节

---

① 田兆元:《神话意象的系统联想与论证》,《文艺理论研究》2005年第2期。

的时间与琉球海洋龙舟赛时间大体一致："端节的主要内容是祈丰年,联系到西南内陆、东南沿海、朝鲜日本一体的稻作文化圈,我们可以看出,这个新年的礼仪原来是农耕文明的礼仪的存留。他们(琉球人)在海边的表演,却是农耕时代的信仰传统。由此可见,一种文化,一旦形成了民俗,就具备恒久的传播力量。"①中华文明的深远影响最终以"精华民俗"的形式在琉球沉淀下来,在民俗谱系的历史链条上熔铸了"东海海岛群"的关键一环:"琉球曾经是与中国交流最为频繁的海外国土……在琉球,笔者看到了中华文化的顽强坚守,但是我们必须提供持续支援,中华文化才会发扬光大,琉球的文化记忆才会传承。"②田兆元先生着眼文化交流史的敏锐感悟,以民俗谱系的还原而具有了更急迫、更深邃的文化建构力量,本质上为民俗谱系学理论提供了"文化建构"的全新的目的性逻辑。他认为:"东海海岛群曾经是一个共同的文化圈,是一个共同的文化谱系。这个谱系是因为互动性而存在的,假如失去了互动,谱系就会僵化消失,或者变异。但是对于曾经的谱系框架,注入活力来激活它,即增强文化谱系的互动性,东海海岛间的文化联系活起来,理解加深,冲突就会减少,地区就是和平的。对于学者来说,第一任务是发掘文化的谱系性存在。龙舟只是一个例子,它牵扯着一系列的文化关系,它的谱系是客观存在的,与大陆的关联也是实在的,但是目前却是僵死的谱系,因为缺乏互动性。"③"民俗的谱系性研究在海岛研究中具有独特的意义。散见在海上的岛屿,看似无序,实则有规可循。从空间上看,群岛就是一个有联系的整体,而列岛则是更加规则的群岛集合。这就为我们从空间上理解群岛文化谱系找到自然的基础。不同的群岛间,由于历史的现实的联系,构成亲缘关系,于是有群岛间的空间谱系存在。中国东海的浙江、福建所属群岛,我国台湾地区及其列岛与琉球及其群岛之间在历史上有着广泛的联系,而现实中由于空间接近,实质上存在交流关系,这些群岛也是同一文化谱系。"④田兆元先生以"文化建构"的视野来描述

---

① 田兆元:《流动的虬龙》,《民族艺术》2015 年第 2 期。
② 同上。
③ 同上。
④ 田兆元:《论端午节俗与民俗舟船的谱系》,《社会科学家》2016 年第 4 期。

民俗传统在东海海岛的谱系规律,如同穿梭于晦暗不明的历史长河之中,忽然有豁然开朗、喜出望外之情。重新梳理中华文明与东海诸岛的文化谱系,激活大陆与海岛之间的历史记忆,从一衣带水的文化交流中传承"和平共处"的古典经验,当代文化就可承继"和"的文化精神,这正是中华文化最伟大的智慧之所在。

另一个重要的实践研究个案是与端午节密切相关的中华民俗舟船。田兆元先生从历史文献出发,以《荆楚岁时记》为基点,提出了魏晋时期端午竞渡最初为鸟舟竞渡的创见。结合舟船应用的实际,他把舟船分为实用之舟与民俗之舟,后者才是我们研究的重点。民俗之舟又包括炫耀之舟、竞渡之舟和载灵之舟,它们构成了民俗舟船的强大谱系:"对于端午节,我们不假思索地将其与龙舟竞渡联系起来。这当然是对的。但是,端午竞渡并不仅仅是龙舟竞渡,而是一个复杂的民俗舟船的系统构成。同样,舟船竞渡也不是端午节的独家产物,舟船竞渡在其他节日时间也有丰富的表现。端午龙舟竞渡现在也不是中国文化所独有了,而是一个世界性的文化谱系,是世界性的文化遗产。"①由于存在着相同的"水"的自然基础,民俗舟船活动、端午活动以及其他节俗活动也就具有深层次的共鸣系统,它们之间所建立起来的民俗舟船谱系,最终以文化建构的方式凝练为中华龙舟,代表中华文化活跃于世界舞台,传播文化整合认同与民众幸福追求的基本功能。

东海海岛谱系是空间谱系,民俗舟船谱系则侧重于时间谱系。基于空间与时间两个维度的探索,田兆元先生将置入了文化建构力量的谱系方法拓展到了族群谱系。他认为,清明祭祀文化是中华民族的精神依归,具有家国同构、忠孝一体、圣俗共在的多层祭祀谱系,可以建构为四个层次:第一层次为介子推,寒食-清明之神,是忠孝之魂;第二层次为炎黄及孔夫子,他们是民族精神的化身;第三层次为乡贤先贤与先烈,是忠孝文化的地方楷模;基础层次为各家各户的列祖列宗,他们是宗族之源,是文化个体最需要感恩的对象。前两个层次是中华民族共祀的神灵,后两个层次则是乡土中国的个性表达,由此

---

① 田兆元:《民俗研究的谱系观念与研究实践——以东海海岛信仰为例》,《华东师范大学学报(哲学社会科学版)》2017年第3期。

"形成了统一的多彩的寒食-清明文化"①。

族群谱系研究的另一个重要成果是楚文化的谱系建构。田兆元先生从楚文化史丰厚精深的学术积累中,强调应重视其空间谱系的文化价值,由此建构空间意义上的文化史演进脉络:"由丹阳至江汉流域,问鼎中原;东进吴越,拥有长江流域下游的广袤地区;南据洞庭。长江下游区域为:东至吴越故地并入东海;西至淮北沛、陈以西;南到潇湘洞庭一带。"②经由空间观照的楚文化史,族群谱系显而易见,文化建构的意义在民俗谱系之中得到强化。

融入文化建构意识的民俗谱系方法,在当前国家非遗保护与开发的文化实践中,具有特别突出的社会功用。田兆元先生从西方母亲花康乃馨意象切入,发现中国非遗衰败导致的系统缺环,即中国母亲花意象的遗忘。他认为,早在三千年前中华文化就选定了自己的母亲花,直至《诗经·卫风·伯兮》才明确记载"焉得谖草,言树之背"("谖草"即萱草,俗名黄花菜)。田兆元先生参观江西客家保存的传统牌匾时,识读了一系列含有"萱"字的匾额:《萱花永茂》《萱堂延福》《萱茂兰芬》《萱桂南山》《金萱永茂》《椿萱永茂》等,认为这些题名皆有祝福母亲长寿之意,可见萱草在民间社会代表着中华母亲意象。萱草意象具有古老而完整的母亲文化谱系,由于西方母亲文化近代以来广泛而深入的影响,出现了断裂。复兴重建萱草文化谱系,续接传统记忆,文化产业必然受到滋养。由此,在非遗保护的背景下有针对性地传播黄花菜文化,重建黄花菜的中华母亲意象,建构中华孝母感恩文化,成为推进黄花文化遗产传承和文化产业的关键问题。③

民俗舟船谱系与东海海岛谱系的文化史梳理,信仰空间的勾连,楚文化的族群迁移与扩张,萱草母亲花传统的族群谱系重建,内在地隐含了田兆元先生睿智澄澈的文化建构,闪耀着学术与诗性的迷人光辉。

---

① 田兆元:《建构中国寒食-清明节祭祀文化的谱系》,《中国艺术报》2018年4月18日第6版。
② 田兆元:《楚文化的空间谱系及其重构》,《长江大学学报》2017年第4期。
③ 田兆元:《论中国传统意象符号系统及其重建》,"中国传统文化高峰论坛(2017)"会议论文,会议主办方为武汉大学中国传统文化研究中心。

三、民俗谱系学理论及其学术史贡献

任何理论方法的形成,都是建立在对既有理论的反思之上。民俗谱系学从产生到形成,折射了田兆元先生对传统民俗理论的批判性继承。他总结了传统民俗志方法的两种类型:"一是对于一个村落、一个特定社区的民俗事项的整体描述和分析,二是对于某一专题问题的田野与分析。这些研究相对来说都是孤立的、缺乏联系的研究。"①相对而言,神话原型学说、故事类型学说则是民俗整体研究方面的代表理论,它们为民俗的谱系研究奠定了良好基础。在近二十年的研究实践中,田兆元先生以历史原点、神话谱系和文化建构作为其方法论的三重逻辑,逐步形成了民俗谱系学理论。

民俗谱系学理论有两个基本观念,一是民俗文化的整体性、联系性观念。民俗文化有着丰富的内在结构,是包含物质、制度、行为和信仰等元素的整体,这些民俗元素彼此关联。民俗的谱系也就成为相互关联的集体行为,它关注人类的某些共性,表达时间性与空间性的民俗传统。一是民俗文化的互动性观念。民俗生活具有广泛的现实联系与深刻互动,族群内部的民俗机制具有很强的稳定性,就是民俗之间相互支撑、彼此互动的结果,族群内部的协调合作可以确保民俗互动机制的实现,多种民俗形态相互表征与互为渗透,也可以说:"没有互动就没有谱系,互动是谱系的存在形式。"②正是民俗文化的这种互动规律,完成了民俗谱系的建构。民俗事象之间的互动揭示出谱系的内在逻辑,担当着民俗整体的系列化功能。从民俗文化的联系与互动出发,田兆元先生全面阐述了民俗谱系学的四个理论内涵,它们既是结构性的谱系类型,也是从四个维度描写的民俗谱系基因。

(一)具有共同习俗与文化价值观的族群谱系

这个维度是民俗的人的维度,从主体的立场,讨论民俗谱系的首要内涵:

---

① 田兆元:《神话意象的系统联想与论证》,《文艺理论研究》2005 年第 2 期。
② 田兆元:《民俗研究的谱系观念与研究实践——以东海海岛信仰为例》,《华东师范大学学报(哲学社会科学版)》2017 年第 3 期。

"民俗的核心问题是人的文化问题,没有人就没有民俗,但是民俗是共同体的产物,不是个人的产物,所以这个人的概念不是个体概念,而是族群概念。过去在讨论族群发生的时候,强调了其相处过程中共同的民俗传统,认为神话信仰、风俗习惯是族群构成的重要文化因素之一。族群的文化有其传承性,但也有断裂、重组、再造、回归的一面。所以民俗的谱系是族群民俗生活的延续与联系,也包括民俗生活的改变与再造,族群关系是民俗谱系的第一抓手。"①田兆元先生对人的总体性思考,超越了一般意义的个体立场,从关注民俗的整体性价值,到考察民俗传承的族群性特征,回应了族群谱系在民俗文化传统中的首要地位,尤其对民俗生活的改变与再造过程中族群功能的发掘,为民俗的主体性建构提供了新的可能。

同时,民俗变迁常常以主体的流动性呈现,反过来,民俗主体的流动也引发了民俗形态的变迁。"流动是民俗谱系扩展的方式,也是民俗谱系消减的形式。当然这也包括变形并成为谱系的支系构成。这其间会包含新的族群加入、增长,一方面族群的民俗在流动中扩展,一方面也有族群的民俗在流动中消失,而加入另外的谱系。"②从文化变迁理论着眼,民俗谱系的族群维度以流动为总特征,流动的族群与变化的民俗互为影响,族群因为流动而形成民俗文化的支系扩展,也在一定程度上分化和消减着民俗的内部结构。而变化的民俗又导致原有主体的新生、分化和消长,进一步形成新的民俗主体。这样,互为影响的族群与民俗就在长期发展过程中延续了民俗谱系,同时也产生了新的支系。

（二）民俗生成与传播的空间谱系

空间维度的民俗分布与形态关系,是民俗谱系得以形成的物质基础,包括地理、人文的空间元素及其物化形态。由于民俗总是在特定环境下呈现出来,这些环境又以具体的空间形态为表象,因此,民俗文化的空间谱系内涵非常丰

---

① 田兆元:《民俗研究的谱系观念与研究实践——以东海海岛信仰为例》,《华东师范大学学报（哲学社会科学版）》2017 年第 3 期。

② 同上。

富。"同一地理空间是特定民俗发生、形成谱系的条件。政治的、经济的、文化的较量,都会构成民俗的空间谱系形态。"①田兆元先生将空间结构与物质的、政治的、经济的和文化的内容融于一体,显示出开放而广远的理论视野。自先秦《诗经》"国风"以降,地域性品格被确认为民俗的第一品格。实质上,"十里不同风,百里不同俗"的文化品格,正是民俗文化的地域性品格,也是它融地理与人文于一体的空间谱系特征。我们通过爬梳历史,以地理空间为线索,寻找民俗文化的分布与演进、变化轨迹,从而建立起民俗文化的空间谱系结构。

民俗文化空间也处在变化之中,一方面因为民俗主体在不断地变换生活空间,另一方面也因为民俗功能的转型而引起空间格局的变化。更有时代因素的影响而形成的新空间,等等。我们需要综合分析民俗文化空间的谱系问题。田兆元先生认为:"城市化、现代企业、现代机构,支离了原有的空间统一性,地理因素变得难以描述地理的民俗形态了。比如,现代商业住宅的非联系性的邻里关系,有老死不相往来的情态,民俗认同何在? 移民造成民俗的空间流动,但是空间因为各种问题造成民俗的关系加强与削弱。"②这种新空间的民俗建构成为城镇化进程中的突出问题,也是当代学术的重要命题,折射出民俗空间谱系的巨大价值。

(三)历史维度的民俗文化生成的时间谱系

民俗文化内在地包含有历史维度的内容,它在历史中适应民俗主体的实际需要,在历史流变中调整民俗形态,在历史事件中强化民俗记忆与民俗功能。一定意义上,历史维度的民俗文化总体就是民俗文化的时间谱系。因为它是"考察民俗的发生、发展和演变的历史过程的结构形式。这些来龙去脉本来是学术问题,但也是民俗当下形态的重要依据,更是文化建构、文化产业开发等必须回应的重要问题"③。民俗浸润在时间中得以高度结构化和模式化,

---

① 田兆元:《民俗研究的谱系观念与研究实践——以东海海岛信仰为例》,《华东师范大学学报(哲学社会科学版)》2017 年第 3 期。

② 同上。

③ 同上。

时间之流建构了丰富充实的民俗谱系。

另一方面，非遗保护与开发的文化中国，民俗在当下呈现出一定的资源化倾向，时间的先后便成为文化资源争夺的焦点问题。所以，时间谱系又不是简单的时间所能够概括的，它是有矢量的文化历史，增之则灵动丰盈，减之则空洞无物。

（四）修辞学和叙事学维度的民俗自身的形式谱系

民俗现象终究是生活现象，是生活世界的形式表达。关注和研究民俗文化的形式问题，成为民俗谱系学的重要问题。田兆元先生将民俗的结构形式分为民俗的核心形式、延展形式和变异形式，与历史维度的时间谱系互动相联；又从叙事维度将其分为语言形式、行为形式、景观形式以及新兴的媒体形式，对应为语言叙事、行为叙事、景观叙事以及媒体叙事。它们构成通常意义的民俗现象。民俗就其功能形式结构而言，又包括政治民俗、经济民俗、文艺民俗、信仰民俗和人生民俗等。同时，"那些故事类型、神话母题、民俗要素的研究，也是民俗自身形式的研究"①。对于民俗自身的形式谱系的细致研究、系统认识、全面阐释，成为民俗学学科不断走向完善的重要前提。

民俗谱系学的四维结构，也存在共同的跨境跨文化的边际谱系问题。民俗的族群谱系在民俗传播之时形成跨境形象，民俗的空间谱系延展造成对于现代民族国家边界的跨越，而历史因素产生的时间谱系有更深沉的不同文化传统的民俗关系，不同国家和地区所存在的大量相似的民俗形态，则多有民俗的形式谱系渊源关系，民俗的核心功能是认同，表现形式是叙事。而这些都对现代国家带来复杂的影响，如果积极地研究跨境跨文化的民俗谱系，将有利于国际关系的和平发展。

中国民俗学正在进入自主发展的新时代。民俗谱系学理论的形成，正是中国民俗学新时代的理论先声。上世纪90年代，文学历史专业的田兆元先生

---

① 田兆元：《民俗研究的谱系观念与研究实践——以东海海岛信仰为例》，《华东师范大学学报（哲学社会科学版）》2017年第3期。

关注到中国历史与中国神话的深刻联系,全面梳理中华民族神话系统,第一次尝试进行谱系学研究,较早提出了方法论意义的"谱系"概念。十年之后,在总结闻一多神话研究的学术成就时,田兆元洞见了"谱系学方法论"的独特魅力。近五年,结合非遗保护和民俗文化实践的大量调研,田兆元又集中完成了中华龙舟文化的琉球传播谱系、端午舟船谱系、东海海岛信仰谱系、楚文化空间谱系和中国寒食-清明节祭祀谱系等多项民俗谱系学个案研究,深刻反思传统民俗学的研究范式,提出了族群谱系、空间谱系、时间谱系、形式谱系的"民俗谱系四维说",从而创立了基于历史原点、神话谱系和民俗文化建构三重逻辑的"民俗谱系学理论"。因此,民俗的谱系学说对于我们认识民俗事象和非物质文化遗产的复杂形态就具有了特别重要的意义。所以,谱系性研究是世界文化整体性认识日渐重要的结果,而图谱化研究同样是因为认识世界的便捷与有效的结果。谱系学说从结构上看,是整体性与多元性的视角;从功能上看,是互动性与认同性的视角。文化遗产的谱系观,将深化对于民俗传统的研究。

历二十余年探索发展形成的民俗谱系学理论,对于中国民俗学自主创新、中华文化多元一体格局、中华文明的海外传播与互动以及中国文化的当代复兴都有着良好的学术阐释能力,为中国民俗学做出了原创性的理论贡献。

9

非物质文化遗产中的廉政文化与
当代廉政建设
——以上海市非物质文化遗产为例

刘 捷*

摘 要 当代中国的廉政建设离不开对社会道德的追求与实践,中国人的道德理念又离不开数千年传统文化中所形成的独特价值体系,而非物质文化遗产则恰恰是受众最广泛、最贴近日常生活的优秀文化资源。无论是民间信仰、节俗礼仪、谚语对子,还是关于历史建筑的口碑掌故,各种形式的非遗资源都有可能包含培养廉洁作风、嘲讽贪污腐败的廉政文化。所以在构建中国话语、树立文化自信的当下,如果能够系统梳理中国各地民俗资源中的廉政文化,建立并完善非遗文化的空间谱系与时间谱系,就有助于在日常生活中培养廉政思想,强化道德观念,并由此不断推进中国特色廉政体制的广泛传播和人性化建设。

关键词 廉政 资源谱系 文化自信 非物质文化遗产

　　廉政文化指人们对廉政的知识、信仰、行为规范,以及与之相适应的生活方式与社会评价[①];其内涵既包括廉洁的政府与公职人员,也包括清明的政治、尚廉的社会[②];而家庭文化所营造的思想方式、行为习惯,更是其中最基础、最

---

　* 刘捷,上海人,华东理工大学马克思主义学院讲师。
　① 单卫华、赖红卫、张相军:《中国廉政文化史·前言》,山东画报出版社 2010 年版。
　② 麻承照:《廉政文化概论》,中国方正出版社 2011 年版,第 13—15 页。

核心的内容。党的十八大以来，以习近平同志为核心的党中央着眼于"四个全面"战略布局，不断推进全面从严治党，坚决惩治腐败，营造了党风廉政的新气象。在这一过程中，党中央不断加强反腐倡廉教育和廉政文化建设，以党性修养和道德建设为切入点，强化了道德对法治的滋养与支撑。而对一个中国共产党员而言，思想道德不但包括对马克思主义、对共产主义、对中国特色社会主义的坚定信念，还包括了中华传统文化中不断传承的众多优秀思想遗产。正如习近平总书记所指出的："中华文明绵延数千年，有其独特的价值体系。中华优秀传统文化已经成为中华民族的基因，植根在中国人内心，潜移默化影响着中国人的思想方式和行为方式。"①要在当下的廉政建设中筑牢思想道德防线，就要从深刻于民族基因中的传统文化出发，从潜移默化地塑造着家庭文化的非物质文化遗产出发，梳理出传统文化中的廉政文化资源，进而探索这些非遗资源在当代廉政建设中的价值作用。

一、非物质文化遗产中的廉政文化

早在先秦时期，"廉"就已发展为法治、吏治中的核心道德概念。如《周礼·天官·小宰》曰"以听官府之六计，弊群吏之治。一曰廉善，二曰廉能，三曰廉敬，四曰廉正，五曰廉法，六曰廉辨"，即以"廉"为官吏各项品行之根本。又如睡虎地秦简《为吏之道》篇曰"凡为吏之道，必精絜（洁）正直，……吏有五善：一曰中（忠）信敬上，二曰精（清）廉毋谤，三曰举事审当，四曰喜为善行，五曰龚（恭）敬多让。五者毕至，必有大赏"②，这是对各级官吏所必须体现的清廉正直进行了赏罚分明的制度规定。而从先秦诸子开始，对廉政制度的思考、对廉政道德的阐释，就已经伴随着中国传统文化的生成而不断丰富起来，形成了"廉政文化"的传统。

一方面，以孔子、孟子为代表的儒家学者让我们看到了先秦思想家克己复

---

① 中共中央宣传部编：《习近平总书记系列重要讲话读本（2016 年版）》，学习出版社、人民出版社 2016 年版，第 191 页。

② 睡虎地秦墓竹简整理小组编：《睡虎地秦墓竹简》，文物出版社 1990 年版，第 168 页。

礼、崇德尚善的施政观点，以及从道德理念的角度塑造廉政文化的主张。孔子强调执政者需要以自身正直与高尚来作为全民的榜样（《论语·颜渊》："政者，正也。子帅以正，孰敢不正？"）。对他而言，真正可以为国所用的贤明君子，应该是那些能够团结群众而不拉帮结派的廉洁之人（《论语·为政》子曰："君子周而不比，小人比而不周"），应该是那些举止庄重、与世无争、又不结党营私的人（《论语·卫灵公》"君子矜而不争，群而不党"）。孟子也认为，君主和臣子不能追求利益，必须"先义后利"，将仁义之道贯彻到治国理政中[①]，以求人人都能争取成为懂得节制、坚持信念、忠贞不屈的大丈夫[②]。这些观点都开启了中国历代知识分子关于"崇德慎刑""明德惟馨"的讨论，以及对廉政道德思想的反复阐释，例如以长孙无忌为代表的唐朝统治阶级便在《唐律疏议》中反复强调："德礼为政教之本，刑罚为政教之用，犹昏晓阳秋相须而成者也。"其中法律原则的确立、刑罚轻重的量定，也无不以儒家经义为主要依据。[③]

　　另一方面，商鞅、韩非子等法家学者纷纷将如何运用制度手段来约束人的欲望这个问题置于其理论体系的重要位置，这也开启了中国历朝历代对廉政法律制度的不懈建设。商鞅尤其看重执法官吏的廉洁奉公、秉公执法，所以一旦有官吏违背国家律法，就是犯下了不可饶恕的死罪，还要祸及三族；反之，如果能举报犯法的同僚，那么这些官吏还可以得到升迁奖赏。[④] 尤其可贵的是，在商鞅所制定的廉政体制之中还有一项，是在各级郡县都设置法官来传达法令、解释律法，以此来满足各地官民了解国家政策、理解法律条文的需要，将制度大白于天下，从而使得人人懂法，官民之间可以互相监督，就此达到"吏不敢

---

① 《孟子·梁惠王上》："孟子见梁惠王。王曰：'叟不远千里而来，亦将有以利吾国乎？'孟子对曰：'王何必曰利？亦有仁义而已矣。王曰：何以利吾国？大夫曰：何以利吾家？士庶人曰：何以利吾身？上下交征利而国危矣。万乘之国弑其君者，必千乘之家；千乘之国弑其君者，必百乘之家。万取千焉，千取百焉，不为不多矣。苟为后义而先利，不夺不餍。未有仁而遗其亲者也，未有义而后其君者也。王亦曰仁义而已矣，何必曰利？'"
② 《孟子·滕文公下》曰："居天下之广居，立天下之正位，行天下之大道。得志与民由之，不得志独行其道。富贵不能淫，贫贱不能移，威武不能屈。此之谓大丈夫。"
③ 详见侯欣一：《中国法律思想史》，中国政法大学出版社2012年版，第175—176页。
④ 《商君书·赏刑》："守法守职之吏，有不行王法者，罪死不赦，刑及三族。同官之人，知而讦之上者，自免于罪。无贵贱，尸袭其官长之官爵田禄。"

以非法遇民,民又不敢犯法"的效果。^① 韩非子也指出,国富民强的关键在于国民能否"奉法",而"奉法"的关键则在于摒弃私欲、克行公法(《韩非子·有度》"故当今之时,能去私曲就公法者,民安而国治;能去私行行公法者,则兵强而敌弱");真正能约束人的行为,达到"廉政"目标的不是方正廉洁的品德,而是令行禁止的法制(《韩非子·六反》"明主之治国也众其守而重其罪,使民以法禁而不以廉止")。这也正是历朝历代在强调思想道德建设的同时,始终不忘完善法律体系,不断探索更公正、更完备的监察制度的原因。

最后值得注意的是,无论是儒家的"礼治",还是法家的"法治",始终还是用亲疏贵贱的等级制度来控制人的欲望,人与人之间的不平等也无法通过"克己复礼"或"壹赏壹刑"来消除。这就使得"礼制"与"法制"在实行过程中仍旧回避不了"人治"的弊端,从而导致大多数无知识、无地位的贫弱百姓无法真正打破等级制度的局限来维护自己的权益,只能将对于社会正义、廉洁政府的期待寄托于上天、鬼神、祖先等凌驾于帝王、官僚之上的对象,并借此构建自己的文化伦理体系。例如在《墨子·明鬼》中,墨子认为:当世的行政长官之所以不努力于听政治国("正长之不强于听治"),都是因为大家对鬼神有无的分辨存在疑惑,对鬼神能够赏贤罚暴不明白("则皆以疑惑鬼神之有与无之别,不明乎鬼神之能赏贤而罚暴也");由以杜伯复仇周宣王、句芒赐寿秦穆公等传说来说明鬼神的实有,并进一步强调:那些政府官吏不清廉的行为,都会被鬼神看见并得到鬼神的惩罚,因此官吏治理官府之事不敢不廉洁、见善不敢不赏、见恶不敢不罚。^② 而墨子的"天志""明鬼"虽然在"罢黜百家,独尊儒术"的历史浪潮中逐渐趋于边缘,却在潜移默化中形成了普罗大众的世界观、伦理观。比

---

① 《商君书·定分》:"天子置三法官,殿中置一法官,御史置一法官及吏,丞相置一法官,诸侯郡县皆各为置一法官及吏,皆比秦一法官。郡县诸侯一受禁室之法令,并学问所谓。吏民欲知法令者,皆问法官,故天下之吏民,无不知法者。吏明知民知法令也,故吏不敢以非法遇民,民不敢犯法以干法官也。吏遇民不循法,则问法官,法官即以法之罪告之,民即以法官之言正告之吏。吏知其如此,故吏不敢以非法遇民,民又不敢犯法。如此,则天下之吏民,虽有贤良辩慧,不敢开一言以枉法;虽有千金,不能以用一铢。"

② 《墨子·明鬼》曰:"若以为不然,是以吏治官府之不絜廉,男女之为无别者,鬼神见之;民之为淫暴寇乱盗贼,以兵刃毒药水火,退无罪人乎道路,夺人车马衣裘以自利者,有鬼神见之。是以吏治官府,不敢不絜廉,见善不敢不赏,见暴不敢不罪。"

如在东汉末年张角所领导的黄巾起义军就是将"苍天已死，黄天当立"作为起义的口号，以号召教众推翻昏庸的汉朝统治；而《水浒传》中所描写的北宋梁山起义军那"替天行道"的旗帜，所体现的也同样是广大平民将国家无法实现的正义公理寄托于"天"的普遍习俗。又如在中国传统民间传说中，介子推辞官不仕、抱树而死的清廉守节被视为寒食节、清明节禁火习俗的由来，屈原自沉汨罗江的廉洁爱国也被视为端午节划龙舟、吃粽子等习俗的由来，这就将生活中具有特殊意义的节日与那些逝去的先贤紧密联系在了一起，从而使得古人的高尚"气节"能随着那些民间传说得到不断传播。还有乡土社会中那些以维系地方宗族的乡规族约、那些维系行业道德的行业规范、那些塑造家庭规范的家风家训等等，将"长辈"或"祖先"的经验与权威转化成了相互监督、共同敬畏的风俗习惯，也在潜移默化中形成了适用于普通家庭的"廉政文化"。

综上所述，在中国传统文化中，蕴含着丰富的廉政文化：那些高居庙堂之上的古代统治阶层，往往推行"外儒内法，剂之以道"的治国策略，不断尝试着用严刑重典、监察制度防治贪腐的方法；那些忧国忧民的古代思想家们，则倾向于在"德主刑辅，以礼率律"的指导思想下，将德与礼注入国家政治教化、法制建设的根本；还有那些融合了民间文学、民间信仰的民间文化资源，更是在"天"所代表的正义之下形成了一套约定俗成的自律秩序。有不少学者都以时间为顺序，对中国上古至明清历代廉政文化的代表人物以及廉政思想的发展轨迹进行了系统梳理。①

然而另一个不可否认的事实是：中国古代没有一个朝代能真正杜绝贪腐，维持廉政的长久性。个中原委，一言难尽，归根到底便是"立法"与"执法""守法"之间的分离。因为古代中国的廉政建设始终没有脱离"人治"的局限，这就使得完备的制度、卓越的思想，往往因为帝王将相的一时好恶而名存实亡。比如明朝伊始便建立了相对独立又层层监督的监察制度，在中央有六科和都察院共同监督，在地方则有按察司与巡按御史各司其职，再加上直属皇帝

---

① 例如单卫华、赖红卫、张相军：《中国廉政文化史》，山东画报出版社 2010 年版；李小红、张如安：《中国古代廉政思想简史》，中国方正出版社 2011 年版；林岩、王蔓：《中国古代廉政文化集粹》，中国方正出版社 2009 年版。

的锦衣卫,不可谓不完备;但看似无足轻重的官府吏胥、地方乡绅,却因脱离监察制度的监管,而成为了滋生贪污腐败、败坏地方政治的罪魁祸首。① 所以说,仅仅重视德与刑、礼与律的相辅相成还远远不够,更重要的是在贯彻实行的过程中保证那些廉政思想、廉政制度能够深入人心,不是单纯依靠"自上而下"的政策灌输,而是能够在社会各阶层广泛传播。如此一来,相较于国家制度和哲学思想,传统廉政文化中最为普罗大众所接受的非遗资源,就成为了我们反思古代廉政经验、传承廉政传统的关键所在。

民俗是一个国家或民族中广大民众所创造、享用和传承的生活文化,起源于人类社会群体生活的需要,在特定群体、时代与地域中不断形成、传播和演变。② "任何个人都出生于自己所属的群体中,该群体在生存与生活实践中首先约定了自己的习俗惯制体系。"③对中国人而言,在当代正被大力保护与传承的非物质文化遗产,不仅反映了各地民众固有的生活习惯、审美观念,而且对基本的道德文化、价值取向有着潜移默化的规范作用,甚至有很多地区的乡规族约至今仍然发挥着民间法律的重要作用。无论是官员干部还是普通群众,首先都是一个浸染在民俗生活中的普通人,也都是非物质文化遗产的体验者;都曾经历欢闹的节日,也都曾听闻乡间的传说,所以深入民众的广大非物质遗产中的廉政资源,就是最自然、最贴近百姓生活的廉政资源。无论是民间传说中屈原、介子推等古代先贤的奉廉守节,还是戏剧说唱中包拯、海瑞等青天廉吏的铁面无私,都充分证明:非物质遗产中不但蕴含着丰富的廉政文化,而且其中的廉政思想也会因此具备了"集体性""传承性""扩布性""规范性"等民俗的文化特性。④ 其中表现出的对天地、祖先、自然等对象的"敬畏",其根本就是对民众心理和行为的一种影响和约束。"包青天""海青天"等民间文学的形象,正是借助这种"敬畏",在不同群体中不断扩布、传承着对民众的规范

① 详见柳诒徵:《明季之腐败及满清之勃兴》,载《中国文化史》(上、下),上海三联书店 2007 年版。
② 关于民俗的定义与分类,详见钟敬文主编:《民俗学概论》,上海文艺出版社 1998 年版,第 1—6 页。
③ 乌丙安:《民俗学原理》,辽宁教育出版社 2001 年版,第 72 页。
④ 关于民俗的特性,详见钟敬文主编:《民俗学概论》,上海文艺出版社 1998 年版,第 11—27 页。

性约束。换言之,只要能充分认识到非物质遗产中所蕴含的廉政文化,以及蕴含其中的"规范性"价值,就能使得千家万户在善法良俗的指引之下,自觉培育出廉洁自律的民风、社风。

二、非物质文化遗产与廉政文化的传承

针对古代中国"人治"的弊端,中国共产党在廉政建设中的解决方案就是在实践中坚持群众路线,将群众放到国家治理的主体地位,将群众的主观愿望与党的正确主张放到平等的位置。在这种指导思想下的廉政建设,便不仅停留在"为官清廉""施政廉明"的层面上,而是发展到了主动为群众着想,并以政策主张中的高尚道德为基础,营造一个文明、和谐、正气的社会文化环境。正所谓"从群众中来,到群众中去",建设广大党员干部的优良作风离不开弘扬优秀传统文化、建设文明家风,这就要求当代廉政建设必须兼顾先进性与广泛性,在全面从严治党的同时,灵活运用各类文化资源,从而使得"廉政意识"如春风化雨般渗透到每个家庭,打造出新时代的廉政文化。而放眼当今中国,以民间文学、传统曲艺、节俗礼仪等为代表的非物质文化遗产,既经历过历史长河的激荡,又有着广泛的群众基础,提炼并传承其中有益的部分,就可以收获更多"自下而上"的行为自觉,从而打造兼顾先进性与广泛性的廉政文化,使得中国特色的廉政建设不但能"家喻户晓",而且能"直指人心"。那么,非物质文化遗产中的廉政文化究竟与当代人有着怎样的联系?又能够对社会风气施加怎样的影响呢?在此,不妨以上海的非物质文化遗产为例,对地方非遗的传承现状及其文化价值予以认识。

首先,传统礼仪、节庆等非物质文化遗产,就不单单是一份供邻里乡亲分享的热闹,还传递着一种俭约自守的生活理念。中国各地的城隍神大多由有功于地方民众的名臣英雄充当,上海老城隍庙中所供奉的城隍正神是世居上海县的名士秦裕伯,此人为元朝至正四年进士,曾官至行台侍御史。明兴之后,避乱乡里的秦裕伯为免"贰臣"之不义,多次推却朝廷的征召,后为避免牵连乡里,才在明太祖的再三坚持下出任治书侍御史等职。他一生重孝重义,爱

乡护民,以廉行闻名天下,洪武六年病故时明太祖亦曾感叹其"生不为我臣,死当卫吾土",于是封为上海城隍,以彰显明德、庇佑乡里。时至今日,在其故里浦东三林的召稼楼古镇,仍然保留有每年十月初一抬城隍神像出巡的迎神赛会习俗;而坐落于市中心方浜中路上的城隍庙,既是上海的著名景点,又是国家级非物质文化遗产"豫园灯会"的重要依托;这古镇和古庙,分别在浦江东西两岸,支撑起上海人对城隍、对秦裕伯的记忆与敬仰。除了这些有关城隍神的文化遗产,在松江叶榭镇则流传着"舞草龙"这一独具特色的仪式舞蹈,用以感谢传说中招来东海青龙抵御家乡旱灾的叶榭人、"八仙"之一的韩湘子;而在徐汇区,依托龙华寺这一千年古刹,每年还延续着热闹非常的龙华庙会,关于三国时期高僧康僧会与广泽龙王斗法而得龙华寺之地的传说也随之流传至今,也为庙会增添了不少传奇色彩。这些国家级非物质文化遗产早已褪去信仰的外衣而成为了中国传统文化的一部分,对上海市民来说,每一次对庙宇神像的造访,每一次对节日欢庆的体验,都可以是对地方历史的温故、对地方先贤的追慕。在科学全面取代迷信的当下,作为一位特殊的"乡亲",城隍神也好,韩湘子也罢,所具有的都不再是庇佑一方百姓的神力,而是一种凝聚世俗目光的社会张力。无论是参与舞草龙、城隍出巡还是龙华庙会,在这些非遗活动中都可以体验到先贤事迹与欢声笑语的充分融合,秦裕伯等先贤造福乡里、不求回报、不畏强权、贯彻正道的"廉行"与"廉德",也正可以在地方自豪感的催动下,传播到千家万户,成为铭刻在心的"集体记忆"。

其次,那些融入日常生活的俗语谚语,也不单单是活泼幽默的俏皮话,大可以从中提炼出百姓心中礼义廉耻的荣辱观念。"沪谚"作为被列入第三批国家级非物质文化遗产名录的珍贵文化资源,既是融合上海本地方言、俚语的谚语,也是记录上海本地风土人情的重要史料,往往使用大量鲜明、生动、通俗的口语表达方式,直接地反映出了上海人对世态炎凉的切身体味。比如有谚语"走尽天边,好不过黄浦两边"①,就充分体现了上海开埠以后的繁荣以及市民

---

① 胡祖德:《沪谚》,上海古籍出版社1989年版,第52页。

对此的自豪感；又有云"吃最凶，着威风，嫖精空，赌对冲，烟送终"①，对上海滩于清末开始泛滥的嫖娼、赌博、吸毒等恶习进行了严词批判。当然，在这些朗朗上口的谚语之中，也不乏普罗大众对善恶廉耻的价值判断，陈行文人胡祖德于民国初年搜集编撰的《沪谚》及《沪谚外编》中，就记载了不少褒贬官吏、嘲讽政客的通俗谚语。例如有嘲讽清朝县官之谚语："大老爷做生，银也要，钱也要，钞票也要，红白兼收，无分南北；小百姓该死，麦未熟，稻未熟，杂粮未熟，青黄不接，有甚东西"②，道出了地方官的贪得无厌、不顾百姓死活。又有嘲讽民国政客之谚语："政客来，政客来，洋装马车何阔哉！朝请客，暮打牌，麻雀二百底，花酒三五台。政客之忙忙无比，乘兴又登演说台。台上说爱国，台下拍掌声如雷。六国饭店饱且醉，归来带醉打茶围"③，将政客们终日说一套做一套的腐败与不堪描绘得淋漓尽致。官吏的贪腐往往会使贫苦百姓对法律诉讼心生畏惧，产生"衙门日日开，无钱莫进来"④的观念，所以在沪谚之中保留了大量对贪酷之吏的抨击，甚至诅咒，例如有"一代做官，七代穷"⑤之语，谴责腐败官吏的后人代代受穷；又有"当权若不行方便，念尽弥陀总是空"⑥之语，直指官吏之功德不在求神拜佛，而在于秉公执政。这些流行于上海的谚语，运用合辙押韵、幽默风趣的通俗话语，言简意赅地表达了广大民众对贪腐的批判、对廉政的期待。而这样一种民间文学的形式，不但自明清以来就在以陈行为中心的上海地区传承辐射，而且还在紧随时代步伐，不断推陈出新，为褒贬时弊、树立新风的廉政文化建设注入了无限的活力。

第三，那些坐落于不同城市的历史建筑、文化遗址，也不仅仅是街头巷尾的景观点缀，而完全可以是关于廉士、先烈的特殊纪念物，时刻提示着这座城市的廉政历史。在上海，以石库门、老洋房为代表的一批近代历史建筑，不但设计独特、装饰别致、融贯中西，在建筑史上有着特殊的艺术价值，而且还见证

---

① 胡祖德：《沪谚》，上海古籍出版社 1989 年版，第 10 页。
② 胡祖德：《沪谚外编》，上海古籍出版社 1989 年版，第 108 页。
③ 胡祖德：《沪谚外编》，上海古籍出版社 1989 年版，第 46 页。
④ 胡祖德：《沪谚》，上海古籍出版社 1989 年版，第 30 页。
⑤ 胡祖德：《沪谚》，上海古籍出版社 1989 年版，第 12 页。
⑥ 胡祖德：《沪谚》，上海古籍出版社 1989 年版，第 13 页。

过太平天国运动、中国共产党诞生、淞沪抗战、"孤岛"时期等中国历史的风起云涌,其本身所传承的历史故事与城市文脉,同样也是这些建筑被列为文化遗产的价值所在——"沪上闻人名宅掌故与口碑"早已被确定为上海市市级非物质文化遗产。有的优秀历史建筑,看似平平无奇、朴实无华,却见证了中华民族的坚韧不屈。例如兴业路上的中共一大会址,虽然只是一栋平凡无奇的石库门建筑,却是中国共产党诞生的圣地,而其中所还原的一大会议场景、所陈列的各种革命烈士遗物,则又无声无息地诉说着革命先驱们不计个人利益、不惜为信仰献身的廉正与刚毅;又如光复路 1 号的四行仓库,作为淞沪抗战中最后的堡垒,见证了"八百壮士"在日军围攻下的英勇无畏,至今仍向世人传递着中国军人坚守国土、秉持信念的"勇士之廉"。还有鲁迅、茅盾、冯雪峰、柔石等"左联"作家居住过的横浜路 35 弄景云里,也见证了在文艺宣传战线上,革命作家们不畏强权、宣扬真理的"文士之廉"。这些历史建筑,就如同一座座民族正气的丰碑,展现着唤醒中华的凛然大义与高尚节操。有的优秀历史建筑,堪称巧夺天工、富丽堂皇,却见证了贪婪者的自掘坟墓。例如位于愚园路 1136 弄 31 号的汪公馆,这座落成于 1931 年的意大利哥特式建筑,原本是时任交通部长的王伯群用贪腐所得所营建的豪宅,上海沦陷后又被霸占为汪伪政权驻沪办公联络处,成为了汪精卫及其手下汉奸特务在上海的巢穴,最后则回到人民手中被作为长宁区少年宫使用,可以说是见证了一幕幕的贪赃无艺、作茧自缚;又如坐落在南京西路 325 号的原跑马总会大楼,这栋新古典主义风格的英式建筑既见证了英国殖民者在上海强占土地、圈建远东第一跑马厅的屈辱历史,也见证了各色赌徒在此处所挥霍的金钱、欲望与生命,然而随着上海解放后跑马厅被改建为人民广场,跑马总会大楼先后成为图书馆与美术馆的所在,这栋建筑也向世人彰显了这样一个真理——贪婪终逃避不了覆灭的命运,最后的胜利终归人民。除了上述这些例子,矗立在上海大街小巷之中的还有像周公馆、嘉道理爵士公馆、马勒别墅等等优秀历史建筑,它们静默的光华,既体现了海派建筑文化的辉煌过去,也铭记着中国近代史上"廉正"的标杆与贪婪的警钟。

一直以来,非物质文化遗产都与普罗大众的日常生活息息相关,衣、食、住、行背后所蕴含的历史典故、当代传承，其实都可以成为不容忽视的廉政文化资源。试想一下，每个孩子都可以一边享受城隍出巡的热闹，一边聆听秦裕伯廉正守节的事迹；每位老人都能用脍炙人口的谚语传递幽默的智慧，传递戒贪戒腐的至理名言；而路上的行人也都能在路过那一栋栋历史建筑的同时，抚摸城市文脉，感受革命艰辛。不仅是上海，中华大地上的每个县市都传承着自己独有的风土人情、民俗习惯，例如以王守仁为代表的古代思想家，就提倡通过道德教育、改革乡约民俗来传承和普及廉政文化，希望民众能够"孝尔父母，敬尔兄长，教训尔子孙，和顺尔乡里，死丧相助，患难相恤，善相劝勉，恶相告诫，息讼罢争，讲信修睦，务为良善之民，共成仁厚之俗"[1]；又如当代民俗学家陈勤建也曾在《廉政文化与民俗》一书中向我们详细介绍了乡规民约、行业规范、家规家训等民俗资源中所蕴含的廉政文化，特别是民俗在民众进行自我教育、提高个人自律、营造廉洁家庭氛围等方面的重要作用。所以说，如果能更好地利用和开发这些非遗资源，就能使得廉政教育更好地融入生活日用，让每个炎黄子孙都能知晓传说故事中的深刻含义，体味生活空间中的浩然正气。

三、用非物质文化遗产打造廉政文化的"中国特色"

廉政建设是世界各国都无法回避的难题，随着现代法治文明的普及，各国的廉政建设呈现出越来越多的共性特征。就思想理念而言，亚里士多德认为统治者必须具备明哲（端谨）、节制、正义、勇毅等善德[2]，《尚书·皋陶谟》言统治者若能具备"直而温，简而廉"等九德便可使天下才俊为之效力[3]，中外思想

---

[1] 《王阳明全集·南赣乡约》。

[2] "明哲（端谨）是善德中唯一为专属于统治者的德行，其他德行（节制、正义和勇毅）主从两方就应该同样具备（虽然两方所具备的程度，可以有所不同）。"［希腊］亚里士多德著，吴寿彭译：《政治学》，商务印书馆1983年版，第125页。

[3] 《尚书·虞书·皋陶谟》："宽而栗，柔而立，愿而恭，乱而敬，扰而毅，直而温，简而廉，刚而塞，强而义，彰厥有常。吉哉！日宣三德，夙夜浚明有家。日严祗敬六德，亮采有邦，翕受敷施。九德咸事，俊乂在官。"

家都十分强调清正、廉明等"廉德"在治国理政中的作用。而就制度建设而言，对公共权力进行法制约束，设立专职监察与反腐败机构，实施各种形式的监督、政务公开，提高公职人员素质等等廉政举措，也早已不再是西方发达国家的专利。① 那么，这些廉政建设中的共性，是否就意味着中国的廉政建设必须遵循欧美各国的步伐，推行三权分立的国家政权架构，甚至以马克斯·韦伯所说的新教伦理为指归呢？答案当然是否定的。

西方法律体制是以罗马法、教会法等法律体系为原型，在经历过教皇改革、新教改革、俄国革命、英国资产阶级革命等一系列社会事件的基础上形成的。② 所以其制度运行的根本，就在于经济上的资本主义私有制和政治上的多党制、分权制。而我国是在经历了长期艰苦卓绝的斗争后才选择了社会主义的道路，不但政体、国体都与西方资本主义国家有所不同，而且数千年的历史文化也培育出了有别于他国的独特文化土壤。这就决定了中国的法治体系，可以在市场经济发展过程中借鉴西方法律体制中有益的部分，却不能让"物欲""利益"取代中国特色社会主义应有的"无私奉献"和"全心全意为人民服务"。正如李瑜青先生所言，"法制本身是一种社会的制度安排，但同时又内涵着精神、文化上的支持系统"，如果不能将公平、正义、效率等价值理念真正贯彻到立法、执法和守法的各个环节，那么设计再精巧的法律体制也不过是被人抛诸脑后的一纸空谈，所以说"一个国家法治的实现过程总是与其公民道德、文化、习惯、习俗等属于精神层面的法制隐型系统相关"。③ 换言之，要贯彻落实党风廉政建设，构建中国特色社会主义的法治体系，就需要在坚持以马克思主义为指导思想的基础上，积极结合中国优秀传统文化的发展现状，利用更多符合我国国情的道德资源、民俗资源来契合廉政体制的"隐形系统"——即"廉政文化"。那么中国的廉政文化究竟有哪些不同于西方的特色呢？

其一，是将道德、仁义视为法制的根本。《管子·牧民》中以"礼、义、廉、

---

① 麻承照：《廉政文化概论》，中国方正出版社 2011 年版，第 202—221 页。
② ［美］哈罗德·J·伯尔曼著，贺卫方等译：《法律与革命——西方法律传统的形成》，中国大百科出版社 1993 年版，第 21—22 页。
③ 李瑜青：《中国特色与法治中国实践》，《思想理论教育》2014 年第 1 期。

耻"为支撑国家运转的四大道德支柱①，缺一不可，是将树立道德标准视为了国家施政的先决条件。《商君书·画策》曰："圣人有必信之性，又有使天下不得不信之法。所谓义者，为人臣忠，为人子孝，少长有礼，男女有别；非其义也，饿不苟食，死不苟生。此乃有法之常也。"这是在提倡依法治国的同时，也强调贯彻法制的根本就在于要有忠、孝、礼、别等令天下人信服的"义"。管仲与商鞅虽然同属法家，但都不约而同地将贯彻道德正义视为了立法、执法的根本目的，可见道德在古代中国法治观念中的核心地位。

其二，是推崇道德自律，强调预防腐败。《论语·为政》曰："道之以政，齐之以刑，民免而无耻；道之以德，齐之以礼，有耻且格。"孔子在肯定刑法的政治作用的前提下，认为"礼"能从人民道德修养的层面入手，培养人的高尚情操，从根本上杜绝犯罪。《淮南子·泰族训》曰："民无廉耻，不可治也；非修礼义，廉耻不立。……法能杀不孝者，而不能使人为孔、曾之行；法能刑窃盗者，而不能使人为伯夷之廉。"这又说明在古代思想家眼中，法律手段对惩治罪恶固然有效，但在治国理政中仍然有局限性，只有在法律制度之外引导社会大众习得正确的荣辱观、价值观——也就是以"廉"为代表的高尚节操，才能防患于未然，并培养伯夷那样"守死善道"的操行。

其三，"廉"从来都不是仅限于官吏的行为规范，而是对每个人、每个家庭共同的道德要求。《文子·上礼》曰："行可以为仪表，智足以决嫌疑，信可以守约，廉可以使分财，作事可法，出言可道，人杰也。"对个人而言，"廉"一直是品评人物操行的基本标准之一。《孟子·离娄上》曰："人有恒言，皆曰'天下国家'。天下之本在国，国之本在家，家之本在身。"每个家庭都与国家命运息息相关，国家、社会的风气取决于每个家庭的家风，而每个家庭的家风又取决于每个人对自我言行的要求，只要每个人都善养"浩然之气"，就能让千千万万个家庭共同铸就良好的社会风气。

总而言之，中国传统的廉政文化，既强调个人道德自律在廉政制度中的关

---

① 《管子·牧民》："国有四维，一维绝则倾，二维绝则危，三维绝则覆，四维绝则灭。……何谓四维？ 一曰礼、二曰义、三曰廉、四曰耻。"

键作用,又强调在家风民俗、日常习惯中贯彻高尚的个人操守,培养良好的社会风气。这既是中国数千年来廉政思想的精华所在,也是当代中国廉政建设中所不得不面对的文化"隐形系统"。正是在这样一种文化传统的前提下,中国共产党展开了中国特色的廉政体制建设。就具体的规章制度而言,《中国共产党廉洁自律准则》将"廉洁修身,自觉提升思想道德境界"以及"廉洁齐家,自觉带头树立良好家风"列入其中①,这是对《大学》中所谓"修身、齐家、治国、平天下"②的传承与扬弃;《中国共产党纪律处分条例》第十一章罗列了对"生活奢靡、贪图享乐、追求低级趣味"以及"违背社会公序良俗,在公共场所有不当行为"等生活作风问题的处分条例③,这又与《尚书》中"儆戒无虞,罔失法度,罔游于逸,罔淫于乐"④的告诫一脉相通。随着这些规章条例的陆续实施,越来越多传统文化中的道德理念已悄然融入我国的廉政法制体系,培养党员高尚道德、规范党员日常行为也日渐成为我国廉政建设的核心问题。就国家政策的层面来看,为什么中国共产党要强调"党规党纪严于国家法律"? 正是因为中国廉政文化要求党员干部必须以高于法律的道德标准来要求自己,从而贯彻"毫不利己,专门利人"的社会主义奉献精神,让严格自律的"关键少数"能起到模范带头作用。为什么中国共产党要强调落实"群众路线"? 正是因为中国廉政文化要求党员干部必须抵制官僚主义、形式主义、奢靡之风,在日常生活中紧密联系群众,全心全意为人民服务,在加强和改进党的作风建设的同时,与广大人民群众一起打造良好的社会风气,实现中华民族的伟大复兴。所以说,"廉洁自律"与"崇德尚廉"就是当代廉政文化的两大核心,所对应的是如何在纷繁复杂的社会生活中贯彻廉洁自律,如何在时代变迁中培养崇德尚廉的家风与社风这两大问题。而要解决这两个诞生自中国传统文化的

---

① 见《中国共产党廉洁自律准则·中国共产党纪律处分条例》,中国方正出版社2015年版,第5页。
② 《礼记·大学》:"物格而后知至,知至而后意诚,意诚而后心正,心正而后身修,身修而后家齐,家齐而后国治,国治而后天下平。自天子以至于庶人,壹是皆以修身为本。"
③ 见《中国共产党廉洁自律准则·中国共产党纪律处分条例》,中国方正出版社2015年版,第67页。
④ 《尚书·虞书·大禹谟》。

问题，就要回到中国传统文化中，挖掘出良好的家风、习俗，发挥非物质文化遗产等传统文化资源"润物细无声"的优势，使得廉洁自律的价值观能够深入社会基层、能够走进千家万户。

民俗习惯虽不是法律，却是社会各阶层之间文化的调节器，当代中国法学界已经认识到：中国文化中包括民俗习惯在内的"礼"，其实就是在历史中不断传承发展的"传统法"①；在当代中国的司法实践中，民俗习惯所包含的"善法良俗"，也是符合国情、社情、民情的行为依据②；而具体到中国的廉政建设，以那些非物质文化遗产为代表的传统文化资源也往往能起到法律法规所无法企及的制约作用。哪怕是毫无法律意识的"法盲"，或者目不识丁的"文盲"，也都会自觉遵守春节里的种种禁忌与规矩，也都会欣然传诵包青天的传奇故事。从空间的角度看，非物质文化遗产体现了地域文化的差别，决定了廉政文化如何"因地制宜"地融入大众生活。正如上文对上海非物质文化遗产中廉政文化的分析，全国各地都分布着大量蕴含廉政思想、反映廉政期望的非物质文化遗产，像湖北屈原传说中所颂扬的历史清流、河南盘古神话中所叙述的牺牲精神③等等，可说是俯拾即是。有针对性地开发各地特有的非物质文化遗产，就有助于构建贴近百姓生活的廉政文化。而从时间的角度看，非物质文化遗产则体现了传统文化的历史变迁，决定了廉政文化怎样"因势利导"地融入当代日常。从天干地支这样的原始智慧，到革命路上的历史故事，中国人的日常生活中包含着古往今来的文化积淀。例如沪谚中的"种秧看上埭，盖屋看上梁"（隐喻干部带头作用），"严嵩过寿，照单全收"（讽刺贪官）等等，至今仍是脍炙人口的惯用俗语；而在微博、微信等社交媒体流行的当下，普罗大众早已习惯被博取眼球的十数个字所吸引，所以谚语、对联等言简意赅、饶有兴味的民俗资源，正符合普罗大众碎片化阅读的习惯，完全可以被用在新媒体中传播廉政文化。

所以无论是对党员干部，还是对普通群众来说，遍布中国各地的非物质文

---

① 参见马小红：《礼与法：法的历史连接》，北京大学出版社 2004 年版。
② 参见公丕祥主编：《民俗习惯司法运用的理论与实践》，法律出版社 2011 年版。
③ 二者皆入选了第二批国家级非物质文化遗产名录。

化遗产,最能够生动形象地传播优良道德文化,也最能够在潜移默化中规范人的价值取向。然而相较于明确而单一的目的——构建"不想腐"的廉政文化,中国各地的非物质文化遗产不但历史悠久、形式多样,而且仍旧在不断地发生、发展。所以当下的廉政建设,迫切要求我们对岁时节俗、人生仪礼、民间故事、谚语说唱等等包含廉政文化的非物质文化遗产有一个整体的把握,既要从受众的地域分布出发,梳理出非遗资源的空间谱系;又要着眼于文化传承的物质基础与传播媒介,梳理出非遗资源的时间谱系,从而对不同文化群体所能接受的非遗资源及其在日常生活中对个人和家庭所施加的影响,有一个系统而全面的认识。如此一来,便能够以家庭为单位,更好地继承传统文化,更好地摒弃低级趣味,从而将亲情、乡情转化为公序良俗的纽带(而不是腐败的温床),在风俗习惯中自觉养成崇德尚廉、廉洁自律的价值观。

结　语

正如塞缪尔·亨廷顿所言,多文明的全球政治已然形成,现代化并不一定意味着西方化,以中国为代表的非西方国家已经证明,在没有放弃自己的文化,也没有全盘采用西方价值观和体制的前提下,仍然能够实现现代化。[①] 要开展适应中国国情的廉政建设,就离不开中国特色社会主义的道路自信、理论自信、制度自信与文化自信。而传承至今的非物质文化遗产,恰恰就是最基础、最广泛、最深厚的文化资源。"一方水土养一方人",每一项父母亲们言传身教的民俗,都是一份对故乡的回忆、对家庭的眷恋、对道德伦理的传承。通过对包含廉政文化的非遗资源进行分类研究,梳理出非遗资源的空间谱系和时间谱系,就是为了兼容"修身"与"齐家";使廉政教育能够打破地域文化的隔阂,走进千家万户,实现其最广泛的人性化与社会化;使廉政教育能够保持时代的活力,融入地方文脉,从青少年开始培养正确的人生观与价值观。

---

① [美]塞缪尔·亨廷顿著,周琪等译:《文明的冲突与世界秩序的重建》(修订版),新华出版社2010年版。

　　习近平总书记曾指出，中国历史上形成和留下了大量关于为政者道德建设的思想遗产，比如"克勤于邦，克俭于家"，"儆戒无虞，罔失法度，罔游于逸，罔淫于乐"等等，"我们要坚持古为今用、推陈出新，使之成为新形势下加强反腐倡廉教育和廉政文化建设的重要资源"。① 用当代眼光去挖掘中国非物质文化遗产的廉政价值，正是实现这种"古为今用"的基础，也正是传统文化与日常生活的最佳契合点。正因为有了那些和而不同的地域文化，才使得中国形成了有别于他国的文化土壤、政治土壤；正因为有了那些年复一年的民俗积累，才使得中国人养成了有别于他国的行为习惯、道德标准。所以，只有去不断发现中国非物质文化遗产中那凝聚了数千年的生活智慧，方能够联系中华民族的文化根基、文化本质和文化理想，探索出一套适应本国文化习惯的体制与机制、一套中国特色社会主义的廉政话语体系，从而真正树立中国廉政建设的文化自信。

---

① 习近平：《在十八届中央政治局第五次集体学习时的讲话》，《人民日报》2013 年 4 月 19 日。

三、非物质文化遗产的实践研究

10
上海城隍庙"祭城隍"仪式与
城市治理研究

李　纪*

摘　要　城隍信仰始于西周,发展于唐宋时期,兴盛于明清两朝。自明代以
　　　　来,在城市,无论是官方还是民间对于城隍神的祭祀都特别隆重。究
　　　　其原因,围绕"祭城隍"而展开的社会道德教化、社会政令发布,乃至
　　　　城市危机处理行为,对于一个城市的秩序维护、社会发展、和谐稳定
　　　　具有重要的作用,这种作用直至今天依旧有其积极意义。

关键词　城隍　祭祀　城市治理　道教

　　"祭城隍"仪式,古来有之。中国历史上较早的关于"祭城隍"的记载,始

---

* 李纪,道士,上海市道教协会副秘书长,上海城隍庙管委会委员。

于南北朝时期。据《北齐书·慕容俨传》中记载：慕容俨镇守郢城，城市被围之际，"城中先有神祠一所，俗号城隍神，公私每有祈祷。于是顺士卒之心，乃相率祈请，冀获冥佑"。唐代以来，民间对城隍神的祭祀逐渐普遍，宋代城隍信仰列入国家祀典，元明清时期民间和各级官府对于城隍神的祭祀进入鼎盛期。[1]

一、上海地区祭祀城隍之传统

上海地区供奉城隍神始于元代。上海城隍庙始建于明代永乐年间，距今已有600年历史。上海城隍神初奉于淡井庙（今瑞金二路永嘉路路口之瑞金宾馆内），明代永乐年间知县张守约将城隍神移入城中奉祀，今日上海城隍庙便由此发端。

至少在明代永乐年间以前，上海地区无论是官方还是民间，对城隍神的祭祀已相当普遍。上海地区现在可见的最早关于祭城隍仪式的记载是在明万历《上海县志》中：

> 邑西北隅，有庙翼然，即城隍庙也。岁乙未（1535年）秋八月，冯子至上海，例得谒诸神，新教令，喜上海之无淫祠，而独致隆于是庙焉。[2]

嘉靖十四年（1535），冯彬到任上海县知县，按惯例到城隍庙参拜，并颁布新的政令。知县冯彬到任即到城隍庙参拜是"例得"，即遵循惯例。也就是说，至少在明嘉靖年间以前，上海地区就已经存在官方祭城隍的惯例，其中还有"新教令"的程序，即地方主政官员在社会各界民众面前宣扬自己的治城主张和策略，以达到广而告之、共同遵守的目的。

明清两朝，上海官方或者民间在城隍庙的祭祀延续不断。有些祭祀，如民

---

[1] 梁润萍：《探寻我国城隍信仰的历史嬗变》，《黔南民族师范学院学报》2017年第3期。

[2] （明）颜洪范修，张之象、黄炎纂：《知县冯彬城隍坊记》，载明万历《上海县志》（《上海图书馆藏稀见方志丛刊》），国家图书馆出版社2011年版，第23册。

间每年的"三巡会",成为全城百姓参与的盛事。查阅《申报》,上海地区对城隍神的最后一次官方祭祀是在1910年4月1日。而民间的大规模祭祀活动,如"三巡会",在官方祭祀停止后却依然延续,后在抗战期间中断多年,最后一次"出会"是在1947年中元节期间。自此以后,大规模祭祀城隍神活动停止,但百姓的零散祭祀一直延续到1966年。

上海地区的祭城隍分为民间祭祀和官方祭祀两种形式,民间祭祀有地方主政官员参与,官方祭祀中地方民众亦参与。

(一)民间祭祀

所谓民间祭祀,是指民间自发的祭祀城隍神的仪式,如每年的"三巡会"。"三巡会"是一年三次的城隍神会同"四司"出巡的活动,俗称"城隍出会",是全城百姓参与的盛事。《申报》对于"三巡会"这样盛大的活动,每次都会报道。如《申报》这样报道光绪十九年(1893)清明节城隍出会活动:

> 昨为清明佳节,各会首舁城隍神暨四司出巡。午后二点钟时,排齐仪仗,迤逦游行,经过道厅县各衙门,出大南门往南,过斜桥,至邑厉坛。晚间,自坛上起马,进老北门,绕道参府、守备等署,然后回庙。是日,天气晴和,红男绿女,夹道纵观,异常拥挤。上海县黄大令恐无赖乘机肇事,饬差弹压。傍晚,大令命驾往邑厉坛拈香致祭。①

民间祭祀城隍的组织者称为"会首",他们负责整个出会活动的人员组织;祭祀对象是城隍神及四司(长人司、新江司、高昌司、财帛司)。城隍神会同"四司"出巡路线为城隍庙(北门一带)出发,上海城内各衙门,到大南门出城,然后往西至厉坛"祭厉"。晚上再从厉坛进北门,绕道后回庙。出会时间是下午两点,傍晚时神像回庙。全城百姓及上海主政官员一般都会参与仪式。

---

① 《节会例志》,《申报》光绪十九年二月十九日,转引自吉宏忠主编:《上海城隍庙志·下》,宗教文化出版社2017年版,第381页。

虽然民间祭祀城隍仪式的主要参与者是普通百姓,但城隍庙道众在其中作为仪式组织者,承担了社会教化的职能。《申报》曾以"循例赛会"为题报道光绪十六年(1890)清明节的民间祭城隍仪式。城隍神会同四司依例出巡,当时的上海县令裴浩亭发出告示,要求整改活动中"铺张浪费""有伤风化"的行为,此告示"除谕该庙住持传知外,合行出示",说明当时城隍庙住持在三巡会的活动组织和祭祀程序安排,以及对于仪式安排的宗教性阐释方面具有重要的话语权。

（二）官方祭祀

官方祭祀是由上海当地主政官员主导的祭城隍仪式。就其祭祀举行的原因可分为循例祭祀和专事祭祀,参与人员主要是地方主政官员、民间绅董和普通百姓。

1. 循例祭祀

循例祭祀是官方按照惯例、传统和国家规定举行的祭祀仪式。这类祭祀仪式一般在规定的时间,或者在规定的背景下举行,如城隍神诞日、官员履新到任之时、按俗例的节庆日,以及军事上有重大行动时。该仪式由地方主政官员担任主祭人,当地绅董和百姓参与。以下三条《申报》材料,从新闻采编的视角,记载了清代末年上海地区官员在上海城隍庙内举行祭祀的情况:

> 昨日,相传为本邑城隍神诞期。本县黄大令、县丞吕二尹、主簿林少尹、典史蔡少尉,均诣邑庙拈香,礼成而退。①

此条材料记载了1895年城隍华诞期间,上海县令携上海县衙官员祭祀城隍神的情况。城隍华诞期间,上海县衙主要官员都要参加祭城隍仪式。究其原因,在传统社会中"神道设教"是社会教化的主要方式,作为上海地方主政官

① 《神诞拈香》,《申报》光绪二十一年二月二十二日,转引自吉宏忠主编:《上海城隍庙志·下》,宗教文化出版社2017年版,第393页。

员神诞日去城隍庙举行祭祀仪式,一方面表示对神灵的尊崇,更主要的原因是表示对道德教化的尊崇。

> 新任苏松太兵备道兼江海关监督蔡和甫观察,择吉本月十一日,亲诣城隍庙拈香,循旧例也。①

这条材料记载了 1897 年苏松太兵备道兼江海关监督观察蔡和甫到任伊始,就按照传统去上海城隍庙拈香。这样做的目的,一方面是遵循惯例,另一方面也通过在人流最为密集的地方举行祭祀仪式,告知上海百姓有官员到任,起到广而告之的目的。

> 粮米已装,行将出海。前日上午,江苏督粮道王观察,会同苏松太道邵观察、海防分府刘司马、上海县莫邑尊、城守营朱千戎及解粮各委员,赴邑庙豫园,恭祭海神。各员次第行三跪九叩首礼,礼生宣读祭文。祭毕,又至城隍神前拈香,然后排导出城,至铁路大桥天后宫致祭,然后命驾而返。②

此条《申报》材料记录了 1885 年海运粮食军旅出发前,相关官员到城隍庙祭祀海神、城隍神和妈祖的情况。此文标题为《循例祭神》,也就是说当上海县城有重大军事行动,或者发生其他重大事件的时候,按照惯例是需要到城隍庙举行祭祀仪式的,希望获得神灵的护佑,保证行动顺利、成功。

清代上海城隍庙是举行官方祭祀的重要场所。因官员到任或者离任,城内发生重大灾害性事件,以及城市有重大军事行动而举行的祭祀仪式,多数都在城隍庙内举行。有时候因为所发生的事件有专门的神灵职司,所以需要到

---

① 《上海官场纪事》,《申报》光绪二十三年九月初九日,转引自吉宏忠主编:《上海城隍庙志·下》,宗教文化出版社 2017 年版,第 411 页。
② 《循例祭神》,《申报》光绪十一年五月初三日,转引自吉宏忠主编:《上海城隍庙志·下》,宗教文化出版社 2017 年版,第 366 页。

其他的庙宇举行祭祀仪式,但城隍神一般也在祭祀之列。只因城隍神为一地之保护神,但凡上海城内的大小事情都与城隍神有关。举行这些祭祀的目的,一是通过"告神"仪式,希望得到神灵的护佑;二也为各种政务行为寻求信仰上的支持,以得到百姓的认可。

2. 专事祭祀

专事祭祀是指专门为解决某一件事情而举行的祭祀仪式,如上海城内发生重大灾害和极端天气。清光绪二十一年(1895)夏季,上海城内发生传染性疾病,上海县令至城隍庙上香为上海城市祈福,以求境内平安。1895 年 8 月 21 日的《申报》上一篇题为《神道设教》的报道记录了这一事情:

> 上海县黄大令以近来疫疠流行,人多传染,特于昨日斋戒沐浴,躬诣邑庙,向城隍神竭诚祈祷,求保阖境平安;并撰就青词,付炉中焚化,亦神道设教之遗意也。①

本次祭城隍仪式由黄姓县令发起,背景是上海瘟疫横行。黄县令作为主祭人亲自到城隍庙上香,希望城隍神护佑上海,消灭瘟疫疫情。黄县令还专门为本次祭祀撰写了祭文,祭文内容以"神道设教"为中心,大概意思应该是:城市中瘟疫的发生是神灵对城市居民过失的惩罚,人只有自省过失,虔诚礼神,才能消灭瘟疫,城市才能平安。祭祀仪式体现了城隍神具有保护城市和城市居民的责任,同时也表明官方的祭城隍仪式的主要功能是为上海城市祈福,护城兴市,保证上海城市有序发展。

> 本埠日来阴雨连绵,有碍秋收。上海县黄大令特于昨日起,赴邑庙拈香求晴。②

---

① 《神道设教》,《申报》光绪二十一年七月初二日,转引自吉宏忠主编:《上海城隍庙志·下》,宗教文化出版社 2017 年版,第 395 页。
② 《邑宰求晴》,《申报》光绪十九年八月初一日,转引自吉宏忠主编:《上海城隍庙志·下》,宗教文化出版社 2017 年版,第 383 页。

这条材料讲述了 1892 年秋收时节恰逢阴雨连绵,于农业生产不利,上海县令至上海城隍庙举行祈晴祭祀仪式。类似于此类的祭祀活动还有祈雨、祈雪等,在《申报》上屡见不鲜。一般在举行这种祭祀仪式的同时,县令还会宣布"禁屠令",以显示城内居民事神的虔诚。

明清两朝,上海城隍庙是上海县城内举行官方祭祀和民间大型祭祀最为集中的区域,与以下一些原因有关。第一,这与城隍神的职司有关,城隍神本是管理一地的冥官,区域内的大小事务都归城隍神通下;第二,自明代以来确立的城隍品级制度,形成了从中央到地方的城隍品级制度,与当时国家管理体系相配套,按照"对等原则",各级地方主政官员很容易找到品级相对应的城隍神举行祭祀活动;第三,上海城隍庙处于上海县城中央地带,商业发达,人流集中。

(三)城市中频繁举行祭祀城隍仪式的原因

自明代以来,中国社会对城隍神的祭祀尤为隆重。在城市中频繁举行祭城隍仪式,一方面是受到了中国传统信仰的影响,另一方面也是城市社会生活的需要。

第一,俗话说"县官不如现管",城隍神作为道教神灵体系中管理城市事务的神灵,在神仙谱系中品阶虽然并不高,但毕竟是一城的守护神,与城市中发生的所有大小事务都有关系,故无论是官方祭祀还是民间百姓的祭祀都在城隍庙举行。

第二,受中国传统家庭祭祀信仰习惯影响,人们认为去世的祖先能够护佑自己的子孙,并为子孙赐福。城隍神作为城市的保护神,多数由本地名人或者对本地做出过重大贡献的人去世以后担任,故城市居民认为祭祀城隍神就能够获得城隍神的护佑。

第三,城市居民的生活方式不同于农村居民,这种生活方式需要一套独特的伦理道德体系来支持和规范,以保持城市生活的正常运转。在传统社会中,伦理道德体系的颁布和施行很多时候依靠神灵的权威。所以对城隍神的祭祀,表达了对神灵的尊崇以及神灵所颁布的伦理道德体系的认同。通过经年累月重复举行的祭城隍仪式所确立的对城隍神的信仰,以及由此得以逐步固化的与城市生活有关的道德伦理规范,对于提升城市居民的道德自律和维护城市生活秩序具有积极作用。古语有云:"良民有所恃而不恐,顽民有所畏而不为。"恰当且被普遍认可的伦理价值观和善恶判断标准,对于维护城市的正常秩序,增强城市居民的凝聚力具有积极的作用。同时,通过祭城隍仪式褒扬城隍神生前的优秀品德,以树立被普遍认可的伦理价值观和善恶判断标准,使之成为城市居民的行为规范,对于维护城市的正常秩序具有重要的作用。所谓"良民有所恃而不恐"是指城市居民在行为规范上有标准,在道德层面有追求,故能"有所恃而不恐"。"顽民有所畏而不为"的意思是这种明确的且在神灵监督下施行的道德规范,让人畏惧于神灵的监督和威严而不敢做悖逆的事情。有清晰而标准的规范,民众才能有所为、有所不为,城市的秩序才得以维持。同时清晰、统一的道德标准和行为规范也会进一步增强城市的凝聚力。

第四,城隍神的祭祀对于传统社会的社会治理具有重要的作用。在传统社会,地方官员政令的颁布和施行,需要得到信仰上的支持。在官方主导的祭祀仪式上,都有"新政令"的程序。当地主政官员作为主祭人,在祭祀的同时将自己对于城市治理的新主张、新政令向神陈述。这种行为同时也是向城市居民宣布的过程,是增强城市居民凝聚力的重要方式。同时,在人流密集的城隍庙举行祭祀仪式,各种政令能够以最快的速度向城市的各个角落传播。这在通讯、媒体并不发达的古代社会,无疑是信息传播的最好途径。

第五,祭城隍仪式对于城市精神和城市规范的确立具有积极意义。城隍神生前是本地名人或者对本地百姓做出过重大贡献的人,所以祭城隍仪式本身就是对城市先贤的纪念。在祭神仪式上所诵念的祭文,其中包含对城隍神生前功绩的褒扬,以及他作为城隍神为护城兴市所做出功绩的阐述。这些内容本身就包含了中华民族优秀传统文化和优秀传统伦理的内容,通过祭神仪式得以伸张,经年累月得以固化,成为城市居民应共同遵守的伦理规范和共同的道德追求,对于城市文明程度的提升具有积极意义。

第六,在城市发生重大危机的时候举行祭祀仪式,具有安抚城市居民情绪的重要作用。无论南北朝时期郢城慕容俨的祭城隍仪式,还是《申报》中所记载的上海城内发生疫情时举行祭城隍仪式,都提升了城市居民战胜困难的信心,对于城市居民情绪的安抚、城市秩序的稳定具有积极意义。

二、当代上海城隍庙的祭城隍仪式

上海城隍庙自 1966 年"文革"开始后被迫关闭,于 1994 年年底恢复开放。2010 年恢复的祭城隍传统,迄今已连续举行八年。现在的祭城隍仪式,被称为"城隍华诞庆典"。该庆典在上海城隍庙道众的主导下举行,社会各界民众普遍参与,举行仪式的目的是为上海城市祈福。

(一)庆典时间安排

城隍华诞庆典持续七天,一般以农历二月二十一(城隍华诞日)为中心,前面三天及后面三天,加上农历二月二十一当天,一共 7 天。

(二)庆典主要内容

庆典活动的中心内容是上海民众为城隍神祝寿,故庆典内容结合了上海地区民众祝寿民俗传统、祭神传统以及道教"济世度人"的传统,主要包括如下几个内容:

1. 道教科仪活动

庆典期间,庙内道众举行为期七天的道教科仪,主要以"上表"科仪为主,通过庙内道众举行仪式,将民众祈求上海城市风调雨顺、国泰民安、政通人和、经济社会发展、人民福祉提升的愿望送达仙界,并得到城隍神的护佑,愿望得以实现。

2. 唱酬神戏

城隍华诞期间,在庙内戏台上演酬神戏 7 台。其中华诞当日下午上演酬神戏,其他六天上午上演。酬神戏一般是以上海城隍庙道乐团演奏道教音乐开始,其他选择上海民众喜闻乐见的剧种,如越剧、沪剧、独角戏以及杂耍等节目。庆典期间,每天上演酬神戏约90分钟。酬神戏上演之时,整个城隍庙广场上人潮涌动,掌声不断,真正的"娱神娱人",使得城隍华诞庆典成为弘扬中华优秀传统文化,全上海市民共同参与的民俗节日。

3. 颁赠寿面

上海地区老人过生日时,有给邻居赠送寿面,以表示送"福"之意的传统。根据中国"祭神如神在"的传统,城隍神过生日也应向上海民众赠送寿面。2017年,城隍华诞庆典期间,上海城隍庙置办"城隍华诞寿面"80万卷,用以赠送给附近社区居民和来庙拜寿的民众,并通过上海市老年基金会赠送给上海各个养老院的老人。每年城隍华诞庆典期间,每天来庙里求请寿面的民众络绎不绝。

4. 慈善捐赠

城隍神一般由在本地有重大影响或者对本地百姓做出过重大贡献的人去世以后担任。所以,祭城隍仪式本身就是祭祀本地先贤的仪式,用以弘扬先贤的"报效国家,造福人民"的优秀品质。上海城隍庙本着道教"济世度人"的传统,在城隍华诞庆典期间举行慈善捐赠仪式,以帮助上海地区的弱势群体,如帮助因病致贫家庭度过暂时的困难,为孤老和养老院老人送去城隍华诞寿面以表达祝福等,其中亦有道教济世度人之意。

5. 祭城隍仪式

祭城隍仪式是每年城隍华诞庆典中最为隆重的仪式,参加人数最多,程序最为复杂,也是整个庆典的核心活动。祭城隍仪式在城隍华诞日(农历二月二十一)上午九点开始至十一点左右结束,举行地点在上海城隍庙大殿前广场上,每年参加人数约500余人,一般邀请上海各界代表人士及道教信众代表参加。

（三）祭城隍仪式程序

整个祭城隍仪式持续时间在两个小时左右。现在的祭城隍仪式的主祭人由上海城隍庙住持担任,陪祭人一般选择社会人士（两人以上,双数）担任。

城隍庙大殿内坛平面示意图如下:

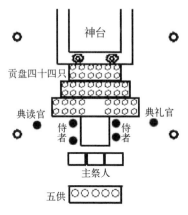

图 1　大殿内坛平面图

整个城隍华诞庆典期间,城隍神移驾供奉于大殿神龛内。城隍神龛前是三层的共 44 只供盘,以装盛各类贡品(如图 2),主要是糕点、干果、主食和水果雕花(如图 3)。贡盘前是法桌,法桌两边是祭祀仪式的典读官和典礼官,以及四位侍者。侍者前是拜垫,为参加祭祀的民众叩拜之用。拜垫前是"五供"(香炉一座、蜡扦一对和花瓶一对)。在典礼官和典读官的外侧,是堆放为城墙形状的约 500 份福胙,参拜结束后,由本庙住持颁赠给参加祭祀仪式的来宾,以表祝福之意。

图 2　城隍神和神案贡品

图 3　部分糕点贡品特写

祭城隍仪式的主要程序如下:

1. 发鼓,即钟鼓齐鸣,震慑坛场,各人肃静,迎神入銮。

2. 主祭人、陪祭人沐手登坛。

3. 启扉,即开启大殿殿门。

4. 奉香,即 50 名侍者捧香,由大殿内走出至广场,将香分发给主祭人、陪祭人和参加祭仪的所有来宾。

5. 行稽首礼,即参加祭城隍仪式的所有来宾捧香行三稽首礼。稽首礼结束后,来宾将香交于侍者,侍者捧香重新回到大殿中。

6. 三献礼,即主祭人、陪祭人入殿行三献礼。主祭人献茶、献酒、献宝。陪祭人献花。

7. 奉祭文,即 50 名侍者手捧祭文,由大殿内走出至广场,将祭文分发给主祭人、陪祭人和所有参加祭仪的来宾。

8. 颂祭文,即由典读官带领全体参加祭仪的来宾共颂"祭城隍文"。祭文诵读结束后,来宾将祭文交于侍者收集后,侍者捧祭文重新回到大殿坛场中。

9. 送文上天,即四名坛场内的侍者将宣纸誊抄的"祭城隍文"放置在供桌上,以火点燃,灰烬徐徐升起,以表祭文送达仙界之意。侍者同时诵念道经——"弥罗宝诰"。

10. 参拜,即主祭人、陪祭人和所有参加仪式的来宾依次入殿参拜。

11. 颁胙,即参拜结束后,由城隍庙住持吉宏忠道长分别为所有来宾颁赠福胙,以表赐福之意。

（四）祭城隍文

祭城隍文是指在祭城隍仪式上由典读官和全体参与祭祀仪式的人共同诵念的,表明祭祀目的的文章。现在上海城隍庙的"祭城隍文"主要内容包括:

1. 对城隍神的褒扬。这部分内容包括对城隍神的职司的阐述,对其生前优秀品质的阐释,对其为上海地区所做贡献的赞颂。

2. 对城市和民众的祝福。祝福内容比如城市风调雨顺、国泰民安、政通人和、民众福祉提升等。

3. 对城市精神的阐述。祭文在阐述上海城市经济社会发展情况的同时,亦对城市发展纲要进行阐述,同时祈愿城隍神履行护城兴市的职责,护佑上海城市发展、社会和谐、民众生活幸福,以及各项城市发展战略得以实现。通过社会各界共同诵读祭文,使得城市发展目标和纲要深入人心。

以下,举《壬辰年(2012)神诞祭城隍文》为例。

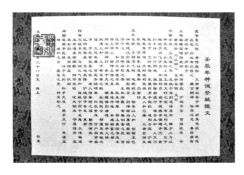

图4　2012年《壬辰年神诞祭城隍文》

图5　上海城隍庙祭城隍仪式上海各界信众
共诵"祭城隍文"

壬辰年(2012)神诞祭城隍文

我华夏之民,素传良俗,凡有事必告于神,祈其感应。既感应也,则必有以报之,雅言酬神,俗称还愿。粤自庚寅,历经辛卯,两祭于上海城隍显佑伯座前,所祈皆应,沪城平安,百姓欣乐。今兹再祭,乃以酬之,且祈永佑,文曰:

今兹壬辰,正龙值之年,龙跃于海则适得其所,腾于上乃以伸其志,如是知上海正得天时之宜,有地利之便。见于田,跃于渊,飞于天,尽显利贞;始乎健,慎乎惕,避乎亢,普扫不祥。云行雨施,品物皆由流行;保合太和,人天乃能咸亨。天时既得,发展自多乎良机;地利合宜,沪城越显其辉煌。天时地利既具,且人和已臻,三者合而生机旺,百姓乐以思更新,乃祈曰:

天无氛秽,日丽而气畅;地绝妖尘,物阜以人和。创新不已,法乾健以自强不息;转型稳妥,则坤顺当厚德载物。经济中心,自徕经贸之客;生机渊薮,常聚创富之民。货流倍升,如川之奔流不息;民生增厚,若土其深泽茂丰。新人旧人,皆作上海之主;本地外地,共成财富之都。同心同向同行,合于天道;循理循则循德,协乎人情。政通人和,上下有交泰之机;社稳民安,邻里具敦睦之谊。文化发展,百花齐结硕果;科教繁茂,万户同育英才。市民有邕熙之乐,老人得养颐之福。勤劳有报,申江四民乐业;文运昌隆,沪城学子奋发。更祈:

四海之波不兴,五洲之气常和。盗贼宁而干戈息,大洋畅通;玉帛通其硝

烟歇,四邻敦睦。吹夫融风,守其淳朴,宾至如归,友朋满屋。伏闻:

神固能顺乎民情,守于天则,知乎天道,执乎天行,故谨呈辞,诚朴之言,虔至之意,神其格之。

伏惟

尚飨

天运壬辰年二月二十一日文 海上(姓名)敬呈。

三、祭城隍仪式对于当代城市治理的意义

上海地区的祭城隍仪式经过 600 多年的历史积淀,早已超出宗教节日的范畴,成为城市居民广泛参与的、定期举行的民俗活动,同时在祭祀仪式中也有传扬政令和伦理教化的环节,成为提升城市道德水准,加强城市治理的一种途径。

近些年来,国家大力倡导弘扬中华优秀传统文化和优秀传统伦理价值观,提倡树立中华文明的文化自觉和文化自信。一些有利于增强民族凝聚力,弘扬优秀传统文化,凸显民族自信与文化自信的民俗祭祀活动也逐步恢复,其中最为盛大的当属陕西省"祭黄帝陵"仪式。2005 年,由陕西省官方主导的"黄帝陵祭典"已列入国家第一批非物质文化遗产名录,并成为我国八大祭典活动之首。

在当代社会,祭城隍仪式在城市治理中亦具有积极的意义。

1. 祭城隍仪式是社会伦理教化的途径之一

城隍神是本地名人或者对于本地发展做出重大贡献的人去世以后官推或者民选成为管理城市的神灵。他们生前,有的是城市居民道德的楷模,有的是守土有功的民族英雄。如上海城隍神秦裕伯,据史书记载其祖籍扬州,元末考中进士,博学而为官清正,元末避乱上海,后为上海百姓奉明太祖朱元璋之诏入朝。清代上海人曹一士在其《上海县城隍神颂》中说:"公生则能以其身安民之反侧,没则能以其神卫民之死亡,其有德于此土者甚大。"(《四焉斋文集》)秦裕伯以上海百姓之得失为虑,放下个人的荣辱,生能为民请命,死能为

民守土,是道德的楷模,是民众学习的榜样。祭城隍仪式在祭祀秦裕伯的同时,也传扬他为官清正、爱民如子的美德,并褒扬他为民请命、守护城市的功勋。从这一点而言,祭祀过程本身就是树立正确的价值观,弘扬中国优秀传统文化和伦理道德的过程,是一种社会教化的可选方式。

2. 祭城隍仪式是增强市民文化认同感的有效途径

文化认同是人们用共同的祖先、宗教、语言、历史、价值、习俗来界定自己。上海的中心城区在宋代是海边的一个小渔村,元代建县,历经明清两朝,经济逐步发展。1840 年开埠后,随着外来人口的不断涌入,上海逐步发展为东方第一大都市、中国的经济中心,拥有 2 000 多万人口。毋需质疑,上海作为一座新兴的大型移民城市,其市民的文化认同感和归属感不及一些人文历史悠久的城市。而城隍神信仰具有明显的地域性,被认为专门护佑上海地区的民众。也就是说,上海城隍神信仰对所有上海地区的民众都是开放的,不管你来自哪里,只要在上海境内生活、学习、工作,都可以通过信仰城隍神而得到城隍神的护佑。这就增强了生活在上海地域内民众的认同感。

城隍神信仰所属的道教信仰,也是中国本土信仰,具有最为普遍的认同感。祭城隍仪式通过其广泛的民间影响力,在规定的时间内举行共同仪式,以及仪式中所凸显的共同的价值观对民众施加影响,从宗教、历史、伦理、习俗等方面加强上海市民的文化认同,进而促使上海地区民众文化认同感的确立。

3. 祭城隍仪式是弘扬中国优秀传统伦理价值观的有效途径

城隍神生前是道德的楷模,而祭祀城隍神这一行为就是弘扬中国优秀传统伦理价值观的过程。同时城隍神为本地民众共同认可和推举,这样的成神经历使通过祭祀城隍神来弘扬传统伦理道德的方式更具亲民性特征。

4. 祭城隍仪式是传扬慈善理念的重要载体

城隍神是一个城市的保护神,对于城市中的弱势群体有安抚和体恤的功能。道教徒以"济世度人"为天职,在祭城隍仪中灌输了参与社会慈善的理念。在历史上,但凡神诞日都由地方乡绅出资在庙前施粥、施药。现在,上海城隍庙每年在祭城隍仪式中都会举行慈善捐赠仪式,如:庙方和社会慈善人士向社会弱势群体的捐赠仪式、庙方向社区居民赠送城隍华诞寿面的仪式、庙方向上海老年基金会捐赠寿面仪式等,都赢得了社会各界的广泛好评。同时,《祭城隍祈祷文》中也凸显关注社会弱势群体的内容,倡导人们参与社会慈善公益事业,为上海经济社会发展、社会和谐稳定服务。

5. 祭城隍仪式是宣传城市治理策略和发展纲要的可选方式

城隍神是城市的保护神。在古代,无论是城市居民个人的私事还是公共事务都应"告庙",而"告庙"的过程就是政策向社会传达的过程。上海在祭城隍仪式中,必须要诵念由主祭人草拟的"祈祷文"。全文一般分为三个部分,开篇部分赞颂城隍神生前事迹以及护佑城市的功绩,中间有大量的篇幅讲述城市的现状、当下所面临的问题,以及政府面对这些问题所采取的策略,最后部分是为上海城市祈福的内容,希望在城隍神的帮助下,政府确立的城市发展策略能得到完美实施。祭城隍仪式结束后,正式的"祈祷文"按仪制焚化,而副本则存留下来,刊刻流传,为城市居民所传颂。在信息传播方式多样化的今天,政府决策推送方式众多。但是以祭城隍仪式这样的民俗活动为传播渠道,在城隍华诞这样的民俗节日上以"祈祷文"的形式推送政府决策,想必会更加亲民,更为民众所喜闻乐见。

道教为中国本土宗教,道教信仰在中国大地传播两千余年,大多数国人对神灵抱有敬畏的态度。且城隍神为一城之保护神,主管城内大小事务,通过祭城隍这样的民俗活动来宣传政府为政主张,传播面广,亦合乎传统。

上海自元代建县以来,对城隍神的祭祀,无论是官方祭祀还是民间祭祀在六百多年间从未停止,且谨慎而隆重。究其原因,城隍神的祭祀对于城市秩序维护乃至城市规模的发展具有重要的意义,所以自明代以来各地城市对城隍神的祭祀尤为隆重。在民间,城隍神作为职司城市的神灵,通常由本地名人或者对本地做出过重大贡献的人去世以后担任,管理城市的大小事务,故百姓感到城隍神可亲亦可敬,祭祀四时不辍,甚至成为全民参与的盛事。

古往今来,祭城隍仪式以其广泛的民众参与度,其"厚人伦,益风俗"的社会教化和治理功能向来为地方各级政府所重视,长兴不衰。今天,我们提倡弘扬中华优秀传统文化和优秀传统伦理道德,注重依法治国和以德治国相结合的社会治理模式。祭城隍仪式作为宗教活动与民俗活动相结合的、社会民众广泛参与的仪式,对于城市秩序的维护、城市伦理的确立和弘扬,以及城市凝聚力的提升等能发挥巨大作用。

11

新时代如何才能唱响"上海好声音"

——以上海青浦田山歌的保护和传承为例

曹伟明[*]

摘　要　作为上海民歌代表的青浦田山歌是江南文化孕育的一朵民间艺术奇
葩。她具有很高的审美价值和艺术特色。上海作为我国流行音乐的
源头,民间民俗音乐资源的重地,更应该重视上海田山歌的研究和实
践。在上海田山歌的传承和发展中,青浦创造了非遗文化保护传承、
创新发展的新模式。从政府主导,吸纳地气,到资源活化,激活记忆,
成就了保护传承的新典范。在新时代,要想唱响"上海好声音",营造
好上海田山歌保护传承的良好生态,更应面向大众,立足现代。在保
护和继承中,不断吸取、借鉴、融合,使田山歌得以丰富和发展。上海
田山歌的保护和传承、实践和探索、开发和利用,是对上海文化资源
的盘活和激活。本文认为,上海田山歌的保护传承可以从如下几方
面入手:在创作及发展中要加强民族文化的建设;文艺工作者要更新
观念,追随时代发展的步伐;在创作和传播上要坚持"四个面向"。

关键词　青浦田山歌　上海好声音　保护传承　发展创新

上海是我国现代流行音乐的源头,更是具有丰富民俗音乐资源的重地。

---

* 曹伟明,上海市文学艺术界联合会委员、青浦区文联主席、研究员;中国作家协会会员、中国音
乐家协会会员、中国评论家协会会员等;国家文化部专家库成员、上海市群众文化专业高级职
称审定委员会主任委员、上海非物质文化遗产项目评审专家;华东师范大学、上海师范大学等
高校特聘教授。长期从事江南文化、海派文化、民俗文化等研究,在国内外核心期刊发表论文
近百篇。

上海音乐文化遗产种类繁多,它们所承载的社会和文化的信息异常丰富,价值非凡。然而,在城市化高速发展的当下,还有多少民间音乐遗产依然能够响彻于田间村口,成为上海郊野独特的旋律? 这是值得我们关注的问题。

一、青浦田山歌概述

青浦是上海的西大门,境内秀丽的淀山湖,碧波万顷;彩蝶形的土地上,镶嵌着古镇、古塔、古桥。三泖九峰,山河相映,风景旖旎。境内河流纵横,湖荡成群,土地肥沃,物产丰富,素有鱼米之乡、"诗情江南"的美誉。青浦历史悠久,源远流长,崧泽村、福泉山两处古文化遗址都挖掘出了大量的稻作遗存,证明上海人的祖先早在六千年前就在这块土地上种植水稻,繁衍生息。勤劳智慧的上海先民凭借河网密布的水文化,书写了水稻文明,创造了伴随稻作文化而产生的田山歌文化。

青浦田山歌有着丰富的蕴藏和悠久的历史,具有"古文化"和"水文化"的特色,根植于水乡民俗文化的土壤之中,富有江南的神韵和独特的魅力。她反映了上海先民男耕女织的生活,体现了他们善歌、善乐、善舞的特点,以及与水拼搏,冷静、机敏、富有冒险的性格。青浦田山歌具有曲调高亢嘹亮、悠扬婉转、感情细腻、形式朴实、内容广泛等特点,思想性和艺术性极高,寄托了青浦民众的爱憎感情和对美好生活的向往。田山歌在青浦境内流传广泛,可以说水乡处处有歌声,时时有歌声,从"日出东方一点红"唱到"日落西山鸟归巢"。1953年,青浦赵巷田山歌队曾去北京参加全国第一届民间音乐舞蹈会演,被评为优秀节目演出奖。青浦田山歌由此名声大噪,先后有日本以及中国的香港、澳门、台湾等地的专家学者来青浦访问,央视和全国的新闻媒体也曾多次予以报道。在中国非物质文化遗产保护运动开展以后,青浦田山歌这朵散发着泥土芬芳的江南民间艺术奇葩入选了国家级非物质文化遗产。

(一)青浦田山歌的形式种类

青浦田山歌有着悠久的历史,明朝叶盛曾说:"吴人耕作或舟行之劳,多作讴歌以自遣,名为唱山歌(《水东日记》)。"1934 年编撰的《青浦县续志·杂记》中,也有"唱田山歌悠扬赴节,声闻远近"的记载。青浦田山歌与青浦民众丰富多彩的生产方式和生活方式密切相关,因而种类繁多,千姿百态,既有长篇叙事田山歌,如《五姑娘》《白六姐》《熬郎》等,也有小田山歌和私情山歌,内容包括叙事、抒情、记人、叹物、写景、咏节气等。按其形式,青浦田山歌主要可以分为如下几种:

一是农民在耘稻、耥稻时,由一人领唱,众人轮流接唱的田山歌,又称大山歌、响山歌、邀卖山歌等。其演唱形式独特,自成一体,由头歌、前买、前撩、长声、后买、后撩、赶老鸦、歇声等几个部分组成。头歌即领唱,由一人率先开腔,前买、前撩、长声、后买、后撩,均为跟唱,各有一人应接,赶老鸦和歇声是合唱(即和声),人数不限。这类青浦田山歌,一唱众和,田山歌者歌色圆润,高亢悠扬,可达数里之外。对此歌手们曾有感而发地总结道:"演出合唱的档次,人越多越好听,越有气势。"其音色具有尖、高、长的特点,音调优美,气魄宏大,胜过国外的无伴奏和唱。其多句段的段落结构,散板式的节奏,分节变化的曲式以及真假声相结合的演唱方式,篇幅巨大,音乐连绵不断,震撼人心。

二是小山歌,也称为四句头山歌、问答山歌、乱嚼山歌。这是一种曲式结构比较短小,节拍节奏比较自由,旋律发展比较平稳,音区不高,口语化叙事抒情的民间歌曲。她犹如现代的通俗歌曲,清丽柔婉,细腻平朴,平淡而富有韵味,表达了歌手豪爽、幽默、诙谐、聪慧、质朴的性格。

三是小调。其特点是贴近生活,质地纯朴,风格明快,风情浓郁。这一类小调中既有土生土长的本地小调,也有杂交变体的外来小调,还有民间舞蹈的舞歌,以及号子、儿歌、吟唱调等。青浦田山歌来自生活、来自民众,能准确、迅速地反映社会信息,具有与众不同的时代风向标的功能。号子、儿歌、吟唱调等对了解人们的劳动生活、民风民俗、文化审美等均有极大的意义和价值。

(二)青浦田山歌的歌词类型

青浦田山歌的歌词内容来自生活,因此丰富多彩,具有社会认识、教育、娱乐、审美等作用。从歌词内容来看,青浦田山歌可以分为如下几种类型:

一是反映青浦水乡社会生活和人们的社会意识的内容,如:《耘稻歌》《插秧歌》《摇船歌》等。

二是反映青浦水乡人们生活方式和生活情趣的内容,如:《问花名》《十二月棉花》等。

三是反映久远的历史题材以及戏文情节的内容,如:《女中英雄周秀英》《孟姜女过关》《唱古人》《唱西厢》等。

四是反映阶级斗争以及农民劳动生活的内容,如《长工苦》《骂东家》等。

五是反映民风民情及美丽风光,热爱家乡、赞美家乡的内容,如:《上梁对歌》《唱金泽》等。

六是反映男女青年追求自由恋爱,反映他们真挚感情的内容,如:《日思夜想望妹来》《心愿嫁郎不怕穷》等。

这些歌词内容都反映了青浦田山歌的艺术生命和创造力,诚如歌手们所说的,"汗水出得越多,唱起来就越爽"。词言志,歌传情,田山歌一曲唱心声。她使文化传统和现实生活、历史积累和生活体验、人际交往与感情交流相互交融,具有以歌教民的教化作用、陶冶心情的审美作用、传授知识的认识作用以及放松身心的娱乐作用。

(三)青浦田山歌的艺术特点

青浦田山歌具有水乡的灵秀,是在水天一色、碧波涟漪的淀山湖的"水文化"中濡养出来的,它具有人听人喜、能唱能传的艺术魅力,滋润着青浦民众的心田。总的来说,青浦田山歌具有以下几种艺术特点:

一是独特的语言魅力。青浦田山歌,作为一种口头创作的文艺形式,地方语言对它的影响是不可低估的。青浦地区糯柔的方言、鲜活的口语使青浦田山歌别具一格,柔美、委婉、妙曼、连绵,就像淀山湖水那样,碧波涟漪,令人陶醉。因为融进了这些优美、温婉、清丽的方言,青浦田山歌在当地人听来格外亲切、自然。青浦田山歌在身处异乡的江南游子心中,传入了熟悉浓郁的江南乡音,便增添了无限思乡之情。对于异地人听来,青浦田山歌也会借助似水的方言,款款流进听者的心田,使人赏心悦耳。时至今日,凡是融进青浦田山歌曲调和方言创作的新歌,如《领略一番水乡情》《五月的阳光五月的风》以及《走向辉煌》等歌曲,都能为人们所喜闻乐听,其魅力就在于田山歌的特色。田山歌除具艺术性、民族性、地方性以外,还有振奋人心之功效,能产生巨大的凝聚力和向心力。

二是浓郁的乡土气息。青浦田山歌口语化、生活化、音乐化,通俗易唱,歌词创作有感而发,见啥唱啥,毫无雕琢之感,抒发了歌手们的真情实感。如:"吃唔肉,还唔壳";"湿嗒嗒、薄嚣嚣、蓬蓬松、锃锃亮、干呼呼、白漾漾";"做大勿来,看大勿清,打伊勿过,拨本书伊"等。歌词中也常常带有江、河、湖、浜、桥、水、鱼等水乡的特点。在青浦田山歌中,民间方言、土语入歌,俯仰即拾,情趣横生,格外新鲜。田山歌的句式新颖自然,旋律独特美妙,洋溢着江南水乡的民俗风情。

三是强烈的抒情色彩。青浦田山歌善于自我抒情,以沟通人们的心灵。青浦田山歌抒发感情的方式多种多样,有直接表达,有间接吐露,或直率,或委婉,或柔美,或刚健。青浦田山歌还善于运用幽默、俏皮、打趣的口吻,抒发胸中痛苦的情感,以表面的轻松活泼,掩饰内心的愁苦,如:"日落西山一点红,锄头柄上挂灯笼,只要东家有蜡烛,哪怕做到东方日头红。"《河里川条鱼实在多》描绘了少女对母亲的几分不满,以及几分狡黠,少女的形象跃然纸上,如:"结识私情隔条河,手倚杨柳望情哥,娘问小女在看啥,河里川条鱼实在多。"这种不尚修饰,着力于艺术白描的手法,常见于青浦田山歌的即兴抒情之中。质朴的语言,真实的情感,倍具艺术感染力。

四是比兴的指物借意。青浦田山歌的创作善于运用比兴、隐喻双关的艺术手法。这种运用双关语、谐音而创作的民歌民谣,在其他地区也有存在,但在青浦田山歌中运用尤为广泛。这种手法多用于情歌与政治歌谣中,能含蓄地吐露出歌手的情感。谐音、双关语的运用,增添了田山歌的内涵,显示出一种委婉动人、生动曲折的艺术美。这种形式出现在青浦田山歌之中,与青浦水乡的绮丽风光,以及在此环境中生活的人们尤其是女性温柔细腻的性格有关,与不能直抒胸臆的社会环境如文字狱等也有关。

五是自由的句式特征。青浦田山歌句式长短不一,灵活自由,而富有伸缩性,增大了可容性,改变了早期民歌上下对称、形式方正的结构,以及四平八稳的节奏与平庸呆板的句式。青浦田山歌的句式由此变得生动活泼,摇曳多姿。其句式主要包括一段式、二段式与三段式三种。一段式一气呵成,有通首皆比或句句成赋;二段式既对称又对比,层层递进,推向高潮;三段式一波三折,一唱三叹,变化多端,回肠荡气。

六是跌宕起伏的节奏。青浦田山歌的韵律抑扬顿挫,主要是靠节奏的跌宕来完成的。其主要有以下几种艺术手法:(1)衬字。青浦田山歌的歌词是不拘字数的,相当自由,她可以随着感情的需要,似竹筒倒豆般痛快淋漓地予以铺展。也可以加衬字,乍看似乎啰唆、冗长,实则增加了语言色彩。(2)衬句。青浦田山歌的衬句,可以回环复沓,如和声一般,能加重歌调的语气和情感。青浦田山歌的单衬和双衬,改变了句式的呆板划一,借以表达跌宕起伏的感情,对所述内容起到了强调作用,增强了民歌的深度和厚度。(3)断句。衬字衬句或能拖长语调,有回环往复之妙;或能加紧节拍,起到一气呵成之势。而断句则能显示田山歌跳跃的节奏,飘飘荡荡,增强韵律美。因为短促、鲜明的节奏表达了歌手们强烈的感情,具有很强的感染力,抒发了歌手深沉的爱和恨。(4)减字。因为在同等音乐小节中,加衬字就必须加快节拍,从而增强节奏感;而减字则能使歌词悠长,加深情意。以上这些艺术手法可谓是各尽其妙,赋予了青浦田山歌鲜明优美的音乐感,使之朗朗上口,广泛传唱。

七是优美的旋律曲调。青浦田山歌在旋律设置上具有自由高亢、情趣盎然、悦耳动听、似断非断、反复交替之妙。在唱腔设计上,青浦田山歌可分为几个声部,插进了许多辅助语辞,使声调更加丰富和复杂。青浦田山歌既有应和,也有轮唱。这种一唱众和、此起彼伏形成的二、三或者四部合唱、联唱,不仅可使歌手减少疲劳,而且可以自由地发挥各自的嗓音特长,不仅使演唱各有特色,而且情景也颇为壮观,达到了珠联璧合、感情饱满、细腻动人、富有立体感的艺术效果。歌手们称:"只有各档接唱时搭(重叠)起来,才会好听。"这说明民间歌手也是很精通音乐美学的。同时,为了容纳更多内容,在曲调的"起承转合"中强化"转"。如:青浦田山歌往往将四句中的第三句加以扩展,形成垛句或数板。有的逐渐发展成"起平落"或上下句反复后接甩腔的戏曲曲艺结构,使田山歌的音乐具有流畅细腻、和谐柔润的特色。

八是创新的艺术变化。青浦田山歌艺术变化主要有四种:(1)变体。变体是从衬句、断句的基础上,在田山歌词中插入快速的韵白,使其成为一种变格的田山歌,达到如见其人、如闻其声的效果,使人物性格刻画得惟妙惟肖。变体的目的是为田山歌的内容服务,使田山歌格调新颖、奇特,使歌手感情表现得淋漓尽致,成为田山歌形式的新创造。(2)换韵。青浦田山歌的歌手来自民间,创作较为自由,"见花篮买花篮",歌词没有严格的韵脚,"押大致相同的韵",唱起来顺口就行。灵活换韵可以使田山歌的音色丰富多彩,更便于歌手抒发情感。(3)音节的变化。田山歌音节韵律随歌词的变化而变化,使曲调与语言、情绪的关系更加密切,造成韵律起伏、速度自由即兴的效果,常有大段跳跃进行,便于表达歌手的情绪。这样可以增加美感,使旋律动听美妙,达到与脍炙人口的绕口令异曲同工之效果。(4)发声的变化。青浦田山歌的发声方式,有其自身的特点。歌手运用真假声相结合的演唱方法,一般如大田山歌的真声能唱到 b^2,假声能唱到 $\#f^3$,音域宽广,常在很高音区的拖腔上作颤音、跳音装饰的演唱。为使歌声在田野里能传播得远,歌手演唱时往往要有一定的力度,使歌声具有穿透力,同时还大量地使用喉音。而小田山歌则在旋律的进行中常使用各种装饰音符,为旋律增加了秀丽、清新的色彩。

（四）青浦田山歌的创作与表演

青浦田山歌是我国民歌百花园中的奇葩。她随江南经济文化的繁荣而繁荣,也经受了中西方文化的猛烈撞击。歌手们在田山歌的创作过程中,继承发展,融会贯通,以惊人的记忆力和非凡的创造力,不断丰富田山歌的曲调,拓展田山歌的表现内容,追求其创造美、艺术美,叩开人们的心灵之门,使青浦田山歌长唱不衰,艺术之树长青。青浦田山歌的创作与表演主要分为如下几个内容:

一是编歌。歌词创作发自肺腑,具有洗炼概括、匠心独运的特点。歌手们运用夸张、拟人、直叙、比喻、排比、反比、对比、对衬、反衬、对偶、反复、时序、烘托、顶真、重叠、设问、层递、双关、引用等艺术手法进行歌词创作,使歌词既通俗易懂,又不粗糙庸俗,富有艺术性和文学性。

二是调歌。歌手们凭借青浦田山歌的传统曲调,继承创新,生发开去,纵情抒唱。歌手们善于调度,或伸展,或浓缩,得心应手,不断革新,丰富和发展了青浦田山歌的曲调。

三是赛歌。明清时青浦田山歌班(队)的形成和发展,更是促进了青浦田山歌的蓬勃兴旺。对歌、赛歌的习俗,既培养了歌手,也涌现了作品。歌班双方隔河对垒,隔田对唱,交锋竞赛,斗智斗才,展喉展艺,即兴编唱,对答如流,既为水乡青浦增添了一道亮丽的风景线,也形成了青浦田山歌发展的良好氛围,涌现了一大批优秀的歌手和优秀的作品,丰富了青浦田山歌的艺术宝库。

四是变歌。青浦田山歌演唱灵活,歌手们善于革新和创造。优秀的田山歌手们除了擅长于立地编歌之外,更主要的是具有即兴变歌的能力。每个歌手既是演唱者,又是创作者。

五是记歌。青浦田山歌的演唱要靠熟记强记。以前的歌手较多是文盲,是靠口耳相传完成传唱过程的。这就决定了青浦田山歌的歌词内容必须贴近生活、贴近群众、通俗易懂、生动形象,田山歌的曲调必须丰富多彩、优美好唱、扣人心弦。只有这样,好唱好记的青浦田山歌才能流行,才能和唱着众。

二、上海田山歌传承与发展的"青浦模式"

随着工业化和城市化进程的加速,人们的生产方式、生活方式的变化,上海田山歌赖以生存的生态环境遭到了不同程度的破坏。伴随农村传统习俗的改变,许多文化记忆也逐渐淡化,加上田山歌手的年龄老化,现代娱乐方式的冲击,青浦田山歌呈现出后继无人的困境。造成青浦田山歌传承和发展困境的原因,主要有以下几个方面。

一是语言障碍。中小学生不会上海话,制约了田山歌的演唱语言和音乐的活态传承。语言的障碍由此成了老田山歌手与新歌手口口相授的拦路虎。

二是青黄不接。田山歌的传承人大都年逾古稀,一些国家级传承人已是八九十岁的老人了,身体状况逐年下降,传承传授都已力不从心,而年轻一代的传承人还没有成长起来。这就导致了田山歌演唱、创作的萎缩,田山歌很可能成为"绝响"。

三是地位不高。社会对田山歌重要传承人关心不够,对新传承人的人财物保障也不到位,这就无法调动民间歌手的传承积极性。

四是脱离现代。不少年轻人认为学唱田山歌太"土"太"傻",没有乐趣,不够时尚。过去,田山歌传承的重要群体是年轻人,"歌为心声",年轻人借田山歌表达感情,传承历史和文化常识。如今,在现代传媒高速发展的时代,田山歌不仅内容已落伍,也无法提供足量的信息。加上田山歌歌词和曲调的单调和老化,与时代脱离,使田山歌成为无人问津的"灰姑娘"。

五是生态改变。流行文化的冲击,生活方式的转化,审美趣味的变迁,这些田山歌的生存环境已经发生了巨大变化,田山歌的创作和演唱日渐没落。

面对上海田山歌的保护、传承和发展困境,自上世纪九十年代至今,青浦文化部门进行了有益的探索和实践,取得了不俗的成绩,走出了田山歌传承与发展的"青浦模式"。"青浦模式"的实践方式,主要包括如下一些内容:

（一）政府主导,形成保护合力。

从上世纪的八十年代起,青浦区就十分重视田山歌的搜索和整理。在青浦全区的中小学里开设了青浦田山歌的教唱课程,由老歌手们传授青浦方言、田山歌歌词和音乐,让学生们从小熟悉、喜爱家乡的田山歌。比如青浦赵巷的崧泽学校、商榻的小学、练塘和朱家角文化活动中心等,都承担起非遗保护的职责,成为了青浦田山歌的传承基地。田山歌的保护和传承从娃娃抓起,成效显著。1998年,青浦发起了江浙沪毗邻地区田山歌的展演、研讨活动,对长三角地区田山歌的保护和传承进行理论探讨和实践探索。

进入新世纪,为了进一步展现田山歌的丰富文化内涵,传承田山歌的特色文化,彰显田山歌的音乐魅力和人文价值,青浦创办了"水乡音花"江浙沪田山歌的展演活动,通过展示、交流、演出,挖掘田山歌的音乐韵味,扩大它的品牌知名度,提升田山歌的影响力和吸引力。这些展演活动将创新元素融入原生态的田山歌文化,伴以舞蹈、表演唱等喜闻乐见的形式,让田山歌重新焕发新的光彩。青浦的田山歌表演唱《妹依杨柳望情郎》、田山歌音乐舞蹈《阿婆茶》,嘉善和吴江的《五姑娘》《采菱妹子》《长廊荷影》《江南桃花雨》等,都在传统的田山歌音乐旋律中融入了现代节奏。"水乡音花"长三角地区田山歌展演活动,秉承了"共享、创新、交流"的主题,通过各种田山歌形式和内容的交流、互动、借鉴,探索了田山歌保护、传承和创新之路。每两年一度的"水乡音花",成为江浙沪三地交流田山歌保护经验和传承策略的一个重要平台,构建了当今社会田山歌继承发展的广阔舞台,成功地为适应现代人们的生活方式和审美情趣提供了一个创新的样本,被列为上海国际艺术节系列活动之一。

(二)吸纳地气,链接传统文化。

随着农业耕作的机械化,田山歌生存环境面临很大的危机。但青浦区非常重视田山歌这项文化遗产,开创了田山歌保护和传承的新天地。2007 年,田山歌被列入国家级非遗保护项目录后,青浦让田山歌焕发了新的活力。

古镇朱家角文化源远流长,近年来随着旅游业的发展,古镇以海纳百川的胸襟引来谭盾、张军等文化名人,但百姓总希望古镇有本土的民俗拳头文化品牌。经过当地文化人的构思和创作,首部本土田山歌音乐剧《角里人家》应运而生。《角里人家》的演员选拔,吸引了全镇文艺爱好者积极报名与角逐。最后,38 名演员和 60 名合唱演员最终入围,年纪最大的 70 岁,年纪最轻的不满20 岁。在《角里人家》排练的两个月内,古镇家家户户可闻田山歌声,这既是一次音乐剧的排练,更是一次田山歌非遗文化的传承。

在《角里人家》的创作演出中,田山歌这壶芳香的"陈酒"被纳入了音乐剧的"新瓶"。田山歌音调高亢,旋律起伏大,经常出现高八度的大跳进。如此性格鲜明的田山歌音乐如何与音乐剧这个舶来品相融合?作曲者煞费苦心,用音乐剧的表现手法,为每个角色设计了专有的主题曲调,角色不用出场,音乐一起,观众就能知道谁来了。九十分钟的《角里人家》演出中,唱段是清一色的沪语,作曲者根据演员不同的发声特点编排音乐。在第四幕第三场中,还用交响乐的方式呈现出原汁原味的田山歌,整整十分钟完全没有添加任何现代音乐佐料,让鲜活的原生态田山歌独具风采和魅力。

《角里人家》以 1953 年青浦田山歌唱到北京为背景,讲述了一段曲折有趣的爱情故事:田山歌王子根生和音乐老师叶茂因唱田山歌而结缘,历经曲折后有情人终成眷属。对观众来说,田山歌的赶老鸦、拔长声、倒十郎等数十种江南小调能一场听个遍,这还是头一次。一幕连一幕的朱家角农耕文化展示,更是让人眼花缭乱:摇快船、江南船拳、阿婆茶、粽子舞、走三桥……在专业和业余演员的共同配合下,朱家角 177 位当地居民手持农具,用自己的歌喉,演唱了自己的心声,展现了江南人精彩的人生和富裕的生活。

《角里人家》把根植于田间劳作而创造的民间歌谣和诞生于美国百老汇的音乐剧跨界融合,收到了很好的效果。由于其独特的创意,《角里人家》在第十四届中国上海国际艺术节众多群文节目中脱颖而出。青浦田山歌音乐剧创作演出的成功给人们一个启示:非遗要盘活和激活,必须"洋为中用,古为今用"。农耕文化的题材、田山歌的旋律、别具一格的农具道具、引人入胜的音乐剧形式都凸显了田山歌独特的艺术魅力,使"上海声音"焕发青春,为上海非遗的继承发展树立了一种保护和传承的典范。

（三）资源活化,实现跨界融合。

2007 年至今,朱家角每年都在金秋十月举办"水乡音乐节"。它是以原生态民歌和现代民谣为主,集民歌创造实验、电子摇滚等多样式于一体的民间音乐嘉年华。音乐节以水上、岸边、庭院等水乡空间和场地为演唱场地,吸引了来自国内外的民间音乐歌手参与,让朱家角的每个角落都能听到中外民间音乐。

2015 年,"水乡音乐节"成为了上海国际艺术节的节中节。那些来自美国、加拿大、日本、牙买加、法国、葡萄牙、意大利、爱尔兰、韩国、澳大利亚、印度尼西亚的外国歌手,以及华阴老腔、台湾民歌、青海花儿等国内民歌的演唱者集聚一堂,让青浦田山歌找到了非遗的朋友,可以借鉴吸纳,共同发展。每年的"水乡音乐节"不仅让青浦田山歌有了展示演唱的音乐舞台,而且追随了世界的民歌创新节奏,为来朱家角旅游的中外游客带来了浸润式的江南文化体验。从古宅庭院到时尚中心,从古老茶楼到风情水岸,音乐节营造出水乡独特的聆听音乐的氛围,让青浦田山歌的旋律,盘旋在江南的水里、船上、桥畔,飞入寻常百姓的家中,在人们的心中引起共鸣。这种长效且有保障的活态传承,激活了青浦田山歌的青春活力,延长了青浦田山歌的艺术生命。

(四)激活记忆,加大传播力度。

上世纪九十年代,青浦文化馆运用田山歌的音乐素材,创作了一批新田山歌,与上海人民广播电台的"星期广播音乐会"成功联办了"水乡现代风"的创作歌曲演唱会。演唱会上涌现出了《走向辉煌》《水乡恋歌》《五月的阳光五月的风》《领略一番水乡情》等具有江南风格、水乡特色,并有现代节奏,为群众所喜闻乐见的新歌。

在 2010 年的上海世博会上,青浦区运用田山歌音乐素材和带有浓郁乡土气息、江南诗性的歌词,用糯柔的吴侬软语的唱腔演唱了《上海之源》,成为了代表上海形象的声音,向世界各地的来宾问好。这首由田野走向舞台,由原生态田山歌改编的上海民歌,让中外游客感觉既兴奋又震撼。确实,青浦田山歌的发声方法和意大利的美声唱法有很多相似之处,都是那样的高亢、自由、发自肺腑。它与内蒙古的长调、陕北的信天游、宁夏的花儿等民歌一样,具有独特的音乐韵味。

随着城市化进程的加快,生产方式的转换,传播途径的转变,田山歌赖以生存的表演场景已经发生了巨大的变化。原生态的田山歌如何保持好原汁原味,又能被年轻人接受?青浦又与上海著名作曲家安栋合作改编青浦田山歌,在 17 号线轻轨上拍摄了微电影《上海节拍》。该微电影采用田山歌的旋律和现代的表演方式,采用视觉和听觉双管齐下的传播技术,运用 RAP 时尚的节奏,让"上海声音"奏响现代的节拍,飞入寻常百姓的家中,叩响人们的心弦。微电影《上海节拍》采用了线上线下的互动方式,一周内便突破了五十多万次的点击量,扩大了青浦田山歌的传播力、感染力和影响力。

三、"上海好声音"的保护传承策略

"上海好声音"作为江南文化的组成部分,具有诗性的特质。江南的灵秀,造就了田山歌的灵气。根植于秀丽水乡土壤的上海田山歌丰富多彩、风格迥异，或清丽动人，或温柔敦厚，或深情绚丽，或豪爽奔放，浸透了江南风情的汁液，让人们能够闻见花香，看见草绿。歌手们用江南人特有的气质，用最简单的艺术形式，展示出生活深刻的体验，抒发细腻缠绵的感情，让人们体会其内涵的丰富和深沉，具有独特的艺术魅力。在新时代如何才能唱响"上海好声音"，这是上海文化建设的题中之义。本文认为，上海田山歌的保护传承可以从如下几方面入手：

第一，在上海民歌的创作及发展中要加强民族文化的建设，重视向具有烟火气的田山歌学习，向民间歌手取经，吸取民族艺术的营养。诚如俄罗斯作曲家格林卡所说的，"创作音乐的是人民，我们音乐家只不过是把它改编一下而已"。只有贴近群众的火热生活，吸纳地气，了解群众的审美情趣，扎根于生活的土壤，倾吐心中的真情实感，毫不矫揉造作，才能创作出为群众所喜闻乐唱的，有特色、有生命力的音乐作品。

第二，文艺工作者要更新观念，追随时代发展的步伐，把握生活的脉搏，推陈出新，树立起上海田山歌的品牌意识。事实证明："变则新，不变则腐；变则活，不变则板。"（李渔《闲情偶寄》）。在上海新民歌的歌词创作上，要追寻时代精神，要具有生活气息，要提高文学性，不能无病呻吟，孤芳自赏。在新民歌的音乐创作上，要吸取田山歌中的优秀素材，化腐朽为神奇，增强艺术性，让清新、通俗的旋律，飞进人们的心灵，感化人、凝聚人、激励人。

第三，在"上海好声音"的创作和传播上要坚持"四个面向"，即面向生活、面向未来、面向世界、面向现代化。田山歌的创作和传播要在深度和广度上下功夫，让新的内容、新的旋律呈现出新的面貌，不断弘扬、继承优秀的民族民间传统文化特色，调动田山歌的音乐素材，加快音乐节奏，丰富音乐旋律，创造出富有民族特点和民俗风格，富有时代特征和现代色彩，具有渗透力和感染力的精品佳作。田山歌的创作和传播使上海声音面向大众，深入人心，走向世界，引发共鸣。

总之，在上海田山歌的保护、传承和创新中，我们应坚持正确的指导思想，坚持"二为"方向，以及"双百"方针。在四个方面下功夫：一是重视田山歌传统的继承,二是把握人民群众的需求,三是强化上海民歌创作的变革,四是突出上海民歌发展的创新。在创造中求得发展,在发展中求得创造,不断完善充实和创新,还要营造上海田山歌保护传承的良好发展生态,面向大众化,立足现代化。在保护和继承中,我们还需要不断吸取、借鉴、融合、丰富和发展,开发和利用上海田山歌的文化资源,不断培育具有民族性、时代性、地方性的民间歌手和民歌佳作,繁荣上海民歌创作,满足市民的文化需求。我们要弘扬民族精神,凝聚人们力量,使上海民歌的繁荣、发展跃上新台阶,创造出"上海好声音"的文化新品牌。

12

吴越地区早期防风氏神话的现实遗存*
——防风山岩画调查报告

汤　猛　毕旭玲**

摘　要　2018 年 11 月,课题组在浙江省湖州市德清县防风山上发现一处史前
　　　　岩画。防风山岩画载体为一处接近竖直的平整石壁,坐标为北纬
　　　　30°31′3″,东经 120°1′32″,上有 9 幅石刻岩画,形象内容包括类旗形、
　　　　类人形、表格、海兽等。经过比较,我们认为防风山岩画与仙居岩画
　　　　具有一定的亲缘关系,反映了东南沿海地区早期社会的历史。防风
　　　　山岩画具有极高的技术价值与文化价值。一方面,防风山岩画所处
　　　　的地形非常特别,可以用 ^{14}C 测年法进行较精确的年代测定,从而为
　　　　国内的史前岩画断代研究提供锚点,在岩画断代科技上有独一无二
　　　　的特殊作用。另一方面,防风山岩画与防风氏族历史息息相关,是防
　　　　风氏神话的现实遗存,也是吴越地区早期社会文化的重要证据。

关键词　防风氏神话　防风山　岩画　断代

　　防风氏神话是中国治水神话的重要组成部分,也是吴越地区早期最重要
的神话,与吴越地区的早期社会历史、地理环境等都有着密切的关系。防风氏
神话载录于众多古籍中,先秦时期的《国语·鲁语下》记录说:

＊　基金项目:本文为国家社科基金项目“吴越地区海神信仰的传播研究及其图谱化展示研究”
　　(项目号:15BZJ042)、上海哲学社会科学规划委托课题“中华创世神话田野编——鲧禹篇”
　　(项目号:2017WSH004)阶段性成果。
＊＊　汤猛,上海理工大学公共实验中心讲师;毕旭玲,上海社会科学院文学研究所副研究员。

　　吴伐越,堕会稽,获骨焉,节专车。吴子使来好聘,且问之仲尼曰:"无以吾命。"宾发币于大夫,及仲尼,仲尼爵之。既彻俎而宴,客执骨而问曰:"敢问骨何为大?"仲尼曰:"丘闻之:昔禹致群神于会稽之山,防风氏后至,禹杀而戮之,其骨节专车。此为大矣。"客曰:"敢问谁守为神?"仲尼曰:"山川之灵,足以纪纲天下者,其守为神;社稷之守者,为公侯。皆属于王者。"客曰:"防风何守也?"仲尼曰:"汪芒氏之君也,守封嵎之山者也,为漆姓。在虞、夏、商为汪芒氏,于周为长狄,今为大人。"客曰:"人长之极几何?"仲尼曰:"僬侥氏长三尺。短之至也,长者不过十之,数之极也。"

　　吴国伐越国,毁掉了会稽山,得到了一副骨架。骨架之大,一节骨头就要用一辆车来拉。吴王派使者到鲁国访问,并且让使者向孔子询问大骨架的事。当使者询问时,孔子回答说:"我听说,从前大禹召集各氏族族长到会稽山集会,防风氏的族长迟到了,于是大禹下令杀了他,他的一节骨头就有一辆车那么大。"孔子又解释说:"防风氏是古代汪芒氏的君主,守护封嵎山,姓漆。舜、夏、商时叫汪芒氏,到了周时称为长狄,如今是一种身材高大的人。"

　　孔子所说的封嵎山也就是位于今浙江省湖州市德清县的防风山。宋代的《太平寰宇记》卷九十四记载说:防风山在(武康)县东一十八里,"先名封嵎山,唐天宝六年敕改焉。其一名风公山,一名风渚山,古防风氏之国。风公者,以其山上有风公祠;风渚者,以其下有风渚水"。防风山一带是防风氏神话的中心以及防风氏族统治的中心。而防风氏族也是吴越地区有记载的最早氏族,防风氏文化代表了吴越地区的早期文化。可惜,与大禹神话相比,古文献对防风氏神话的记录数量少而且零散。对于防风氏族是否真实存在,学界也有不同的声音。

　　2018年11月,课题组对德清地区的防风氏神话进行调研,偶然在防风山发现一处古代摩崖石刻岩画(以下称之为"防风山岩画")。经初步研究,我们认为防风山岩画具有极高的研究价值,与防风氏族历史息息相关,是防风氏神

话的现实遗存,也是吴越地区早期社会文化的重要证据,特报告如下:

一、防风山岩画概述

防风山海拔约为 125 米,主体山脉大致为西向东略偏北延伸,长度约 3 公里。防风山西侧山势连绵起伏,相距 10 公里左右有海拔约 400 米的城山等山脉,相距 50 公里左右即为海拔约 1 500 米的天目山山区。防风山东侧数百米是有几千年历史的下渚湖,再向东是一览无余的平原和湖泊水网,直至 90 公里外的杭州湾喇叭口,其间海拔基本在 10 米以下。从地形图上看,防风山恰好处于西侧山地丘陵向东侧平原过渡的交界线上。防风山南麓为二都村,村庄沿山脚呈条形分布,村内有包括防风祠在内的防风古国文化园。

防风山岩画位于二都村下渚湖熊猫园中,与两处史前洞窟毗邻。洞窟外有说明性文字,而岩画只有"摩崖石刻"的指示牌,没有任何具体的说明,表明当地文物部门或曾对洞窟和岩画进行过一定的勘察。但显然这种勘察是浅显的,勘察结果也没有大范围公开,因此该岩画至今尚未引起学界的注意。提到德清的摩崖石刻,一般人只知道防风山东部观音岭上蝙蝠寺内"魏兰来""公余揽胜""洞天福地"等石刻,而不知这更为古老和神秘的史前岩画。课题组前后两次对该岩画进行了考察,确定其具有极高的研究价值。

防风山岩画载体为一处接近竖直的平整石壁,坐标为北纬 30°31′3″,东经 120°1′32″,上有 9 幅石刻岩画。下面,我们附图进行解说。图 1 为主体石壁的正面照及地形示意简图,其中小圆圈即为岩画所在位置。该主体石壁约高 15 米,最宽处约 20 米,坐西朝东。石壁左侧为崎岖陡坡,右侧下部有一岩洞 A,右侧为坡度或陡或缓的山坡及石壁,距离岩洞 A 右上方约 15 米处还有一岩洞 B,两岩洞被冠以"防风氏文化遗存"的解释。其中岩洞 B 被称为"一号石窟",洞口大致为长方形,宽约 1.52 米,高约 1.64 米,洞内略呈圆形,深约 5.3 米,内高约 1.84 米,最宽处约 4.70 米。岩洞 A 被称为"二号石窟",规制与一号石窟类似,洞口大致为长方形,宽约 1.34 米,高约 1.66 米,洞内也大致为圆形,深

约4.9米,内高约1.95米,最宽处约4.50米。两石窟外都设置了解释性的标牌,一号石窟标牌内容为:

在防风部落时代,没有法制,首领是法制的象征,部落对罪犯和对违反族规的人处置时非常严厉的。后来人们把夭折的人安置在此,认为他们不听上天的话,是上天招回他们的地方。景区开发后把这里的遗骸收集成列在一号石窟,安抚他们的灵魂。

二号石窟标牌内容为:

二号石库是当时防御人员居住的地方,在此会存放许多防御武器,以保证生活区的人们安全。洞穴冬暖夏凉,可长期居住,部落族人依山而居,山高处远离湿热,住得越高,代表居住者地位越高。

两款标牌的落款均为"德清兴隆防风旅游开发有限公司"。目前,洞窟中并未陈列标牌中所述的骨殖遗骸,两窟中仅有少量残破陶器和半烧焦的木柴,可能为当代人为造景的产物。

 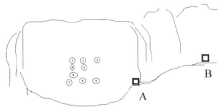

图1 石壁正面照及地形简图

从外部山路到两处石窟及附近山坡,均有简单的水泥台阶。一号石窟附近的崖壁上有明显的现代工具所造成的削凿痕迹,似乎是为了防范崩塌所进行的修缮。两处石窟内壁上还有一些膨胀螺钉等现代产物,可能为安装照明设施的准备工作。由此可见,当地文物部门曾经对此地进行过考察和发掘,其后有关单位对此处还有过商业开发的行动。但我们遍查考古发掘简报、论文、文章与新闻报道,均未见到对此地主石壁岩画的报道或研究文字。这很可能是因为岩画并非江浙一带常见的早期人类遗迹,故未能引起调查人员的注意。当然,这也不是一件坏事,可能由此避免了由商业开发带来的对岩画的破坏。至于一号石窟附近是否曾有岩画被破坏,还需进一步调查。

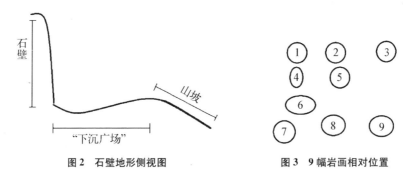

图2　石壁地形侧视图　　　　　　　图3　9幅岩画相对位置

防风山岩画所处地形非常特别,主体石壁根部地势较低,主要由植物残骸堆积形成略微凹陷的土质地面,石壁根与外部山坡之间形成类似下沉广场的地形,"广场"凹陷最深处约1.5米。整体地形就像是在山坡上横一铲再竖一铲,挖掉一块山体,形成石壁及"广场",如图2所示。而主石壁上分散凿刻的9幅岩画,大致分布如图3所示。

我们对这9幅图分别命名并进行了初步分析:

1. 图4-1类旗形图。类旗形图可以分为左右两半。左侧图形比较简单,类似一杆小旗。右侧图形比较复杂,我们对其做两种推定。推定一:上部类似人头及躯干,中部四边形类似双手,下部四边形可能表示人跪坐;推定二:底部近似两个四边形,左侧四边形类似石壁,右下四边形类似方形基台,基台上插着一根长旗杆,旗杆顶部挂有一面旗帜。

2. 图4-2类人形图甲。其上部类似人头及躯干,左侧四边形类似双手,下部羽状图形类似穿有蓑衣的腿部。

3. 图4-3类人形图乙。类人形图甲与类人形图乙类似,区别在于后者的羽状线条非常多,且兼有向上及向下线条。

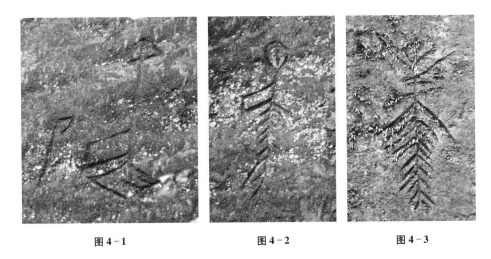

图 4-1   图 4-2   图 4-3

4. 图 4-4 类蛇形图。这一图形在古岩画中较为常见,其意义基本可以确认为表示蜿蜒曲折的蛇,通常取其生育力强大之寓意,代表生殖崇拜。

5. 图 4-5 类船形图甲。这一图形上部水平,下部为弧形,很像是一条小船,中部及右侧还有若干短横纹,可能是表示波浪的装饰性纹路。

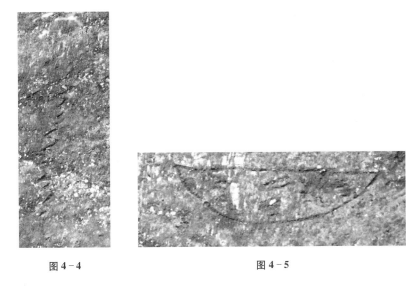

图 4-4   图 4-5

6. 图 4-6 表格形图。这一图形的特点是形似表格,但上方和左侧有几条线条与表格并不处处相交,且右侧格子并无封口。

7. 图4-7类人形图丙。与前两幅类人形图相比,此图上部仅有头部及躯干,无类似手臂的线条,底部羽状线条也较少。

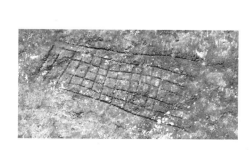

图4-6   图4-7

8. 图4-8类船形图乙。此图与前述类船形图甲形状类似,但上部线条既不水平,也不笔直,且整体图形较为短胖,右侧尖头以外还疑似有延伸出的类似鱼尾的线条。此图也可解释为类似翻车鱼或大乌贼之类的大鱼形图。

图4-8   图4-9

9. 图4-9四脚兽形图。这是一幅非常形象的四脚海兽图,左侧嘴前有须,头上有角,颈部较长,背上有三条弧线应该表示背鳍,尾长而尖细,腹部肥而略微下垂,四足短,足端为鸟爪,身上有鱼鳞纹。按以上特点,结合当地环境分析,我们认为这一四足兽很可能是海生/水生猛兽,例如鳄鱼或是形象异化的某种海兽,还有可能是糅合了鳄鱼、蟒蛇、鲨鱼等生物特点的"综合兽",类似于龙。

当然,上述这些岩画图形大多比较抽象,本文仅能作简单推定。图形的具体含义还有待大方之家进行深入研究。

由于岩画所在的石壁地形既高又陡,我们主要是用长焦镜头从远处进行拍摄,而且石壁上大部分地方覆盖有厚厚的苔藓(估计厚度超过 1 厘米),对大部分岩画只能作简单观察。只有对相对最低的图案 4－7,我们拍到了部分凿刻细节如图 5,图中背景板上的白色方格为边长 5 厘米的正方

图 5

形。结合其他照片分析,可以确定岩画属于沟槽型,线条最宽处约为 32 毫米,深度大约为 18 毫米,主要线条的宽度约 15—20 毫米。图中还可以看到岩画线条中有地衣覆盖,由于地衣生长极其缓慢,可以证明此岩画已经有数百年甚至数千年无人打扰,有幸保存得非常完整。

二、防风山岩画与仙居岩画的
比较及其亲缘关系

我国古代岩画在多地均有发现,目前已发现的岩画通常按作品的内容、风格以及所处的文化地区大致分为北方、西南、东南三个系统。北方系统的岩画主要分布在内蒙古、新疆、宁夏、甘肃、青海,内容以动物为主,风格较写实,技法大多为岩刻,凹穴型及沟槽型也均有发现。它们出自北方草原地区的狩猎、游牧民族之手。西南系统的岩画主要分布在云南、广西、贵州、四川,内容以人物的活动,特别是宗教活动为主,技法则以红色涂绘为主。东南系统的岩画,分布在江苏、浙江、福建、广东、港澳台等沿海地区,大都与古代先民们的出海活动有关,内容以抽象的图案为主,通常采用凿刻的技法,也兼有凹穴型和沟槽型岩刻。近年来河南具茨山等地区又发现大量凹穴与沟槽混合型岩画。这

里是中原文明的摇篮,岩画的发现对中华文明起源和发展演化的研究有重要意义,因此学界通常将此地区岩画单独列为第四个岩画系统,称为中原岩画系统。[①] 防风山岩画位于东南沿海,内容以抽象图案为主,表现形式亦为凿刻,因此应归于东南岩画系统。实际上,东南岩画系统中有一处本世纪发现的仙居岩画,与防风山岩画有非常明显的亲缘关系,试比较如下:

仙居岩画位于浙江省台州市仙居县,在防风山以南,两者直线距离约 200公里。仙居县境内地形以山地丘陵为主,县城处于群山环绕的狭长山谷之中,大部分城区海拔约 50—60 米,有多处岩画分布在县城周边海拔数百米的山区中。仙居岩画于 2002 年被发现确认。研究人员在近年的田野调查中考察了其中的 9 处岩画点,记录了凹穴、蛇形、格子、人形、酒壶、磨盘、镰刀、耙锄等多种图案共计 377 幅岩画。仙居岩画可以被视为岩画艺术演化的宝库:一方面,凹穴型岩画通常被认为是最早的岩画形式,在世界范围内曾发现数万年以前的凹穴岩画,这说明仙居岩画的最早创作年代可能非常久远;另一方面,在仙居岩画中,既有形象古拙的蛇形、人形,又有磨盘、镰刀、耙锄等较先进的农业工具,还出现了戴帽人像及酒壶等成熟的社会生活形象,说明仙居岩画先后创作于一段较长的历史时期内;最后,在仙居岩画中,通常一块岩石上有多幅图形密集分布,且大部分图形都不断被重复,例如有 69 处耙锄形、52 处米字格等。[②] 这些都说明仙居岩画是由长期的频繁创作积累而成,所以我们认为,仙居岩画记录了当地社会漫长的演进历史。

仙居岩画中有几幅图案与防风山岩画中的部分图案相似。我们选取了 3幅仙居岩画进行比对,分别命名为图 6-1、图 6-2、图 6-3。[③] 经过比较,我们发现:图 6-1 和防风山岩画中的图 4-4 的蛇形图案如出一辙,图 6-2 与防风山岩画中图 4-6 的棋盘格相似,图 6-3 与防风山岩画图 4-2、图 4-3、图4-7 的类人形接近。但两种岩画的内容又有较大差别。

首先来看棋盘格图案。防风山岩画的图 4-6 为表格形图,仅有横竖笔

---

① 陈兆复:《鸟瞰中国岩画》,《新华文摘》2010 年第 20 期。
② 张博文等:《浙江仙居岩画田野调查》,《内蒙古艺术学院学报》2018 年第 3 期。
③ 同上。

画。仙居岩画中图 6-2 则不但有横竖格子,还有精确的斜向笔画,形成米字格。这也显示仙居岩画中的一些比防风山岩画更为成熟。其次来看类人形图案。防风山岩画中的图 4-2、图 4-3、图 4-7 与仙居岩画的图 6-3 相比,前者图案的下部鱼骨状线条更多,后者下部线条较少。据此我们认为,仙居岩画图案更抽象,更接近文字,防风山岩画则更为原始。

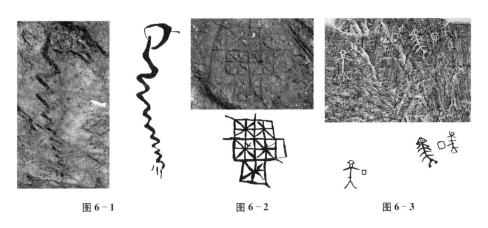

图 6-1   图 6-2   图 6-3

两处岩画还有一些完全不同之处。防风山岩画中存在独有的船形图(图4-5)、海兽形图(图 4-9)等反映海洋文化/水文化特色的图案。仙居岩画中则有大量的镰刀、锄头、房屋等反映农耕文化的图案。这种差异可以从两者的地理环境上进行解释:防风山以东是广阔的低海拔平原,湖泊密布,水网发达,所以操舟捕鱼是防风山的先民们所熟悉的生活场景,防风山岩画就显示了这种鲜明的海洋文化/水文化特征。相对的,仙居地区处于内陆山区,自然是主营耕作而少见渔业活动,仙居岩画所表现的就是典型的内陆农耕文化特征。两地岩画各自的图案特征反映了由地理环境决定的地区差异。

当然,我们更关注两处岩画的共同点。除了内容上的相似之外,两者的创作技法也相似,都是主要采用了凿刻法创作的沟槽型岩画。这些共同点足以证明两处岩画具有一定的亲缘关系。深入探讨两处岩画的关系,对两地古文化的相互关系和演化进程有重要的作用。总的来说,两处岩画的关系无非是以下几种中的一种:第一,防风山岩画与仙居岩画之间具有前后相继的关系,这可能是由于两地之间有先民往来迁居;第二,防风山岩画与仙居岩画具有同源关系,这可能是因为两地的先民都是古越人的一支;第三,防风山岩画与仙居岩画偶然间具有了交叉联系,这可能是因为两地先民有过交集。当然,对仙居岩画与防风山岩画的亲缘关系的探讨是一个复杂的过程,更准确的判断必须依赖于对防风山古文化遗址的进一步发掘,以及对两地岩画更精确的断代。

三、防风山岩画的产生时期、特点及创作目的

(一)防风山岩画的产生时期

考虑到防风山岩画的内容与刻画方法,并结合防风氏神话文献与地方传说,我们初步判定:防风山岩画出现于新石器社会时期,原始文字产生之前。与其他具有悠久历史的环太湖流域地区相似,德清境内曾生活着古越人的一支,他们创造了马家浜文化、崧泽文化与良渚文化等连续的史前文化。比如1999 年下半年至 2000 年上半年,为了配合杭宁高速路的建设,浙江省文物考古研究所与德清县博物馆组队,在德清县三合乡二都村瓦窑刘家山德西南坡进行了抢救性发掘。此次发掘面积近 800 平方米,依次出土了马家浜文化、良渚文化、马桥文化、商周及唐宋时期遗存。[①] 防风山岩画所在地也属于三合乡二都村,与瓦窑遗址(也称刘家山遗址)相距不过数百米。因此,我们进一步判断防风山岩画属于马家浜文化或良渚文化遗存。不少学者都论述过,因迟到而被大禹处死的防风氏首领生活于良渚文化时期。[②] 所以,我们更倾向该岩画创作于良渚文化时期,出于防风氏族成员之手。当然,具体如何断代,还有待考古学者确定。

(二)防风山岩画的特点

与一般古岩画相比,防风山岩画有很多特别之处,总结如下:

---

① 中国考古学会编:《中国考古学年鉴 2000》,文物出版社 2002 年版,第 162—163 页。
② 参见钱国平:《谈良渚文化之主人防风氏》,载《今日德清》第 10 版"乡土",2006 年 5 月 19 日;李健民:《防风氏与良渚文化在中国古代社会发展进程中的历史地位》,载《中国防风文化第三届学术研讨会论文集》。

1. 防风山岩画创作位置高,刻画难度大。9 幅岩画最低处离地面接近 2米,最高处约为 6 米,考虑到石壁底部的堆积土层厚度,岩画创作时期其离地必定更高。要在这样的位置上创作,要么是从崖顶垂下十多米长的绳索和踏板,要么是从地面搭起 5—6 米高的支架。相对于当时的社会生产力,这样的行动具有极大的难度,因此一定不是个人所为。应该是集体(氏族、部落)出于某种重要的目的(如祭祀神灵、会盟等)而派遣族内的凿刻高手以集体的名义所作。

2. 防风山岩画中 9 幅图的位置相对分散,内容上并无明确的联系,可能每一幅岩画都是独立的创作。虽然 9 幅图中的图 4-2、图 4-3、图 4-7 三幅很相似,都为人头羽身状,但三者间有明显差别。考虑到史前摩崖石刻创作的庄重性和严谨性,再参考图 4-9 中四脚兽的圆熟技法,可以肯定这三幅图的区别并非是水平低劣形成的误差,而是创作者要明确表达其中的不同。同理,图4-5、图 4-8 两幅也是如此。

3. 防风山岩画中图案数量极少。防风山岩画仅有一块石壁上不重复的 9幅图案,我们在附近找到多块适合凿刻的巨大石块,都没有发现更多岩画图案。而已发现的国内其他岩画中,一个岩画点中的图案数量都很多。比如仙居岩画中,往往附近的几块巨石上都刻有岩画,且每块巨石上都有多个重复图案。这一特点说明,防风山岩画并非是一个族群长期生活的多次的、频繁的记录,反而更像是一个一次性独立事件的纪念。

(三)防风山岩画的创作目的

防风山岩画究竟为何而作? 这是我们最感兴趣的问题之一。在进行过上述的分析之后,排除掉一些明显不可能的原因,我们惊讶地发现,有一种情况恰好满足以上所有的条件:会盟纪念。可以想象一下:一个强大的本地部落(很可能就是防风氏族),召集了周围数个部落聚集到防风山会盟议事,集会地点就选在防风山石壁处。这里视野开阔,眼前是一望无际的大平原,高大的石壁平滑如镜,又有宽阔的广场。众人即在石壁前集会商讨,盟约达成后,又搭起支架,选派最优秀的匠人,在石壁上凿刻下各自部落的标志,并供奉牺牲,祝祷祭祀,以为长久纪念。

这一假设比较好地解释了防风山岩画的各种特点之处:作为纪念碑作用的岩画,自然是越高越好,才可以让集会的人群都能看到;9幅岩画内容为各部落图腾标志,所以各不相同,而且互相独立;防风山岩画创作完成后,这里就成为祭祀集会的专用保留区域,所以不再有更多岩画。防风山的地形也很适合作为会盟纪念之处。也许细节上会稍有偏差,但总体而言,会盟纪念应该是防风山岩画较为可信的假设。由此假设出发还可以解释其他一些疑问:防风山很可能并非当地部落长期的生活处所,只是因为地形合适才被选为会盟纪念之处,所以附近没有记录日常生活的岩画。更进一步推断,距此不远处,很可能会有另外的岩画地点,记录有当时的社会生活,岩画创作者也是在那里传承打磨出娴熟的岩刻技法。防风山岩画与仙居岩画的一些共同之处,也可解释为仙居地方氏族受邀到防风山集会,在岩画中留下了带有仙居文化特点的记录。在大禹治水神话和防风氏神话中,都有大禹召集包括防风氏族在内的众氏族部落会盟的记录,可见部落会盟活动当时已经非常普遍。作为太湖流域最强大的氏族之一,防风氏族具有召集周围氏族部落,商讨如何治理洪水等区域重大问题的资格与能力。我们还可以更大胆地进行假设,防风山岩画也可能是大禹召集诸氏族部落会盟之后所发生的后续事件的纪念。

四、防风山岩画的技术价值与文化价值

(一)防风山岩画的技术价值

防风山岩画所处的地形非常特别,可以用^{14}C测年法进行较精确的年代测定,从而为国内的史前岩画断代研究提供锚点。因此,防风山岩画对于岩画的科技断代有重要的技术价值,简述如下:

岩画的断代一直是世界性的难题,目前的主要断代方法分为直接断代、间接断代和交叉断代。直接断代(又称科技断代)指依赖样品本身的物理/化学性质测定其年代,主要方法有^{14}C-AMS测年法、草酸盐测年法、阳离子比测年法、微腐蚀测年法、地衣测年法等;间接断代指根据已有的考古学知识建立相

关关系以测定年代,例如文本记录、铭文学、古文书学、年代地层学等;两者综合应用则称为交叉断代。①

^{14}C 测年法的原理是:活的生物体中碳原子的同位素^{12}C 和^{14}C 的比例与大气中相同,维持一个稳定值。而生物体死亡后,体内^{12}C 含量保持稳定而^{14}C 不断衰变,历经一段时间后,^{12}C 与残余^{14}C 的比例与所经历的时间之间有确定的函数关系。测出这一比例即可得到生物体遗骸的年代。AMS 测年法也是应用^{14}C 衰变原理,并采用高精度的加速质谱仪,使测量精度更高,并且需要样品量更少,只需几毫克样品即可。^{14}C – AMS 测年法精度较高,误差大约为所测年代的 1% 以内。但应用此法必须有含碳材料,如木炭、骨殖等。② 遗憾的是,我国大部分岩画都是暴露在露天的石壁上的凿刻型岩画,没有含碳涂层,而且经风吹日晒,雨水冲刷,岩画上很少有覆盖层,附近的史前生活遗迹也几乎不可能留存,例如仙居岩画就是这种情况。

值得庆幸的是,防风山岩画的地形非常特殊。一方面,由于石壁接近竖直,处于山体凹陷处,周边又林木丰茂,所以石壁受雨水冲刷和风吹日晒都不太严重,这从图 5 的沟槽侵蚀情况即可看出。由此判断,岩画沟槽中很可能留存有早期的苔藓等附生物的遗骸,适合进行^{14}C – AMS 测年。另一方面,我们在前文中推测,这是一个重要的祭祀纪念场所,石壁前的广场上必定曾举办过盛大的祭祀仪式,不但会有篝火,还很可能有埋藏牺牲的祭祀坑。而形似下沉广场的特殊地形,决定了这些仪式遗存的痕迹极有可能不会被冲刷损失,而是会在这一凹陷处被掩埋于沉积土层中。如果能发掘出这些遗迹,也可以用^{14}C – AMS 测年法对防风山岩画作准确的年代测定。

微腐蚀测年法是一种直接测年法,其基本原理是:岩画凿刻时,岩石中的石英或长石等矿物颗粒会被击碎,碎裂面经长时间的自然侵蚀后形成亏蚀面。如果有一批已知年代的石刻或雕塑作为参照物,测量其亏蚀程度,就可以建立亏蚀程度与时间的函数关系。遇到未知年代的待测岩画时,测出其亏蚀程度,

① 张嘉馨:《岩画研究中的断代问题——以将军崖岩画的年代研究为例》,《中央民族大学学报(哲学社会科学版)》2018 年第 5 期。
② 余华贵、周卫健:《^{14}C – AMS 测年在考古学中的应用》,《地质科技情报》2007 年第 1 期。

借助这一函数关系就可以外延推导出岩画年代。[①] 微腐蚀测年法的局限在于：必须有一批参照物，且参照物与待测物应处于相似的自然环境中，以保证其亏蚀函数相互吻合。参照物的数量越少，年代越短，其函数的误差越大，测量精度越低；相反，参照物年代越长，测量精度越高。近年对仙居岩画的考察中也应用了微腐蚀测量技术，得出其中两处岩画点的年代分别在公元274—654年及公元614—814年，即魏晋至唐代。[②] 这也符合我们之前的推测，即仙居岩画是由长期的日常性的频繁创作积累而成。遗憾的是，目前尚未对仙居岩画作整体的断代测量，其中的凹穴等图案很可能会有更悠久的历史，所以仙居岩画最早创作年代还无法确定。就防风山岩画而言，一方面可以参考仙居岩画的测量方法及数据进行微腐蚀测量；另一方面，如果能用^{14}C - AMS测年法对防风山岩画做出准确测量，就可以为江浙及福建等东南沿海岩画区提供一个准确且年代久远的参照点，大大提高微腐蚀测年法的精确性。

地衣测年法在防风山岩画中也可以应用。由于某些特定品种的地衣生长极为缓慢，假定岩画凿刻后即有地衣开始生长，测出现在的地衣大小，即可推测出岩画创作年代。[③] 地衣测年法与微腐蚀测年法类似，也需要有一批有地衣生长且年代确切的参照物，以建立地衣生长率与年代间的函数关系。由我们的照片中可以看到，岩画上有大片地衣分布，其中还有一些地衣恰好覆盖了刻痕，如果这些地衣属于可测年的相应品种，即可对防风山岩画应用地衣测年法。另外，如果防风山岩画能用^{14}C - AMS测年法进行准确测量，同样可以作为参照点，提高地衣测年法的精确性。

（二）防风山岩画的文化价值

除了技术价值，防风山岩画的发现还具有重大的文化价值。

---

① 汤惠生：《岩画断代技术手段的检讨——兼论青海岩画的微腐蚀断代》，《南京师范大学学报（社会科学版）》2002年第4期。

② 金安妮：《岩画的微腐蚀断代——以仙居岩画为例》，南京师范大学硕士学位论文2016年，第43—45页。

③ 朱诚、唐云松、马春梅等：《皖南花山石窟群开凿年代地衣测年及成因》，《地理学报》2003年第3期。

第一,防风山岩画对防风氏神话的解读与分析具有重要的价值。前文已述,防风氏神话材料一直比较零散而且单薄。防风山岩画是防风氏神话的现实遗存,它的发现以及对它的研究将为防风氏神话的研究提供强有力的佐证。

第二,防风山岩画对于吴越地区早期社会历史研究具有重要意义。防风氏族作为吴越地区早期最强大的氏族之一,曾有过辉煌的历史文化,创立过伟大的防风国。但防风氏的功绩、防风民众的生活与信仰状况等一直缺乏足够的实物资料与文献资料,因而也缺乏足够的研究。对防风山岩画内容的进一步分析与解释,将为我们揭开这一早期社会的神秘面纱。

第三,防风山岩画对于东南沿海地区早期社会发展的研究具有重要作用。我们分析后认为,防风山岩画很可能是以防风氏为中心的东南沿海诸氏族会盟的纪念物。因此,对防风山岩画的深入考察,有助于了解东南沿海地区早期社会的历史。此外,防风山岩画与仙居岩画的亲缘关系也可以为东南沿海早期社会历史的发展提供佐证。

在前文的论述中,我们推断防风山附近很可能有其他岩画存在。但在调研中,我们发现德清县境内有非常多的矿业公司在开山取石,珍贵的史前岩画很可能会在不经意间损失殆尽。因此我们建议,有关部门应该迅速行动,对附近山区的岩画进行抢救性发掘,且可以利用短信、微信、电视等现代手段,向民众特别是矿山从业人员普及岩画的文物知识,以利于岩画的发现和保护。此外,考虑到防风山岩画的特殊情况,其在几种岩画断代技术中都可以发挥重要作用,因此我们建议,在防风山岩画的科学考察中,必须对岩画的考察方式作统筹规划,使各种发掘和测量行动之间不会互相干扰。

13

上海民俗节庆类非物质文化遗产的
传承与保护研究

程 鹏*

摘 要 当前上海的节庆文化活动处在传统与现代交替的变革过程中,节庆
期间的文化活动呈现多样化的特征,但传统民俗节庆的现代转化还
不完善,传统民俗节庆活动的内容和形式还未能与当下民众的审美
文化需求完美结合。在全球化冲击下,节庆文化的地方性特色日益
消失,上海的传统地方民俗节庆活动存在着式微、同质化等问题。非
遗时代,上海的民俗节庆类非物质文化遗产,要从其作为非物质文化
遗产的整体性特征来进行传承和保护。应符合时代发展需要,充分
考察民众需求,注意将传统文化与现代文明有机地结合,明确办会
目的,找准当代定位;通过深度挖掘节庆文化资源,以传统与时尚
的形式增强节庆活动的体验参与性;丰富活动内容,扩展宣传渠
道,使节庆活动不仅达到娱乐目的,还可以发挥教育功能和文化传
承的功能。

关键词 民俗节庆 文化空间 整体性保护

民俗节庆是非物质文化遗产中的一个重要类别,在联合国教科文组织《保护
非物质文化遗产公约》中,第三类为“社会实践、仪式、节庆活动”。在我国 2011

---

* 程鹏(1984—),山东泰安人,民俗学博士,上海社会科学院文学研究所助理研究员,主要研
究方向为旅游民俗学、文化遗产与文化创意产业。

年颁布的《中华人民共和国非物质文化遗产法》中,第四类为"传统礼仪、节庆等民俗"。民俗节庆包含了与节庆节日相关的传统习俗、文化观念、礼仪活动、商贸游艺等内容,是一种综合性的文化表现形式,多种非物质文化遗产都附身其中并得以展现,可以说是民众生活中最有特点的部分。在我国的非物质文化遗产名录中就有大量民俗节庆类的项目,2016年"二十四节气"被列入人类非物质文化遗产代表作名录,使民俗节庆在社会上的关注度进一步得到提升。传统社会的民俗节庆大多是农耕社会的产物,随着都市化、现代化进程的加快,传统民俗节庆活动大都面临着式微、转型等问题,而这些问题在国际化大都市上海表现更为明显。

当前上海的节庆文化活动处在传统与现代交替的变革过程中,节庆期间的文化活动呈现多样化的特征,但传统民俗节庆的现代转化还不完善,传统民俗节庆活动的内容和形式还未能与当下民众的审美文化需求完美结合,人民日益增长的美好生活需要和不平衡不充分的发展之间的矛盾日益突出。在全球化冲击下,节庆文化的地方性特色日益消失,上海的传统地方民俗节庆活动存在着式微、同质化等问题。不仅无法满足上海民众的多样化需求,也不利于保护上海传统地方特色文化和建设国际文化大都市。

目前对于上海节庆文化的研究,主要侧重于从旅游节庆的角度,对上海的节庆旅游资源开发、节庆活动发展态势、节庆活动公众认知度等内容进行研究,其研究对象主要局限于上海旅游节、上海国际艺术节等节庆活动,而对于其他类型的节日期间的文化消费则关注不多,尤其是对于上海的传统地方民俗节庆文化的研究还有许多空间;此外,研究焦点多集中于节庆活动的经济效益方面,对节日的文化和社会效益则关注不足。因此,本文以上海传统民俗节庆类非物质文化遗产为研究对象,通过问卷、访谈、参与观察等调查方法,研究当前上海民俗节庆类非物质文化遗产的现状、问题、对策等内容,希冀可以为上海乃至中国的民俗节庆文化的发展提供参考。

一、上海民俗节庆类非物质文化遗产的现状

从起源的角度看,上海的节庆包含了传统与现代、西方与本土的各类节

庆,为方便研究,大体可以分为五类:(一) 春节、清明、端午、中秋等中国传统佳节;(二) 豫园灯会、龙华庙会、三林圣堂庙会、真如庙会等上海地方民俗节庆活动;(三) 情人节、万圣节、圣诞节等西方节日;(四)劳动节、国庆节、元旦等现代节假日;(五)上海国际电影节、上海国际旅游节等现代会展节庆活动。目前,在上海市非物质文化遗产代表性项目名录中的民俗节庆类项目主要有九项,具体见下表:

表1 上海市非物质文化遗产代表性项目名录中民俗节庆类项目

批　次	序　号	编　号	项目名称	申报地区或单位
	77	X-2	上海龙华庙会	徐汇区
第一批	78	X-3	豫园灯会	黄浦区
	79	X-4	罗店龙船	宝山区
第二批	127	X-11	小青龙舞龙会	嘉定区
第一批扩展	79	X-4	端午节(熏中药、挂香袋习俗)	华东医院
第四批	177	X-13	圣堂庙会	浦东新区
第五批	219	X-17	三林老街民俗仪式	浦东新区
	220	X-18	朱泾花灯会	金山区
第六批			庙会(金泽庙会)	青浦区

端午节作为人类非物质文化遗产代表作,罗店龙船、熏中药、挂香袋习俗是其本土化、地方化的民俗体现。豫园灯会、龙华庙会则早已被列入国家级非物质文化遗产名录,成为上海本土传统民俗节庆的典型代表。除此之外,还有多项区级非物质文化遗产,如真如庙会(普陀区非物质文化遗产)。这些民俗节庆活动带有浓郁的上海地方特色,包含着许多的民俗文化,可以说是上海文化中的瑰宝。然而对于这些民俗节庆活动,其在上海民众中的知名度却相对较低。根据抽样问卷调查,上海民众对各类节庆的熟悉程度如下:

表2　受访者对以下节庆日的了解程度情况频次表(%)①

节　　　日	非常了解	一　　般	不了解
中国传统佳节	50.63	48.75	0.63
上海地方民俗节庆活动	12.19	57.50	30.31
西方节日	21.56	73.44	5.00
现代节假日	50.94	48.13	0.94
上海的现代会展节庆活动	12.81	60.63	26.56

可以看到,相比中国传统佳节、现代节假日等节庆,民众对上海地方民俗节庆活动的了解程度最低,非常了解的只占12.19%,不了解的却占30.31%。也就是说,有将近三分之一的民众对上海地方民俗节庆活动不了解。而从文化消费的角度来看,民众的消费支出与对节庆的熟悉程度成正比,即民众对某一节庆活动越熟悉,越有可能参与并消费。对于节庆活动而言,要获得民众的欢迎和认可,需要让其充分了解熟悉该节庆活动。

根据抽样问卷调查②,上海市民文化消费支出最多的节气依次是春节、中秋、国庆、圣诞节、元旦;在这些文化消费最多的节庆期间,个人的支出以1 000—3 000元者为多;上海的文化消费国际化特征较为明显,消费热点几乎与国际同步,消费方式以现代化的影视观赏、旅游休闲、逛街购物等为主;然而对于各类节庆期间的文化消费品供给,民众的满意度却有着较大的差距:

表3　民众满意度表

节 庆 类 型	非常满意	一般满意	不满意
中国传统佳节	15.63%	73.75%	10.63%
上海地方民俗节庆活动	12.81%	72.19%	15.00%
西方节日	19.06%	74.06%	6.88%
现代节假日	18.13%	75.00%	6.88%
上海的现代会展节庆活动	16.56%	75.63%	7.81%

---

① 上海节庆文化消费调研 https://www.wjx.cn/report/24188958.aspx。
② 同上。

其中,对于西方节日和现代节假日期间的文化消费品供给满意度较高,而对中国传统佳节和上海地方民俗节庆活动期间的文化消费品供给满意度较低,尤其是对于上海地方民俗节庆活动文化消费品供给,民众满意度最低。然而在调查中却有38.13%的人表示乐意去参加豫园灯会、龙华庙会、三林圣堂庙会、真如庙会等上海地方民俗节庆活动并消费,甚至有21.25%的人表示非常乐意去参加,说明上海地方民俗节庆活动仍有很大的需求市场,但目前的文化消费品供给并不能让人满意。除了豫园灯会、三林圣堂庙会等少数节庆活动还保持发展活力外,上海的许多地方民俗节庆活动都乏善可陈,龙华庙会已连续停办三年,真如庙会更是停办多年。上海民俗节庆类非物质文化遗产是上海本土文化的典型代表,其发展乏力,不仅关系到非遗的传承与发展,也关系到上海本土文脉的存续等问题。

二、上海民俗节庆类非物质文化遗产存在的问题分析

在现有的非物质文化遗产保护工作中,对于民俗节庆类的项目还缺乏有针对性的保护方法。在传承保护过程中,大多只注重民俗节庆活动的开展等问题,对于民俗节庆所赖以生存的文化空间缺乏整体的考虑,尤其是民俗节庆与社区民众的关系、节庆文化空间与日常生活空间的关系等问题还关注不足。在现代化进程高速发展的上海,传统的民俗节庆文化空间被逐渐破坏,人口的高度流动性和居住建筑空间的变化也影响着传统民俗节庆的文化记忆。具体而言,上海民俗节庆类非物质文化遗产存在的问题主要有以下几点:

（一）办会目的不够明确,当代定位不准

节庆活动为何而办? 为谁而办? 这些是办会者需要首先思考的问题。历史上江南地区多寺庙,因庙兴会,庙会成为集信仰、经济、社会等功能为一体的重要文化空间。中华人民共和国成立后,因物资匮乏,庙会基本都改为城乡物

资交流大会,后因诸多原因大都先后停办。20 世纪 90 年代后,又逐渐复兴。但随着城市化和现代化的发展,经济大力发展,人们生活水平提高,庙会的物资交流功能消退,逐渐转型为文化型庙会。尤其是在 21 世纪非物质文化遗产运动之后,庙会更是成为文化展示性的节庆,非物质文化遗产展演、传统民俗手工艺展销等成为主要内容。以圣堂庙会为例,自 2012 年开始,其全称改为"第 X 届上海民俗文化节暨'三月半'圣堂庙会",上海民俗文化节成为活动主体,而圣堂庙会则沦为附属。而非遗展示、民俗展演、艺术展览、行街表演、花船巡游等项目也将庙会活动的重点转移到文化展示方面。当代的庙会等节庆活动,是以经济利益为主,还是该侧重文化效应? 是满足本地民众需求,还是吸引外地游客? 在办会目的和定位方面摇摆不定,不仅不能取得较好的效果,更不能令民众满意。

(二)办会主体过于单一,政府操控过多

当代城市庙会的办会主体较为单一,主要为政府操控,官方化严重,脱离了信仰本色和市场本性。在一定程度上,庙会起到了弘扬城市传统的功能。但是近年来,尤其是在成为各级非物质文化遗产以后,庙会反倒成了一个形式主义的文化摆设。

以国家级非物质文化遗产项目龙华庙会为例,龙华庙会最初的组织者,包括了龙华寺的僧人、当地民众、乡绅、商人等。这种信仰色彩较重的香火会,是龙华庙会发生的最初缘由。但是,近年僧人从民俗庙会组织者中逐渐淡出,20 世纪 80 年代庙会复兴以后,僧人曾经参加过相关活动,但是到了现在,龙华寺与三月三龙华庙会逐渐疏离,淡化了庙会组织的信仰倾向。此外,士绅和商人也曾是庙会的促进者。1901 年商人联合上书,敦请启动龙华寺与龙华庙会,可以见出商人在庙会中的地位。但从 20 世纪下半叶开始,庙会就一直由政府主导,从当年的物资交易会,到后来开展起来的龙华三月半民俗庙会,都是政府主导的,组织者变成了当地政府、文化部门、旅游部门,以及具体操作的文化公司。政府对于庙会的定位不准,人为剥离了庙会的信仰色彩,干预庙会本身具有的商业功能,以官方化色彩的摊位指派替代商业性的摊位有偿出让,使本来

自身具有造血功能的龙华庙会，沦为严重依赖政府财政拨款的文化展示会。对于政府来说，庙会的经济收入可以忽略不计，反倒是人流太多，容易产生安全等方面的问题，所以控制规模就可以降低风险度。加上近年控制行政会展表演和节庆规模的政令导致拨款减少，使得庙会的人气日趋下降。加上去掉了富有特色的小吃内容，近年的龙华庙会可谓乏善可陈，有如鸡肋。2016 年、2017 年、2018 年三年更是直接停办。

（三）办会形式有待改进，宣传不够到位

庙会等传统民俗节庆活动的现代转型，从内容到形式上，都还不够成熟和完善，仍然需要不断努力探索。当代的城市庙会，既不同于传统农业社会的乡村庙会，也不同于 20 世纪 90 年代的物资交流大会，其信仰功能与经济功能已经大大减弱，而文化功能和娱乐休闲的需求则大为增强，因此传统民俗节庆活动的内容和形式不能直接拿来用于今日的活动。

其次，随着时代的更替和社会的发展，以及大量外来人口的涌入，上海的人口数量急剧增加，而大量新生代及外来民众对上海本地的传统民俗节庆缺乏了解也成为其发展乏力的一个重要原因。

此外，信息不对称，宣传不够到位。上海民众构成复杂，不同群体有着不同的信息获取渠道。然而目前大多数节庆活动在宣传上只选择有限的几种方式，无法进行充分的宣传，民众获得信息的渠道较窄，导致信息的不对称，许多消息是在活动中甚至活动后才知晓。如 2018 年三林圣堂庙会在举办前，宣传工作也并不到位，微信、网络上都没有相关的宣传信息。所以许多节庆文化活动在举办前的宣传工作还有待改进。

三、相关对策建议

（一）明确办会目的，找准当代定位

城市庙会等民俗节庆活动是民间信仰在城市社会中的一种表现形式，而其文化内涵却与传统的乡村庙会有着很大差异，其实质是代表了一种具有现

代城市文明特点的价值取向与文化诉求,体现了人性本质的释放和张扬。当代城市庙会所具有的身份,已经不再是一个演绎各种神灵崇拜、神灵祭祀故事的宗教圣地,而是成了一种集商贸、消费、文艺、旅游等各种人性需求为一体的文化活动空间,它所服务的对象是人而不是神。而之所以仍然冠以"庙会"之名,只不过是贴上一个传统文化的标签而已。作为上海地方文化的代表,其所服务的首先应是本地社区民众,应以满足本地民众需求为目标。

(二)淡化官方色彩,增强社区参与

目前上海绝大多数节庆活动的运作模式都是政府主导型,对于龙华庙会等上海地方性民俗节庆活动,因为非物质文化遗产保护的原因更是受到政府的特别重视。但在很多情况下,非物质文化遗产保护也出现了政府操控过多的弊端,不符合其发展的客观规律。政府虽然在非物质文化遗产保护工作中处于领导地位,但应充分尊重民众的主体性,遵循非遗传承发展的规律。非遗保护的工作原则应为"政府推动,民众为主,社区参与"。非物质文化遗产在根本上是民众生活的一部分,非遗的传承与展演必须遵照民众的固有方式与传统。非遗保护的主体应该是以社区民众和传承人为主的社会各方,而政府部门主要是起组织、推动作用。目前,三林的圣堂庙会在社区参与方面就做得不错,其他节庆活动可以借鉴三林的成熟经验,增强社区参与。此外,庙会等节庆活动的市场部分,可以交由专业的企业去运作,实现市场化,政府部门应从此类微观操作中淡出,而在更高层面上发挥作用。目前,上海国际艺术节的市场化运作业已成熟,其他节庆活动可以借鉴上海国际艺术节的成熟理念,进行市场化运作,扩大节庆活动的发散效应。

(三)丰富活动内容,扩展宣传渠道

我们强调传统并不是将过去民俗节庆的内容形式照搬过来,也不是以民间手工艺、民间艺术展演等传统元素武装节庆。非遗时代,民俗节庆要从其作为非物质文化遗产的整体性特征来进行传承和保护。城市庙会等民俗节庆活动应符合时代发展需要,充分考察民众需求,通过调查问卷、访谈等形式充分

了解民众需求,并根据民众需求,丰富活动内容和形式,既融合传统,又有所创新,以满足不同群体的需求。

根据调研,对于节庆期间的相关信息,民众获得信息最多的前几大渠道依次是微信、家人朋友推荐、门户网站、电视、地铁/公交车广告、报纸杂志。微信作为当前人们信息来源的重要渠道,公众号、朋友圈的传播效果非同一般,而家人朋友间的推荐,也往往是通过微信交流。网站作为信息传播的重要现代科技手段,不仅可以快速有效传递信息,而且可以为节庆活动的品牌化发展提供重要保障。上海国际电影节的门户网站就做得较好,值得其他节庆活动借鉴。总之,节庆活动主办方可以充分利用各种有效的宣传手段,对节庆活动进行全方位、深层次的宣传,扩大节庆的品牌影响力和号召力。

结　语

上海是一个开放包容的城市,上海的节庆包含了传统与现代、西方与本土的各类节庆。其中上海传统的民俗节庆活动,是其本土文化的典型代表。当前上海的节庆文化活动处在传统与现代交替的变革过程中,节庆期间的文化活动呈现多样化的特征,但传统民俗节庆的现代转化还不完善,传统民俗节庆活动的内容和形式还未能与当下民众的审美文化需求完美结合,人民日益增长的美好生活需要和不平衡不充分的发展之间的矛盾日益突出。在全球化冲击下,节庆文化的地方性特色日益消失,上海的传统地方民俗节庆活动存在着式微、同质化等问题。不仅无法满足上海民众的多样化需求,也不利于保护上海传统地方特色文化和建设国际文化大都市。

上海拥有丰富的物质、非物质文化资源,在非遗传承保护背景下,可以联合打造海派文化品牌。上海的民俗节庆类非物质文化遗产,要注意从多个维度加以整体保护。要注意将传统文化与现代文明有机地结合,明确办会目的,找准当代定位;通过深度挖掘节庆文化资源,以传统与时尚的形式增强节庆活动的体验参与性;丰富活动内容,扩展宣传渠道,使节庆活动不仅达到娱乐目的,还可以发挥教育功能和文化传承的功能。

参考文献

1. 蔡丰明:《城市庙会:人性本质的释放与张扬》,《学术月刊》2011 年第 6 期。

2. 陈勤建:《当代语境下庙会文化空间整体保护及重构——以上海龙华庙会及宁波梁祝庙会等为研究对象》,《西北民族研究》2016 年第 3 期。

3. 高有鹏:《中国庙会文化》,上海文艺出版社 1999 年版。

4. 黄江平:《社区文化空间的多元建构——以上海市浦东新区三林镇为例》,《上海文化》2013 年第 12 期。

5. 毛巧晖:《非物质文化遗产与民俗节庆文化的建构——基于广西百色市布洛陀民俗文化旅游节的考察》,《贵州社会科学》2018 年第 3 期。

6. 毛巧晖:《遗产化与民俗节日之转型:基于"2017'敛巧饭'民俗风情节"的考察》,《北京联合大学学报(人文社会科学版)》2018 年第 1 期。

7. 乌丙安:《民俗文化空间:中国非物质文化遗产保护的重中之重》,《民间文化论坛》2007 年第 1 期。

8. 岳永逸:《行好:乡王的逻辑与庙会》,浙江大学出版社 2014 年版。

9. 赵世瑜:《狂欢与日常:明清以来的庙会与民间社会》,生活·读书·新知三联书店出版社 2002 年版。

14

基于民俗谱系理论的上海三官俗信的
历史价值与文化价值研究
——兼论三官信仰申报非遗项目的意义

雷伟平*

摘　要　上海三官俗信已有 700 多年的历史,发生于元朝,兴盛于明清,几乎每个村镇都有三官庙,形成了多样的文化形式。上海三官俗信从清末开始衰败,直到 1978 年才开始缓慢复兴,当时约有 14 座大小不等的庙宇。三官俗信是上海地方文化的重要代表之一,有着独特的历史价值和文化价值。三官俗信的历史是迁入上海的不同族群之间文化认同的历史,三官信仰自元朝进入上海以来,一直是本地人与外地人、外地人与外地人之间文化认同的基础之一。三官俗信也具有兼容并蓄的文化品格,丰富民众的精神文化生活,传承追念先祖的品质。因此,我们认为有将其申报为非物质文化遗产项目的必要,这将有利于重塑人们对天地水的敬畏感,加强上海与台湾的民间交流与互动,并进一步彰显上海精神与上海品格;三官庙会也能为地方非物质文化遗产项目提供展演的场所和平台,使得文化遗产真正实现见人、见物、见生活;同时也能促进乡村搞活民俗经济,发展文化创意旅游;三官俗信的故事也可能成为文化创意的资源。

关键词　上海三官俗信　历史价值　文化价值　非遗申报

---

*　雷伟平,上海外国语大学贤达经济人文学院副教授,研究领域为非物质文化遗产的保护与传承。

民俗谱系是用以解释不同地区间同一文化现象之间联系的理论方法,强调文化的整体性、互动性与结构性,其形成与发展的关键在于文化认同,内容包括族群谱系、时间谱系、空间谱系与结构形式谱系等。① 时间谱系与空间谱系能够将民俗事项的发生发展过程呈现出来,展现其历史价值;结构形式谱系以叙事为基础,包括语言叙事、物象叙事与行为叙事等,这些叙事的深入挖掘能够展示民俗事项的文化价值。因此,以民俗谱系为视角探讨民俗事项的历史价值与文化价值会更具意义。

目前学术界以历史价值为题目的研究论文在知网上有 900 多篇,以文化价值为题的研究论文有 4 000 多篇,题目同时包涵历史价值与文化价值的仅有 3 篇,学科视角多以社会学、人类学、民俗学、艺术学、历史学等为主,内容多围绕文化遗产展开。在这些论文中,关于宗教、民间信仰的历史价值的研究论文比较少见,关于宗教、民间信仰的文化价值的研究论文约 40 篇,较典型的如马莉的《中国民间信仰在现实中的生长力及文化价值初探》,作者从认同与信仰作为传统文化象征中心等角度来探讨民间信仰的社会文化价值;闫韶华的《甘肃武山县民间信仰及其文化价值》,作者认为民间信仰有助于传承传统文化,承载着家族史甚至乡村史,并能进一步丰富老百姓的精神文化生活;王树平、包得义的《论清代坛庙的神祇信仰及其文化价值》,作者认为由坛庙神祇信仰而成的庙会能够为百姓提供丰富多彩的生活,还体现了官民信仰的多样化,并能为研究者提供丰富的资料,还是清代中外交流的历史见证。同时研究民间信仰的历史价值与文化价值的论文目前在知网上仅有 1 篇,即王默、李臣玲的《民间信仰价值的文化人类学解读》,作者从文化人类学的角度对民间信仰的历史价值和文化价值进行了分析,在历史价值方面,作者认为民间信仰不仅能够展演社会发展史,还是传统国家与社会关系的缩影;在文化价值方面,认为民间信仰不仅能够较为稳定地传承文化,还能体现不同民族间的文化边界。另外,研究三官信仰的论文在知网上约有 72 篇,内容涉及信仰渊源、三官圣诞、民俗叙事、官民关系等

---

① 田兆元:《民俗研究的谱系观念与研究实践——以东海海岛信仰为例》,《华东师范大学学报(哲学社会科学版)》2017 年第 3 期。

方面。根据以上的阐述，我们发现目前还没有学者从民俗谱系的角度对三官俗信的历史价值与文化价值进行探讨的，也未见有分析将三官俗信申报为非物质文化遗产项目价值的。有鉴于此，笔者就以民俗谱系为理论基础，以上海三官俗信为中心，以时空谱系探讨其历史价值，以结构形式谱系探讨其文化价值，并在此基础上分析三官俗信申报上海非遗项目的价值。

三官俗信，即三官信仰，又称三元信仰，是天地水自然崇拜、祖先崇拜和英雄崇拜的现实表现。其起源于古代天地水自然崇拜，东汉时张鲁"作三通"开始称为天地水三官；魏晋南北朝时期与三元日结合，形成上元天官赐福、中元地官赦罪、下元水官解厄；自宋朝以后发展为以天地水为中心的多神系统，包括天、地、水系列，陈子椿三子系列，茅盈、茅固、茅衷系列，唐宏、葛雍、周武系列，尧、舜、禹系列、女三官系列等，囊括了中国最为重要的自然信仰与祖先圣人信仰，并产生以赐福、赦罪、解厄为中心的民俗叙事，其影响力更为深远，是遍布中国各地区各民族的广泛信仰，传播到日本、韩国、越南、新加坡、马来西亚等东亚东南亚国家，形成了庞大的文化信仰谱系。上海三官俗信是三官信仰谱系中重要的组成部分，其发生于元朝，兴盛于明清，衰落于1911年至1978年，在1979年以后逐渐复兴起来。其内容包括传统叙事即神话传说故事等、物象叙事即庙宇塑像楹联等、行为叙事即三元圣诞的仪式等。上海三官俗信的形态有天地水三官、尧舜禹三官、唐宏葛雍周武三官、女三官等，有着丰厚的历史价值与独特的文化价值。

一、上海三官俗信的历史价值

上海三官俗信的历史价值表现在两个方面：经济变迁与文化认同。从时空谱系来看三官俗信的历史价值即经济变迁，从族群谱系来看三官俗信的历史价值即文化认同。

（一）经济变迁：时空谱系下三官俗信的历史价值

时间的动态表现与空间的静态表现即时空谱系，是时间谱系与空间谱系的简称,是民俗谱系重要的组成部分,强调以纵向的时间和横向的空间为基础,研究民俗事项的时空分布与社会、经济、文化之间的关系等问题。时间谱系考察民俗事项的发生、发展和演变的历史过程,空间谱系是在不同的地理空间发生的具有相同特征的民俗事项的分布形式。① 三官俗信在元朝时进入上海,到明朝中叶以后开始兴盛起来,清朝进一步发展成为村镇必有三官庙堂的盛大景观,之后从 1911 年到 1949 年,再从 1949 年到 1978 年,三官俗信走向衰落。1979 年改革开放以后,三官俗信逐渐复兴。

元朝时期,上海三官俗信的发生与盐业的发展联系紧密。三官庙首先在元朝初年出现②,"崇福庵,上海县十七保,俗呼三官堂,元刹,明嘉靖间倭毁,里人乔晟重建,属南汇"(乾隆《上海县志·寺观》)。到元朝大德年间,新场镇也出现一座三官庙,"三官堂,新场永宁教寺后,元大德年间(1297—1307)建。堂后为陈氏墓,堂基亦陈氏所舍"(民国《南汇县续志·祠祀志》)。第一座三官庙中的"上海县十七保"即周浦镇:"周浦镇,一名杜浦,在十七保,去县东南三十六里,宋末诗人储泳故里也。置下砂盐场杜浦巡司于市,由是人繁物广,其后逐利而迁。"(弘治《上海志》卷 2)再根据宋朝的方志发现,"杜浦巡检司在县东北七十里"(绍熙《云间志》上)。可见杜浦即周浦,位于下沙盐场。"新场镇距下砂九里,以盐场新迁而名,赋为两浙之最,四时海味不绝,歌楼酒肆贾衒繁华,视下砂有加焉,而习俗浇伪又下砂所无也。"(弘治《上海志》卷 2)新场在下沙之后成为新的盐场,周浦与新场相继而生,这与三官庙前后发生相符合。可见,随着盐业的发展,经济繁荣、商贾云集促进或者催生了上海三官俗信的发生。

明朝时,上海三官俗信的发展与盐业、棉业、渔业等具有正相关性。明朝三官俗信的发展要到明朝中叶以后,三官庙分布在漕泾镇(1 座)、嘉定镇(2 座)、南翔镇(1 座)、朱家角镇(1 座)、商榻镇(1 座)、颛桥(1 座)、莘庄(1 座)、罗店镇(1 座)、吴淞所(1 座)、奉城镇(1 座)、六团(1 座)、高行镇(2 座)、法华

---

① 田兆元:《民俗研究的谱系观念与研究实践——以东海海岛信仰为例》,《华东师范大学学报(哲学社会科学版)》2017 年第 3 期。
② 雷伟平:《上海三官神话与信仰研究》,中国言实出版社 2016 年版,第 57 页。

镇(1座)、三沙(1座)、长沙①(1座)。在这些市镇中,三官俗信的发展与所在地的经济紧密联系,几乎是以经济繁荣程度为风向标的。三官俗信在明朝最先出现在漕泾镇,我们注意到漕泾镇也是盐场,"元明间(盐)滩地辽阔,分隶于浦东、袁浦两大盐场管辖,盐商汇集,镇市兴旺"②。当盐业衰落的时候,其他市镇发展起来,三官俗信也随之向相应的市镇发展,即在漕泾镇盐业衰落之后,嘉定镇棉业兴盛起来,嘉定镇的三官庙也随之建造起来,即由徽商发起建造的集仙宫三官殿。嘉定镇所属的嘉定县"至明代中叶,秋熟植棉面积占耕地的十分之九"③。嘉定镇所处地区已是当时重要的棉花、棉布的集散地。再如朱家角在万历时期已经是"商贾辏聚,贸易花布,为今巨镇"了,到天启年间已经有所发展,形成了以棉花、布业为中心的市镇。④ 还有商榻镇,即商人下榻之处,其繁荣程度可见一斑。由上可见,明朝三官俗信的历史更是经济发展的历史。

清朝时期,上海三官俗信的发展依然与经济紧密联系在一起,随着棉布业、粮食等的进一步兴盛,三官庙宇的分布范围也更加扩大,据不完全统计约有87座三官堂,分布在上海的大部村镇,嘉定区13座、青浦区10座、松江区5座、金山区6座、宝山区6座、闵行区8座、奉贤区2座、浦东19座、崇明10座、长宁区1座、虹口区3座、普陀区2座、杨浦区1座、徐汇区1座。

上海自19世纪40年代开埠以来,已经迈开城市化的脚步,越来越多的人涌向市中心,涌向租界;上海的棉布业遭到来自国外棉纺织业的打击,曾经作为棉布业中心的重镇,经济却呈现萧条状态。小刀会的失败也促使闽商离开上海。国外机器化大生产正在代替着手工生产,使得上海的乡村经济逐渐崩溃。在战争的影响下,在国外工业化的打击下,各个市镇的经济形式发生变化,随之三官俗信也逐渐走向衰败。⑤ 1911年到1949年,三官庙仅存20座。

---

① 明朝崇明县县治所在地,即今城桥镇。
② 上海市金山县县志纂委员会编:《金山县志》,上海人民出版社出版1990年版,第138页。
③ 上海市嘉定县县志编纂委员会编:《嘉定县志》,上海人民出版社出版1992年版,第2页。
④ 雷伟平:《非遗资源图谱视域下的上海三官神话变迁研究》,《广西民族大学学报(哲学社会科学版)》2017年第4期。
⑤ 同上。

从 1949 年到 1978 年,三官庙几乎全部被毁。1978 年以后,随着改革开放的发展,三官俗信逐渐复兴起来,根据笔者的调查,恢复起来的三官庙宇约有 14 座,嘉定区 1 座、青浦区 4 座、闵行区 1 座、浦东新区 7 座、松江区 1 座。

综上可见,三官俗信与经济发展具有正相关性,当经济繁荣时,三官俗信能随之兴盛;当经济萧条时,三官俗信也会随之走向衰败。因此,从时空谱系来看,三官俗信的历史价值在于三官俗信的发展体现着上海自元以来经济的发展。

(二)文化认同:族群谱系下三官俗信的历史价值

文化认同是指人类对于文化的倾向性和认可,包括文化理解与共识、文化归属等内容,强调文化间的相互尊重、个人身份的认同和自我认同,以及以文化为凝聚力的群体认同等。[①] 可见文化认同有两方面的内涵,即文化间的相互接受与文化内身份认同以及群体的凝聚力。上海作为移民城市离不开文化认同,因此,上海三官俗信的发生发展史是在不同时期来自不同地域的不同族群间文化认同的结果。

元朝时周浦与新场出现三官庙,一方面如前文所述是盐业经济发展的结果,另一方面也是文化认同的结果。元至元十六年(1279),上海出现第一座三官堂,主要是陕西盐商来往于上海的盐区,陕西盐商的发源地主要有三原县、泾阳县和绥德州,还有咸阳、蒲城、韩城、合阳、富平、高陵、咸宁等,而在这些地区,大多都建有三官宫观庙宇,如在乾隆《西安府志》祠宇门列出三官庙和三元庙:"宋:三官庙(柴儒碑记)在咸宁城东十五里田家湾,创自宋明。正德三年尚膳太监李福修,嘉靖十四年重修。元:三元庙(贾志)在三原县县西关,泰定二年建。"[②]可见,上海三官俗信的发生可能与陕西盐商有关,同时三官俗信之所以能够继续发展,是当地盐民文化认同的结果。

根据《川沙县志》《南汇县志》,在盐业集镇上多是盐丁。上海从北宋时期就开始产盐,据史载,宋朝的煮盐工一般有两种来源:"第一种是由政府劝诱盐

---

① 郑晓云:《文化认同论》,中国社会科学出版社 2008 年版,第 3—15 页。
② 雷伟平:《中国三官神话与信仰研究》,中国言实出版社 2016 年版,第 53 页。

场附近居民,将他们登记在册,定购和包购其盐产;第二种是官府在'劝诱'之外,向自由灶户施加一定的暴力,强制将他们纳入官盐场的经营范围。"[1]另外与盐丁属同种性质的畦户、畦夫,他们源于"籍州及旁州民给役"[2],是说"从解州和附近州郡居民中征调,来为政府的池盐业服务"[3]。由此可知盐丁的来源:一是盐场附近的居民转变成盐民,二是自由灶户转为固定灶户。再看宝山区的地方志,认为宝山的人口有部分来自河南杞县:"北宋末年,境内成陆不久,靖康之难,宋室南迁,北方人民随高宗南渡,河南杞县等地的一部分移民来境垦殖,晒盐谋生,人口逐渐增多。"[4]再根据《新场镇志》载:"唐宋时迁徙而来的是江苏省、浙江省、安徽省等地的游民,散居海滨以捕鱼、煮盐为生。元代时期,盐业发展,有灶丁 2 407 人落户新场地区。"[5]唐时三官俗信已在江苏、浙江、安徽有所发展,供奉的主要对象为天、地、水三官,宋以后出现唐宏、葛雍、周武三元大帝。这样看来,新场的三官庙的建造不仅与陕西盐商有关,也与来自江苏、浙江、安徽的盐丁有着联系。来自不同地区的族群因三官信仰形成文化认同,并逐渐构建具有上海当地特色的信仰文化。

这一认同随着更多族群的到来在不断延续。明时宝山罗店镇有三官庙,为时人沈濬所兴建。沈濬的先祖最早是浙江吴兴人,后迁居江苏徐州,又迁居安徽霍邱,再到江苏昆山,最后才来到宝山大场镇。有家谱为证:"盖吾宗族谱牒远溯成周,自昔文王第十子冉季载分封于沈,因以为姓,后本世居吴兴郡,迨梁休文公以四声谱传于世,唐季顺必公由徐州下邳奉命征东阳郡而服之,遂为太守。故又以东阳明郡,宋霍邱尉怀玉公字龙跃迁居昆山,后迁嘉定县治东南五十里之大场镇(今属宝山)。"[6]到沈濬时已然成为宝山本地人。再根据沈濬家谱记载的故事:

---

① 郭正忠:《宋代盐业经济史》,人民出版社 1990 年版,第 76 页。
② 郭正忠:《宋代盐业经济史》,人民出版社 1990 年版,第 71 页。
③ 同上。
④ 朱保和主编,上海市宝山区地方志编纂委员会编:《宝山县志》,上海人民出版社 1992 年版,第 100 页。
⑤ 新场镇志编纂委员会编:《新场镇志》,方志出版社 2004 年版,第 61 页。
⑥ 沈延台纂修:《罗阳沈氏家乘摘要》,民国三十八年(1949)铅印本。

　　罗店有徽商蒋姓者富而横。一日风鉴者来售术,蒋令相之,言前事若神,问后境默然固问之,则曰恐死无棺木耳,蒋怒其侮叱仆痛殴之,术者踉跄逃。沈濬闻而异焉,邀之相,初不许,濬婉言固请,术者熟视而大言曰:"余宁殴死不解诳人君相犹蒋耳。"濬笑曰:"子诚戆直,奈世不容何!"赠以金,使人护之出境,术者感其意,临行谓濬曰:"君面有煞纹,修心补相善可回天幸勉之。"又云:"仆观世人,多杀相,殆劫数至耶。"濬闻之竦,然为善益,力奉三元神尤虔。乙酉六年十八日李成栋屠罗店,濬与长子元鲲守家,兵入,濬登楼,兵尾而上,若无所睹者,忽倚窗大呼曰:有人跳下可杀之。下应约诺,已曰:"道人袍一领耳,何言人也。"楼上兵亦径去,濬知为神佑,事益虔。蒋全家被戮。①

　　这则故事反映的是本地人与外地人的利益之争,是本地人对外地人徽商的不认同,这种不认同反映在故事情节中就是徽商富而横,本地人善良且内敛,并能够获得三官神的护佑,这不仅是文化认同的问题,也是信仰资源争夺的问题。

　　在明朝时的嘉定镇,徽商已经开始建造三官庙。嘉靖四十五年(1566)张意撰写的《集仙宫三官祠记》中有记录三官的身份以及捐资者的姓名等内容:"在本祠故址,文曰三官祠者,世所谓三官神帝也。《搜神记》:三官为周厉王时人,唐宏萬(葛)雍周氏(武),厉王失政,三官累谏,弗听。弃官游吴。吴王悦之,会楚人来侵,三官战败楚兵。吴王酬以爵,不受。后归周,宣王赐赉甚厚,卒加封侯号。至宋祥符九年,真宗东封岱岳至天门,二官从空而下,扈驾显灵,帝封三元三品三官大帝,同判岱岳冥司。此其出处大校也。碑阴题:嘉靖四十五年徽歙吴国宁室程氏夏氏男宗仁等七人孙大成等十四人曾孙自奇同建,又续题道光十六年秦溯萱室金氏男兆兰兆甲重修。"②嘉定镇当时已是各路商帮云集之处,信仰作为一种资源也为商人们所拥有,其中集仙宫中的三官殿

---

①　(清)潘履祥、朱延射纂,吴康寿、梁满贵修:《光绪宝山县志》卷十四,《中国地方志集成·上海府县志辑》第九册,上海书店出版社、巴蜀书社、江苏古籍出版社 2010 年版。
②　(清)光绪《嘉定县志》卷二十九《金石志》。

就是当时徽商直接参与建造的结果,"……徽商吴国宁增建三官殿"。徽商作为外地人已经开始注意到三官的身份,张意在写碑记的时候,根据《搜神记》认为三官是唐宏、葛雍、周武。一般来说,只有外地人才会对当地的信仰提出疑问,同时根据考证给出自己的解释"此其出处大校也"。①

可见,叙事与现实相结合就会发现,不同族群间大多都是从文化的不认同达到文化的认同。当地人与外来者、外地人之间在同一信仰文化下,逐渐达成共识,形成文化认同,实现和谐相处。

综上,上海三官俗信的历史价值表现在两个方面:经济变迁与文化认同。

二、结构形式谱系下上海三官 俗信的文化价值

结构形式谱系以叙事为中心,包括语言叙事、物象叙事、行为叙事等三个方面,是时空谱系、族群谱系的重要基础,没有结构形式谱系就不会形成族群谱系与时空谱系。三官俗信的文化价值是通过叙事呈现出来的。三官俗信的文化价值包括两方面的内容:第一是语言叙事下三官俗信的文化内涵,即三官俗信与其他俗信相比所具有的独特性,在于其能够兼容并蓄,自东汉三官信仰诞生起,其以天地水三官崇拜为中心,在之后的发展中,将圣贤、有功于民者、品德高尚者、行侠仗义者纳入三官体系中,如尧舜禹三官、唐宏葛雍周武三官、茅盈茅衷茅固三官、陈子椿与龙女所生三个儿子三官、女三官等,形成庞大的三官文化谱系。上海三官俗信也是如此,形成了天、地、水三官系统,尧、舜、禹三官系统,唐宏、葛雍、周武三官系统,女三官系统,其文化内涵丰富。第二是关于三官俗信的行为叙事,如三元节的仪式叙事。三元节不仅丰富了人们的文化生活,由节日而成的庙会成为地方非物质文化遗产项目展演的舞台,而

---

① 雷伟平:《非遗资源图谱视域下的上海三官神话变迁研究》,《广西民族大学学报(哲学社会科学版)》2017年第4期。

且中元节与下元节也是人们追念先祖的时刻。

（一）兼容并蓄：语言叙事下三官俗信的文化价值

语言叙事包括文本叙事与口头叙事，借助语言叙事能够将三官俗信敬畏自然、礼拜先贤、崇尚侠义等文化价值彰显出来。

敬畏自然是天地水三官俗信的文化价值。天地水三官源于自然崇拜，到东汉时期张鲁"三官手书"将三官拟人化："请祷之法，书病人姓名，说服罪之意。作三通，其一上之天，著山上，其一埋之地，其一沉之水，谓之三官手书。"（《三国志·魏书》卷八《张鲁传》引《典略》）三官手书表现了人们对天地水三官的敬畏。我们生活在天地之间，水是我们的生命之源，只有怀有敬畏之心与感恩之心，天官才能赐福，地官才能赦罪，水官才能解厄，其实是自我的救赎，敬畏自然才能心安理得，才能有青山绿水，才能有美好的生活。

礼拜圣贤是尧舜禹、唐宏葛雍周武三官俗信的文化价值。尧舜禹是创世神话谱系中重要的一环，帝尧与帝舜举贤任能、教化四夷，使得中华文明取得了进一步的融合与发展，并通过帝位的禅让开启了中国的政治道德；大禹治水三过家门而不入的艰苦卓绝与奉献精神，最终大禹奠定了华夏九州格局。尧舜禹进入三官系列，一方面能够进一步认识中国创世神话中品德的铸造，另一方面能够将唯贤是举的品质传承下去。唐宏、葛雍、周武是周厉王时的三位谏臣。"王好畋猎失政，三官谏曰：先王以仁义守国，以道德化民，而天下咸服，未闻禽荒也。叠谏弗听，三官弃职南游于吴，吴王大悦。会楚兵侵吴，王甚忧之，三官进曰：臣等致身以死事大王，自有安邦之谋，大王无虑。三官迎敌各用神策，楚降。吴王迁赏三官，拜辞奏曰：臣等客臣也，不敢受赐。俊知厉王薨，宣王立，复归周国。宣王赐宝甚厚，仍其爵位。俊救太子靖王降五方使者，及非灾横祸，宣王迁三官于东衮，抚治安慰民受其赐，商请其资所至无乏，其国大治，三官既升加封侯号。"[①]唐葛周三官敢于进谏，表现了他们刚正不阿、感恩

---

① 沈曾植撰，钱仲联辑：《海日楼札丛　海日楼题跋（二）》，辽宁教育出版社1998年版，第246页。

图报的精神,他们热爱故土并为故土的发展贡献一己之力。

崇尚侠义、遵守孝道、不畏强权是女三官俗信的文化价值。所谓女三官是一位名叫三官的姑娘,具体叙事如下:"三官有两个哥哥,因她父亲吃醉了酒,对当地一个无恶不作的土豪讽吹了几句,被土豪的家奴活活打死。三官的两个哥哥上告打官司,因为土豪贿赂而官司打输了,弟兄俩还要上告,三官不许。父亲的遗体埋葬的当天晚上,三官失踪了。再讲这个土豪过生日,请了两个戏子唱堂会。清朝时都是男人唱戏,没有女人唱戏的,要么男人扮女人。请来的两个戏子当中的其中一个生的非常美貌,被土豪看中了,生日酒席结束后,土豪约这个漂亮的戏子来到自己房里,并叫下人守着门口,几个下人正猜想时,听见房里有声响,下人们不敢叫喊,接着又听到一声更大的声响,下人再也忍不住,就喊了几声,但里面毫无反应,于是就破门而入,进房门一看,土豪死在地上,头也没有了,而这戏子也倒在地上,手里还握着一把雪亮的刀,脖子里还有一根带子,梁上也有一根同样的带子。一看就明白,这戏子杀了土豪后自己上吊,但带子断了才摔倒在地上,这才传出啪的声响。这两个家伙在戏子身上一动,发现这戏子没有死,还有气息,再一看,才看清这戏子原来是女的,这就是三官,这两个家伙起了色心,就在这个紧要关头,起了一阵狂风,一根棒头从天而降,正好打在一个家伙的头上,当场七窍流血而死,另一个家伙吓得死去活来,忙跪在地上叩头就拜,他总算免了一死。接着有人去报了官,官吏们来到现场,三官的两个哥哥闻讯赶来,认出是妹子三官,弟兄俩把妹子三官弄到家里,三官还是这样,像个死人又不像个死人,还有一点气息,就是什么也不知道,就这样,一日三日九日,度过了九九八十一天,三官还是老样子。当地老百姓看到心爱的三官这个样子,心里难过极了,于是,经过大家商量,决定集资为她塑身造庙,三官为民除害,为了纪念她的功德,三官堂造起来了,主人就是三官。已经过了好长时间,三官真的演化成一位可敬可爱的菩萨,三太。"①当地人感于三官的贞烈、勇敢和孝顺而造庙供奉她,符合传统的祭祀有功于民者的标准。故事中的三官崇尚侠义、遵守孝道、不畏强权,并敢于同恶势力作斗争,

① 雷伟平:《上海三官神话与信仰研究》,中国言实出版社2016年版,第164页。

体现了女三官的文化价值。

可见,三官俗信不是单一的信仰模式,而不同的只要是符合传统价值观的有功于民的圣贤都可以纳入这个体系中,文化内涵丰富。

(二)丰富文化生活与追念先祖:行为叙事下三官俗信的文化价值

行为叙事包括仪式、歌舞等面对神灵所做的各种崇拜行为,它是神话的动态反映,能够强化人们对神话的记忆。① 三官俗信的行为叙事主要表现在上中下三元节上。上海三元节有三种时间,第一种,农历正月、七月、十月的十五日,分别为天地水、尧舜禹三官的生日;第二种,农历正月、七月、十月二十七日,分别为唐葛周三官的生日;女三官的生日则在农历的三月十三日。可见,节日时间与内容呈现出多元化。

从丰富文化生活方面看,三元节为民俗文化提供了展演的舞台。首先,在历史上,上元灯带给人们精神享受。洪武时期《苏州府志》载:"上元影灯巧丽,他郡莫及。"②崇祯时期《外冈志》载:"上元采柏叶,折竹枝,结棚门外放灯,谓之灯棚。近皆木架为之,幔以纱縠,式以布帛,缀以绮绣,饰以珠珰。灯之名目亦以百计,争奇斗巧,竞相夸耀。自十三日试灯至十八日夜止,士女嬉游,街巷填塞,歌影衣香,昼夜不绝,儿童鸣钲击鼓,团聚为乐,谓之闹元宵。"③在民国时期,青浦区的中元节还有打拳船的习俗:"泥河滩三官堂在淀滨昆山县境,七月二十七日神诞,泖南一带乡民岁往烧香,先二日道经我邑,小西门外停泊,舟楫相衔,迤逦里许,迨香市散回经珠街阁,有彩船数十艘,金鼓阗沸拨桨如飞,名曰摇快船。有少年在船头演弄刀棒者,谓之打拳船,东坡诗:'猛士操舟张水嬉'所咏或亦类是。"④可见上元灯、中元打船拳等都为普通百姓提供了娱乐的机会,带来精神上的享受,丰富了他们的文化生活。其次,在当代三元节时,一

---

① 雷伟平、宋军朋:《上海青浦区 A 村三官神话的重构研究》,《宗教学研究》2018 年第 1 期。

② (明)卢熊:《(洪武)苏州府志》卷第十六,明洪武十二年刊本。

③ (明)殷聘尹撰,王健标点:《(崇祯)外冈志》卷一。

④ 于定等修,金咏榴等纂:《青浦县续志》卷二十四《杂记下》。

方面是神灵圣诞,另一方面为非物质文化遗产项目展演提供平台。如青浦区某村在女三官生日当天都会有文艺表演,内容均为当地的民间文化且为非物质文化遗产项目,如打连厢、阿婆茶、沪剧,更有红歌伴奏的广场舞等,而且村子有自己的艺术团,组成自己的乐队以传承传统乐器、传统民间音乐。这些都在丰富着三官庙所在地老百姓的文化生活。

从追念先祖方面看,中元节、下元节是除清明节外老百姓追思先祖、追思亲人的重要时刻。在我们传统的想象中,阴间与人世间一样有着相同的社会运作模式,因此,我们在每个季节到来的时候,都要给去世的先祖送去衣物等生活必需品,只是我们是以烧纸的形式来实现,春夏秋冬分别对应的是除夕、清明节、中元节、下元节。中元节与下元节对于普通百姓来说是非常重要的时间,要注意的是下元节在明朝时发生了变化,从望日改成了朔日,如《洪武苏州府志》载:"七月十五日僧舍光预营斋供俾入荐已,谓之盂兰盆会。……十月朔再谒墓祀先,谓之烧衣节。"①再如崇祯《外冈志》载:"十月朔日祀先。案下元望日,今俗用朔日。"②万历时期的《嘉定县志》以及崇祯时期的《外冈志》均载,中元和下元节以祭祖为主。另外还对饮食方面做了规定,祭祀祖先要用素食:"七月十五日祀先多用素食。"③如崇祯时的《松江府志》载:"中元祀先以素羞往僧舍设斋,为人荐亡,夜施水灯,曰:盂兰盆会。十月一日祀先,旧志朔日开炉以面裹菠菜为饼,献登祠堂,复拜,扫先墓,今惟以蔬果设祭家祠,上海拜墓至今不废。"④至今在浦东新区、青浦区、嘉定区、松江区、闵行区、金山区等地,每逢三元节时,一些老百姓还是会聚到三官庙里追念祖先,同时为子孙祈福。

可见,三官诞辰即三元节是地方文化展演的时刻,也是地方百姓重温本地文化的时刻,更是追念先祖的时刻。

总之,三官俗信具有兼容并蓄的特质,它就像一个容器,将对自然的崇拜、

---

① (明)卢熊:《(洪武)苏州府志》卷第十六,明洪武十二年刊本。
② (明)殷聘尹撰,王健标点:《(崇祯)外冈志》卷一。
③ (明)含浚等:万历《嘉定县志》卷一,明万历三十三年刊本,《中国方志丛书·华中地方·第421号》,成文出版社,第149页。
④ (明)崇祯《松江府志》,《日本藏中国罕见地方志丛刊》卷七,书目文献出版社1991年版。

对圣贤的崇拜等都装进来,但又不失其个性;同时,三官俗信进一步丰富了人们的文化生活,也为三官庙所在地的地方文化或者说非物质文化遗产项目的推广提供重要的契机。

三、申报上海非物质文化遗产项目的意义

三官俗信至今仍活跃在上海的郊区。根据笔者的调查与统计,至目前为止,上海郊区至少有 14 座三官庙,每逢农历每月初一、十五以及三元节时,当地百姓大多会聚集于三官庙,以一定的仪式祈福消灾。但是庙宇的规模都比较小,甚至有些只是在三官庙原址上搭建一个棚,这与在上海拥有 700 多年历史的三官俗信来说是不相符的。习近平总书记在首届中国国际进口博览会上提出"开放、创新、包容已成为上海最鲜明的品格,这种品格是新时代中国发展进步的生动写照"[1],三官俗信的现状与上海开放、包容的品格也是不一致的。"2016 年,国家宗教事务总局关于民间信仰工作的座谈会在泉州召开,国家宗教事务局局长王作安指出,'做好民间信仰工作,对于团结广大群众、促进社会和谐稳定,对于维护国家利益和社会公共利益、抵御境外渗透,对于弘扬中华优秀传统文化、培养良好社会风尚,对于密切联系海外华侨华人、促进祖国统一等都具有重要意义'。这样,民间信仰对于国家与民族而言就有了与以往不同的意义。"[2]如果将三官俗信申报为非物质文化遗产项目,将不仅有利于保护并传承这项历史悠久的民间信仰,更有益于社会经济与文化的发展,有利于和谐社会的建设。

第一,三官俗信申报为上海非物质文化遗产项目,有利于再塑人们对于天地水的敬畏之感。现在处于社会经济文化发展的新时代,生态治理仍然是我们面对的亟待解决的问题,环境污染还时有发生。除了技术层面的问题外,我

---

[1] 《中国发展写照! 习近平这样点赞上海品格》,新浪新闻网 https://news.sina.com.cn/o/2018-11-06/doc-ihnknmqx4306681.shtml。

[2] 雷伟平:《文化政策视野下上海三官信仰习俗的当代变迁》,《浙江师范大学学报(社会科学版)》2017 年第 5 期。

们认为问题的关键还在于人们对自然敬畏感的缺乏。而三官俗信中天地水系统是解决该问题的重要的文化基础，是重新构建人们认识、敬畏、热爱自然的重要的文化资源。

第二，以三官文化为契机，有利于实现上海与台湾进一步的民间互动与交流，是台湾对中华文化进一步认同的有力基础。如前述，上海历史上有丰富的三官信仰资源，发展到当下，市区有一座三元宫，郊区有 10 多座三官庙，三官圣诞都会有相应的仪式活动；台湾三官俗信保存比较完整，三官生日的活动更加盛大，而且台湾三官俗信本来就与大陆有着血与水的联系。上海三官俗信成为非物质文化遗产项目，将有利于整合民间三官文化资源，能深入与台湾之间的民间文化交流，有助于加强年轻人之间的沟通，促进台湾对中华文化的再认同，体现中华民族的凝聚力。

第三，三官俗信申报为上海非遗项目是对地方传统文化的传承，有利于彰显上海精神、上海品格。三官俗信兼容并蓄，一体多元，包括天地水、尧舜禹、唐葛周、女三官四大系统。这与上海城市精神强调的海纳百川相一致，同时与上海开放、包容的文化品格相一致。三官俗信所具有的敬畏自然、敬拜先贤、追念先祖、不畏强权等文化内涵是当代人格塑造、构建和谐社会的重要的文化资源。三官俗信还是上海乡愁文化的重要资源，更是构建上海传统文化资源谱系的重要组成部分。

第四，三官俗信申报为上海非遗项目，能够加强三官庙会展演地方文化尤其是非物质文化遗产项目的功能，并以此搞活乡村民俗经济，促进郊区的文化创意旅游。同时，关于上海三官俗信的神话传说故事是文化创意的重要来源。在查找文献和田野调查过程中，搜集到神话传说故事约有 14 个，类型有灵验故事、救难故事、治病故事、建庙故事等，这些故事也是当下文化创意的资源。

结　　语

三官俗信在上海已发展了七个多世纪，其发生于元朝，兴盛于明清，几乎村镇都有三官庙，形成了多样的文化形式；衰败于清末以及 1911 年到 1949

年,到 1978 年开始缓慢复兴,约有 14 座大小不等的庙宇。然而,在各种因素影响下,虽然三官俗信有所复兴,但是发展前景堪忧。它是上海地方文化的重要代表之一,有着独特的历史价值和文化价值。在时空谱系下,三官俗信的历史价值表现在与经济变迁的关系上,三官俗信的发生、发展、兴盛都与经济的变迁呈现出正相关性。在族群谱系下,三官俗信的历史价值为文化认同,三官俗信的历史也是迁入上海的不同族群之间文化认同的历史,三官信仰自元朝进入上海以来,其一直是本地人与外地人、外地人与外地人之间文化认同的基础之一。在结构形式谱系下,三官俗信具有兼容并蓄的文化品格,丰富民众的精神文化生活,传承追念先祖的品质。因此,我们认为有将其申报为非物质文化遗产项目的必要,这将有利于重塑人们对天地水的敬畏感,加强上海与台湾的民间交流与互动,并进一步彰显上海精神与上海品格;三官庙会也能为地方非物质文化遗产项目提供展演的场所和平台,使得文化遗产真正实现见人、见物、见生活;同时也能促进乡村搞活民俗经济,发展文化创意旅游;三官俗信的故事也可能成为文化创意的资源。

15

上海土布文化释意及其文创衍生品
开发路径研究

方 云*

摘 要 作为中国曾经最大的棉纺织中心,上海拥有手工棉纺织技艺国家级
非物质文化遗产 1 项,市级非遗 6 项,区级非遗 3 项,不仅形成上海
地区传统手工棉纺织技艺类非遗事项的蔚然大观,更形成了一座底
蕴深厚巨大的民俗资源宝库。本文试从梳理上海土布的历史溯源出
发,解析上海土布经典纹样所承载的民俗意涵,基于对历史材料分析
的基础上,提出上海土布文创开发的建议与思考,试回答在都市语境
之下,如何对传统手工技艺类非遗事项实行有效保护及传承,如何在
传统基础之上,做到合理有效地利用、开发以及创新,为其注入时代
的新鲜养料,增强生命活力,使其达到重塑并回归服务于现代生活。

关键词 传统手工棉纺织技艺 上海土布 土布纹样 土布文创

作为中国曾经最大的棉纺织中心,上海拥有手工棉纺织技艺国家级非物
质文化遗产 1 项,市级非遗 6 项,区级非遗 3 项,不仅形成上海地区传统手工
棉纺织技艺类非遗事项的蔚然大观,更形成了一座底蕴深厚巨大的民俗资源
宝库。如何对传统手工技艺类非遗事项实行有效保护及传承,如何在传统基
础之上,做到合理有效地利用、开发以及创新,为其注入时代的新鲜养料,增强

---

* 方云,女,华东师范大学社会发展学院民俗研究所 2015 级博士生,研究方向为应用民俗学、
民俗博物馆与非物质文化遗产保护。

生命活力,使其达到重塑并回归服务于现代生活,这不仅是民俗学的重要研究课题,更是一个亟待由传承个人、传承单位、专业学术研究机构、社会组织企业团体共同合力的宏大目标与任务,经验与成果能为其他传统工艺的非遗事项提供参考与借鉴。

一、上海土布历史溯源

出身于松江府乌泥泾(今属上海徐汇华泾镇)的元代著名棉纺织革新家黄道婆,年轻时流落于崖州(今海南省崖县),向当地黎族人民学得制棉工具与织崖被之法,后遇顺道海船回到故里,教人制棉与织造技术,人人受教,松郡棉布遂有"衣被天下"之美名,揭开了上海地区土布生产的序幕。元陶宗仪《南村辍耕录》中一段关于黄道婆于松江府革新棉纺织工具并传授手工棉纺织技艺的记载,是上海地区土布生产最早的记述。[1]

到了明代,上海松江地区植棉、纺纱、织布,已成为家庭经济收入的重要补充,如明正德《松江府志》述:"乡村纺织,尤尚精敏,农暇之时,所出布匹,日以万计。以织助耕,女红有力焉。"[2]明代中期,除去松江境内各镇,浦东川沙、南汇、奉贤三县亦因布市而繁荣昌盛,每天上市棉布达上万匹,可见盛况。至清末民国,整个上海地区全域棉纺织业的快速发展,带动了江南地区生产力的突飞猛进。正是由于黄道婆对棉纺技术所作的重要贡献,推动了中国长三角地区商品经济的快速发展,引发了中国农业社会向商品社会转型的动因,因此棉纺织业"催生上海城",极大地影响了市镇的形成与发展,此种评价毫不为过。

"土布"一称,原为"传统手工棉纺织布",是相对于西洋机制棉纺织品即中国人俗称的"洋布"而来,故本土自产手工棉织品被称为"土布"。随着机织

---

[1] (元)陶宗仪撰,李梦生校点:《南村辍耕录》,上海古籍出版社 2012 年版,第 270 页。"国初时,有一妪名黄道婆者,自崖州来。乃教以做捍、弹、纺、织之具,至于错纱、配色、综线、挈花,各有其法。以故织成被、褥、带、帨,其上折枝、团凤、棋局、字样粲然若写。人既受教,竞相作为,转货他郡,家既就殷。"

[2] 上海市松江县地方史志编纂委员会编著,何惠明等主编:《松江县志》,上海人民出版社 1991年版,第 1176 页。

布的广泛普及,民间俗称的"洋布"也不再单指由洋人输入的外国棉织品,而是成为以新式机器织成的机织布的通称,是相对于传统手工纺织技艺与织布而言的。传统土布工艺烦琐,从采棉纺线到上机织布,经轧棉、弹棉、搓棉条、纺织、㡐纱、染纱、浆纱、摇筒、整经、上机、织布等十几道步骤,织一匹布往往需耗费1—7月之久。18世纪中叶,随着工业革命以及大机器生产的出现,蒸汽机动力和新式纺织机广泛的采用,纺织业生产力大幅提高。一旦打开中国市场的大门,同等尺幅的洋布以土布的一半甚至更低的价格,占领中国各地的布料市场,成为欧美商人开拓中国市场、赚取大量利润的主要商品。江南"男耕女织""自给自足"的小农经济遭遇严重冲击,此后传统手工棉纺织产业亦湮没在时代浪潮之中。

然而,上海郊县家庭自用型的手工棉纺织生产却从未停止。直至20世纪80年代,上海郊县境内每个村落几乎家家种植棉花,户户都有织布机、染色、经布等工具,从15—16岁的少女到60岁开外的老妪都会植棉、染色、经布、织布等系列工艺。手工棉纺织技艺受到的重创却是来自急剧的城镇化进程,大片棉田消失,土布织机与工具束之高阁或拆毁,土布制品成为闲置品而被清扫一空。

从手工棉纺织的发生、发展及其演变,以及历史中曾经的经济地位,以"上海土布"来命名上海地区的手工棉织布,是毫不为过的。随着非遗时代的到来,人们已经意识到上海土布所蕴含特有的艺术价值与情感价值,是工业时代现代机器织布所无法取代的。经纬交织的手工技艺,是寸寸光阴的累积与沉淀,匹匹布帛成为承载几千年男耕女织传统文化的媒介与见证。根植于民间的上海土布代代相传,不断革新,发展出了具有民族性、科技性和地域文化内涵的传统棉纺织技术及产品,不仅与当地民众日常衣食住行和风俗习惯紧密相连,促使当地的生活风俗和传统婚娶习俗发生了改变,更影响着地方经济结构与生产方式,带动了一方经济的繁荣。

二、上海土布经典纹样的文化意涵及其阐释

上海土布以其素净的色彩,简朴的花纹,生发出一种朴素自然之美,在全

国各地的手工织布中有着极高的辨识度。这些于经纬之间织就的纹饰与图案,历经时代锤炼与淘洗,不仅是对大自然的描摹,对日常生产劳动的记录,更是在日积月累中的再创造,对美好生活的愿景。这些历史的无声记录,成为今日研究的珍贵资料,是一部翔实的民族志,其丰富的文化意涵期待被解读,也是做好土布研究与创新的基础与出发点。试将上海土布经典纹样举例如下:

（一）源于生产劳动的土布纹饰

1. 芦扉花

"芦扉花"是上海土布最为经典的纹样,俗称"芦席花",亦称"芦纹",上海郊县水系发达,因与水域生长的芦苇编织而成的芦席纹理效果相似而得名,极富水乡地域特色。以黑白、蓝白色系为基础,芦扉花变化而出的花色多达四十余种,如"如意芦扉花""双喜芳扉花""竹节芦扉花""万字芦扉花""窗格子芦扉花"等。

这种看似简单的纵横交织,可追溯至人类结网渔猎的最初阶段。《易·系辞下》记伏羲氏:"作结绳而为网罟,以佃以渔。"①自先民有了网罟可捕渔猎兽,意味着拥有更多的食用资源,提升了生存的质量。《淮南子·氾论训》载:"伯余之初作衣也,緂麻索缕,手经指挂,其成犹网罗。"②黄帝之臣伯余用手经指挂麻缕,织出原始衣帛,结束了衣不蔽体的生存阶段。

古老的席纹、芦纹,普遍装饰于历代陶器、青铜器、瓷器、家具、纺织、编织等文物器具中,人类最为古老的装饰纹样也同样留存在上海土布里。而上海人民还将这横纵交错的纹样取名为"路路通",意为四处通达,无有阻碍。"路路通"布可为初生的婴儿使用,为出门在外的生意人所用,也为离世的老人使用。

2. 方胜纹

"胜"为古代妇女用的头饰,形象近似于蕲蛇背部两侧黑褐色与浅棕色组

---

① （明）来知德集注,胡真校点:《周易》,上海古籍出版社 2013 年版,第 384 页。
② （汉）刘安著,陈广忠校点:《淮南子》,上海古籍出版社 2016 年版,第 305 页。

成的菱形大斑纹,其"∧"形的顶端在背中线(脊柱)相连或略交错,抽象为两个菱形压角相叠,组成的图案或纹样习称"方胜纹"。亦有专家考据汉神话中西王母所带的发饰即为"胜",是最早纺车上的陶轮,《山海经》载:"西王母其状如人,豹尾、虎齿、而善啸;蓬发,戴胜,是司天之厉及五残……西王母,梯几而戴胜杖。"①司马相如《大人赋》亦记:"低回阴山,翔以纡曲兮,吾乃兮觐西王母;皓然白首戴胜而穴处兮,亦幸有三足鸟为之使。"②

在民间,人们借"胜"驱邪保平安,叫"胜"的首饰与纹饰尤为盛行,用金、铜或玉做成,戴在头上取意"优胜"。"方胜"因其同心相连、成双入对的形态,被世人赋予"永结同心、永不分离"的美满寓意,用以表达对爱情生活的向往和追求。《西厢记》第三本第一折有书:"不移时把花笺锦字,迭做个同心方胜儿。"③上海土布中方胜纹样在"喜"字及相关文字花织锦中常有出现,代表"同心吉祥",寄寓着对婚姻的美满希冀,对生命的无限崇拜,以及对吉祥的恒久企盼。

（二）对于自然宇宙描摹的土布纹饰

1. 梅花纹

梅花纹样为十字中心,四周缀以圆点,形成梅花花朵状。多以深色布为底,彩色圆点加以点缀。因梅花有着不畏严寒、桀骜不驯的品质,因而于中国传统文化中人格化为"高洁与自强不息"。

2. 满天星纹

满天星纹是对于水域之上广袤星空的观察,反映于织布之上,便是繁星点点。崇明地区亦把流星布称为"许愿布",寄寓美好的生活愿景可以实现。

3. 井字纹

为四出头的"井"字形状,是田野阡陌的纵横交织,也是安居于一隅,对于

---

① （汉）刘歆撰,（晋）干宝撰,邵士梅、蒋筱波注译:《山海经·搜神记》,三秦出版社2007年版,第276页。
② （清）姚鼐纂集,胡士明、李祚唐标校:《古文辞类纂》,上海古籍出版社2016年版,第726页。
③ （元）王宝甫原著,周锡山编著:《〈西厢记〉注释汇评》(上册),上海人民出版社2013年版,第108页。

稳定生活的渴求与向往。而"四出头",在上海方言中"出头"象征着不受拘囿与限制,处处可有出路,获得成功。

在上海崇明地区,此三种纹饰有着特殊的民俗文化功用,新嫁娘压箱底的布匹中,必备这三种纹饰的织布,是对新嫁娘即将展开的家庭生活的祝福,要自强不息,处处能出头,许下的心愿也能一一达成。

(三)寄予美好生活愿景的土布纹饰

斗纹是指以横竖折绕组成如同"回"字形的一种传统几何装饰纹样,亦称"回纹""云雷纹"。回纹的历史十分悠久,在史前的彩陶装饰中就已出现。如马家窑的马厂类型就出现了菱框纹回形纹,一上一下、一正一倒,在方折纹样当中填充网格。商代丝绸织花纹样中也出现了回纹,实物是殷墟出土的残留丝绸痕迹。商代青铜器上亦有大量细密的云雷纹作为底纹。

因斗纹构成形式回环反复,延绵不断,故此在民间有"富贵不断头"的说法。根据其纹样的特性,人们赋予了回纹连绵不断、吉利永长的吉祥寓意。上海民间喜将"回纹"称"斗纹",是因为人们把手指上的指纹称为"斗",民间也有计量器"斗",为粮食收藏等称量之用,织进土布之中寓意丰收,日进斗金。斗纹的文化释意为:吉利永长,富贵延绵,日进斗金。

另外"腰缠万贯"纹,是将铜钱抽象为的"孔方"形,并予以纵向联结,穿连成钱串子;而"金银链条"纹,为黄、白色两条相交织的细条纹。这两种纹饰均毫不掩饰地反映出民间对于财富的追求与向往,寄予劳动人民对富裕生活的向往。

(四)书写历史的文字纹饰

中国自汉代始便有文字锦,将吉祥祝福的文字织于织物之上来表达人们内心对于美好生活的期许。上海土布中,崇明的文字布极有特色,相传为元代乌泥泾人黄道婆创设,多综多蹑的织造提花技艺极为繁复。崇明"百字"布,谐"百子"之音,常用于制作床单,是新嫁娘压箱底的必备嫁妆布。文字内容多以喜庆、吉祥寓意为主,如"幸福美满""富贵长春""丰收喜庆""招财进宝"等;也有如"和平万岁""中国工人""保家卫国"等极富时代气息的文字,如华东师范大学海上风民俗博物馆收藏的《美丽青春》文字布，全卷 10 米长，文字共 22 个，为"中国工人用大干苦干，干出一个美丽青春与美丽未来"。

除去反映了 20 世纪 60—80 年代的乡村社会图景，崇明百字（子）布还能讲述织娘的个人生命故事，极具叙述性。《姐妹布》则清晰地记录了姐姐王月兰与妹妹王月平的结婚日期，她们分别为自己的出嫁织了这卷布。而《夏奶奶的日记布》更是一本个人的自传与自述，讲述了一个农村女性的家庭生活，并记录了她曾经游历过的城市与个人经历，表述了农村女性对外界生活的向往。

三、上海土布文创开发现状

2017 年，中共上海市委、上海市人民政府印发《关于加快本市文化创意产业创新发展的若干意见》，提出"未来五年，基本建成现代文化创意产业重镇"，到 2035 年，全面建成具有国际影响力的文化创意产业中心"的要求，特别提及"深化国际创意设计高地建设"，"加强时尚服装、饰品产业原创设计、工艺改进、品牌定位和商业模式创新"。[1] 强大的政策推动与前提保障，给予了土布文创宽广的舞台。

目前，较为成熟且市场上较为常见的上海土布制品与文创品类型大致可分为以下几种：

第一，家居装饰类，如窗帘、床品、沙发座椅外套、靠枕、坐垫；

第二，服饰类，如土布旗袍、衬衫、改良中式服装、围巾等；

第三，饰品类，如土布环保袋、手提挎包、发饰、首饰等；

第四，文具类，如书签、笔袋、电脑包等；

第五，茶具类，如桌旗、茶席、杯垫等；

第六，玩具类，如土布小熊、土布娃娃、土布玩偶等；

第七，艺术品类，如土布布贴画等。

---

[1]　2017 年 12 月 14 日，上海市召开加快文化创意产业创新发展大会，发布《关于加快本市文化创意产业创新发展的若干意见》（即"上海文创 50 条"）。

可以说,土布制品与文创品涵盖了生活中一切可以用到纺织物的领域,并且向艺术等更多的领域无限延伸与拓展。

(一)上海土布文创衍生品开发的主体

1. 土布博物馆与非遗中心

上海全域与手工棉纺织相关的博物馆与陈列中心多达二十余处,从市政建设的博物馆,到市、区、镇文化中心以及非遗保护中心,还有学校陈列场馆,规模大小不一,功能也有所差异,但目标均为致力于上海土布的保护、传播与传承。如与乌泥泾手工棉纺织技艺紧密配合的黄道婆纪念馆于 2003 年开馆,一期工作为收集纺车、织布机、老布等各种与纺织相关的老物件的展示;如今二期的演示、体验、织做区域也已完成,在这里观众不仅可以看到由一朵棉花如何纺成棉线,然后由千丝万缕的棉线变成布匹的全部过程,还可亲身体验织布环节。在土布文创品展示区,还可以购买融入传统文化元素设计织做的新产品,看到老粗布重新焕发的活力。

2. 土布民俗旅游与景区

土布在民俗旅游中的独特魅力也崭露头角。在上海浦东新场古镇、崇明三民民俗文化村、庄行的"花米庄行"、金山廊下以及吕巷水果基地等处,随着休闲与田园旅游观光的盛兴,土布相关的民俗旅游与赛事接连不断。如崇明岛的三民民俗文化村是国家 4A 级景区,依托世界旅游生态岛的优势,土布民俗旅游与活动也经营得风生水起,每年举行的土布文创大赛都吸引了众多的观光客与爱好者。这些与土布相关的保护单位、企事业单位以及私营者,利用各种非遗博览会、非遗节等活动平台进行土布推广,不仅有土布创新品的展示,更以土布为抓手极大地促进了所在地旅游的发展与消费。

3. 土布工艺社与设计师工作室

在大都会上海,有许多独立品牌设计师、工作室以及工艺社涉及土布制品的开发,他们通过各自专业领域的技能与理念,试图将土布的"土"转换为"洋",试图将时尚创新的土布制品融入当下的城市消费语境。如位于金泽古镇的金泽工艺社由香港港商投资,招募知名设计师组建创作团队,他们将收藏、展览、研究、教学以及产品开发整合，尝试着开创土布的多种可能。相对昂贵的价格与领先的设计，目前形成一个相对小众的消费群体。

4. 土布厂商与电商平台

位于浦东新场古镇的土布经营商王雪根，有着"土布大王"的称号。他较早地看到了老布的前景，从一名土布裁缝成为土布收购商再到今日的土布经营者，是土布让他走上了发家致富的道路，如今家族的第二代也继续经营土布商铺。上海像这种从农户手中直接低价收购土布，然后再将其开发成各类产品推向市场，收购、加工、批量生产、销售经营一体化的土布商为数不少，利用诸如淘宝、微店这些电商平台，向全国乃至全世界销售着上海土布及其制品。此类土布产品多为流水作业，因此相对于设计师作品品质稍差，因而价格较为低廉。但是这类土布企业的发展，不仅提供了就业机会，为农民带来额外收入，也促进了更大规模的土布市场的形成。当然，这些土布企业目前仍处于零散、各自为营的阶段，欲想走得更远，仍有许多问题待解决。

鉴于对以上土布制品及文创开发主体单位的分析，目前土布产品的开发与设计仅停留于表层，功能与实用仍需延展，文化内涵的挖掘也需更进一步的深化，不能与其他纺织制品混为一谈。如何在保留土布原有审美及核心文化要素的基础上，赋予其鲜明的时代特征，实现现代形式法则的重构，大部分土布文创品做到了仍保留原生态的简洁、朴素、自然，在此基础上积极开发新产品，主动寻找现代消费需求与传统棉纺织技艺的契合点，在产品造型、颜色搭配等方面尽量适应现代人的审美观。但我们也需看到，仅仅是重于形式的土布文创品，并未能更好地展示出土布历史信息，如土布的时代背景与历史意义；土布使用的民俗知识，如土布风俗；土布纹样与图案的解读。这种土布制品并未具备真正的使用意义，这样的土布消费也与实际文化环境脱离。土布创新消费，实用价值固然是其中的重要方面，但土布情感价值、社会价值以及文化价值更应植入其中。

（二）上海土布文创开发的建议与思考

基于从土布开发主体到已有土布文创的调查情况，从中发现问题，找寻对策,以更好地实现土布回归大众生活。以下笔者基于田野调查,针对土布文创的开发主体提出实施策略及建议。

1. 提升对上海土布审美、社会、文化多种价值的认知以及使用理念

中国人受儒道互补的美学思想影响,重视情理结合,以理节情,追求闲适、平淡、中庸,追求超出形体的精神意蕴。现代消费人群对于土布的美学价值接受最快,素净的色彩、简洁的图案与质朴的纹理,反映了中华民族的审美心态和文化征貌。

土布的色彩视觉美:上海土布体现的是一种含蓄、拙朴、古雅的江南风格;红色、蓝色、绿色、白色、黑色是土布中最常见的色彩,有着多种象征意义。如土布中的红色多用于婚嫁、逢年过节,象征着幸福、美好、喜庆、欢乐,还有辟邪之意;蓝色通常为靛蓝,即五色中的青色,有生命繁衍之意;而白色象征着纯净与清白。民间织造者们并不懂得色彩的原理以及搭配原则,通常都是自由的想象与发挥,往往根据生活经验与个人喜好进行创作,反而具有了独一无二的特质。

第一,土布的材料质地美。土布是由手工织造而成,其打纬力度由人为控制,力度很难达到均匀一致,质感略显粗糙,因此土布在人体活动的过程中,粗糙的质感与身体产生轻微摩擦,可促进皮肤血液循环和加强皮肤新陈代谢,利于身体健康。此外,手工织造时纱线张力比较大,一般选用较粗的棉纱线,因此土布具有较高的硬挺度和厚度。在强度方面,纤维的拉伸恢复性和压缩恢复性等性能较好,同时还具有良好的导热性和可塑性,全棉材质具有较强的吸湿性,与人体肌肤十分亲和。土布的织造方式,决定了其粗犷、厚实而又亲切的特点,织出来的土布具有粗犷与精细并具的自然韵律与材料机理美感。

第二,土布的情感价值美。土布不仅是农耕文明时代的生活必需品,更是人类亲情与爱情的信物,承载着我国几千年男耕女织的传统文化,其特有的艺术价值以及蕴含的情感价值是现代机器织布所无法取代的。目前土布消费人群较多地集中于都市,因土布独具大自然的亲和力、乡村的质朴气息,给心灵以踏实与放松,如世外桃源般清新、融洽、甜美,往往受到生活在都市、有较高经济收入、崇尚大自然、讲究生活质量情调的消费人群喜爱。这个消费阶层人

群,多为知识精英或白领,文化消费要求较高,他们向往农耕时代的宁静与祥和,形成了一种"精英倡导"之下的土布消费,也是一种对工业时代消费观念的审视与思考。

2. 提升土布工艺的社会服务价值,让手工布艺成为一种新的都市生活方式

让手工艺成为一种社会服务的实践路径与手段,成为时尚的都市生活方式、休闲方式、企业单位的团建方式等等,现代社会语境之下的手工艺不再仅仅是一种传统的营生与职业,当手工艺与都市生活结合,便能产生多种可能,不断地延伸与扩展。

黄道婆纪念馆手工坊负责人石璐薇,她的工作室长期入驻黄道婆纪念馆,不仅为来参观的观众提供织、染、绣的体验,她的课程如今还走进了魔都的CDB写字楼,越来越多的白领成为她的学生。众所周知,公司白领一般拥有较高学历,还有不少海外求学与工作背景,距离中国传统文化与手工技艺相对较为疏远。但是在繁忙的工作节奏与巨大压力之下,静心凝聚地完成一件手工艺品的制作,往往能让他们暂时远离繁杂的工作,身心放松。亲手缝制一个香囊,扎染一条自己喜欢的丝巾,绣上一个个性的图案与花纹,充分沉浸在传统工艺特有的魅力所营造的轻松氛围之中,不仅获得了极大的成就感,更引发了对中国传统工艺的兴趣。石璐薇老师告诉我们,不少感兴趣的白领还加入了她的朋友圈,成为长期固定的学习者,她们起点高,学得快,加入自己的理解与理念,作品颇有创意。写字楼里的传统织染工艺课程突破了原来受众面小的限制,打破了传统手工作坊师傅口传心授的方式,更大地拓展了传统技艺学习者的受众人群,是完成现代都市不同人群传统文化与知识传播的有效方式之一。

3. 充分发挥土布的文化调节功能,重新挖掘土布民俗

上海土布曾经是上海劳动民众的重要生产与生活资料来源,在近千年的孕育中,已形成了独特的地域风格与民俗文化,在许多重要的时间节点,如岁时节令与人生礼仪,都缺少不了土布的参与。当孩子呱呱落地时,由外婆准备的"子孙包",就是由全手工织成的包袱布来打包各种婴儿生活用品,绣上各种

祥瑞图案如"百子图""万年青"等,寄予了家族几代的期望。当新嫁娘步入洞房,所有的邻里均会围观,展开婚俗的惯例与重要环节,他们要一一品评新娘的嫁妆,从数量到质量,称为"看嫁妆"。这些压箱底的嫁妆,是新娘待字闺中时,母亲与她花费数年共同织就的布匹,充裕的数量说明娘家是否殷实以及对女儿的重视程度;而织布的好看与否,直接证明新娘的技艺高低与心灵手巧的程度。这些布匹不只是看似简单的婚后生活资料的准备,更是新娘是否贤惠、能否持家的"试金石"。夫家与整个邻里的认可,将是新娘婚后生活顺利展开的保证。人生的关键时间节点均有土布的见证。

虽然,随着时代发展,生活环境与文化环境也急剧改变,但相关的土布风俗习惯仍在上海周边郊县遗存,这些风俗是上海地域文化的重要组成。土布文创应以土布民俗为文化根基,将土布的民俗价值与文化功能充分挖掘恢复,设计出可以在仪式类场合中使用的产品,让仪式类土布用品成为文化符号与标志,如"子孙包"的包袱布,如压箱底充满寓意的布匹——"腰缠万贯布""井井有条布""吉祥如意文字布",等等。

4. 将上海土布塑造为城市文化名片,打造魔都文化新品牌

文化是城市建设的灵魂和根基,是提升城市吸引力、竞争力、影响力和软实力的核心要素。上海这座国际化特大型都市,不仅是世界金融中心,也是中国优秀传统文化的展示窗口。令上海享誉世界的文化名片,不仅有万国建筑、海派旗袍、美食名点,自元、明、清、民国一脉相承发展而来的手工棉纺织技艺,与上海地域文化融合,是"海上文化"重要的组成部分。曾经的上海,各个区县家家户户都有织机,在工业时代,更是以棉纺织支撑了整个上海乃至全国轻工业的经济发展。如今乌泥泾手工棉纺织技艺成为了国家级非物质文化遗产,市区级的土布相关手工艺非遗事项多达10余种。梳理上海手工棉纺织工艺的发展历史,以及曾经的经济历史地位,上海土布是当之无愧的城市名片。

例如,上海土布中紫花揩面布和芦扉花布具有一定的品牌基础。紫花布以松江、华亭一带种植的紫花棉花纺织而成,因棉花开花时呈紫色故而得名,紫棉结铃吐絮后织成的布匹呈浅黄色,是最早的天然彩棉。20世纪50年代中期,美国人马士在《东印度公司对华贸易编年史》中论述道英国东印度公司在

18世纪30年代首次贩运中国土布，指定要"南京布"。到了80年代，公司每年贩运土布两万匹到英国本土去。这个数量到19世纪初年便扩大到二十多万匹。所谓的"南京布"，即为江南苏州、松江一带所织紫花布。这种土布在英国曾风行一时，如今人们还可以在伦敦博物院里看到19世纪30年代英国绅士的时髦服装，正是中国的杭绸衬衫和紫花布的裤子。① 可惜的是，紫花棉花的种植现已绝迹，现代收藏的紫花布也极为稀少，华东师范大学收藏的一块清末民初的紫花格子布，与英伦风尚的"巴宝莉"格子惊人的相似，似能从这段历史中找到渊源。

而明清时期的三林标布就更是早已闻名于世的上海本土品牌了："上阔尖细者，曰标布，出于三林塘者为最精，周浦次之，邑城为下，俱走秦、晋、京、边诸路。"②清宣统元年（1909），汤学钊将改良后的新布送去参加全国比赛，获两江总督、江苏巡抚颁给的二等奖状和二等银质奖章。次年，冠以元大牌商标的尖布、格子布，在南洋劝业会上再获农商部银质奖章。1915年，京庄白套布参加农商部国货展览会展览，获金质绘马奖章。③

因此，将上海土布打造成上海都市的又一张文化名片，无论是从其曾经的辉煌历史角度来讲述传统手工棉纺织的历史、传说、故事、地域文化，还是从土布作为手工织物本身的特质，如色泽、材质、环保理念等来讲述土布的实用、服务功能，再到从现代都市土布文创充满设计感同时兼备人文关怀的创新制品，都将会无比精彩且具有充分的代表性。

5. 搭建上海土布的世界舞台，成为文化交流的桥梁与媒介

世界各国均有自己的传统手工织造技艺与文化，经数千年的历史积淀，形成了各具特色的风貌和体系，在式样、外形、结构、局部特征、装饰、色彩、图案、审美文化方面均不相同，有其鲜明的民族性和地域性。各国棉纺织文化各具丰富内涵和鲜明特色，它们都是人类祖先留下来的宝贵文化遗产，是世界文化

---

① ［美］马士（H. B. Morse）：《东印度公司对华贸易编年史》（第一、二卷），中山大学出版社1991年版，第156页。
② 王孝俭：《上海县志》，上海人民出版社1993年版，第1267页。
③ 陈澄泉、宋浩然主编：《乌泥泾手工棉纺织技艺》，上海文化出版社2010年版，第100页。

宝库的瑰宝,为人类所共同享有。

棉花并非原产自中国,两千多年前,洁白温暖的棉花自丝绸之路反向进入中华大地,上海土布亦经由海丝之路,东传高丽日本,南下南洋,西至西欧,所到之处传播了华夏文明。元代以来,中国棉纺织品、器皿等传播到世界各地,对世界文明做出了贡献。西方的科学、技术和宗教艺术也通过海上丝绸之路对中国人的生活产生了积极而重要的影响。

21世纪,我国"一带一路"国家战略以及人类命运共同体建设,是对世界多元文化融合,以及对联合国教科文组织《保护非物质文化遗产公约》宗旨的响应。在对不同文化相互尊重与欣赏的基础上,以传统手工织物的历史、情感与温度,让手工技艺更有可能成为一种生活方式,一种过往与将来的联结,乃至世界多元文化沟通交流的桥梁。上海土布完全具备搭建全球传统手工纺织技艺与文化沟通交流的平台,为全世界的传统手工纺织寻找最优合作发展路径,深化国际交流合作,不断推进沟通机制与交流平台建设。

结　　语

上海土布是上海人民劳动智慧的结晶,是上海地域经济生活的反映,是优秀民族文化遗产的一部分。上海土布不仅属于中国,也属于世界,上海土布的产生、演变以及新时期的传承与发展,可持续为"一带一路"以及东西方文明搭建沟通的桥梁。虽然上海土布的传统棉纺织工艺及其生态环境受到严峻的挑战,但因千百年历史文化深厚的根基,仍具备顽强的生命力。土布创新是增强土布生命活力,使其重新焕发光彩的重要举措与保证,亟待更多的研究与尝试。对于上海土布,一种历史文化、工艺美术、传统技艺、审美情趣、风俗习惯乃至对现代工艺的多学科多视角的研究,期待着被实现。

四、域外非物质文化遗产的
理论与实践

16

多元主体参与：比利时
啤酒文化传承的启示

唐璐璐[*]

摘　要　非物质文化遗产的保护范式不能停留于公约层面,也不能止于国家
　　　　保护计划,只有每个人都正确认识非遗,意识到非遗跟我们息息相
　　　　关,愿意自觉保护这种文化多样性时,非遗才被真正赋权给利益相关
　　　　方。比利时是世界上开展非遗保护研究与实践较早的国家,本文探
　　　　讨了其非遗保护政策,重点关注其传统手工艺的保护措施,并以"比
　　　　利时啤酒文化"这一遗产项目为例,分析其中的多元主体参与情况。
　　　　比利时啤酒酿造技艺的传承并未止于技艺的保护,而是通过啤酒酿
　　　　造行业的创新与互助,行业协会与博物馆的传播以及与个人的生活
　　　　方式相关联,使它与每个人都紧密联系。这体现了传统手工艺保护

＊　唐璐璐,艺术学博士,北京外国语大学艺术研究院讲师,研究方向为文化遗产管理。

的一种思路，不应墨守成规，而应既能满足在经济全球化背景下的现实需求，又能实现保留本土化传统的生活理想。这一思路可为我国传统手工艺的保护提供借鉴。

关键词　非物质文化遗产　手工艺　啤酒文化

处于欧洲中心地理位置的比利时，拥有悠久的历史、包容的文化，同时也有丰富的非物质文化遗产（以下简称"非遗"）。比利时是全球第 44 个被批准加入联合国教科文组织（UNESCO）2003 年《保护非物质文化遗产公约》（以下简称"2003 年《公约》"）的国家；在 2006—2008 年、2012—2016 年，比利时还是保护非物质文化遗产政府间委员会的成员国。由于特殊的政体，比利时在非遗的管理和保护方面都有其特殊的方式。本文将聚焦于比利时传统手工艺保护的实践，发掘其对于我国非遗保护的意义。

一、比利时非遗保护政策

在"非遗"概念出现以前，比利时与其他西方国家一样，一般使用"民俗"的概念表示现在所说的非遗事项。比利时很早就开始重视民俗的保护。1937 年成立了比利时民俗委员会，1958 年改为皇家委员会，1990 年被人种学委员会取代。根据《1981 年 5 月 26 日法令》（2003 年 4 月 10 日修正），比利时还成立了民俗艺术和民间传统高级委员会。该委员会对民俗表演和民俗团体予以承认，并形成关于研究和促进民俗表演和民俗团体的意见；该委员会有权建议文化大臣对保护民俗表演相关事务进行资助。

正因为在民俗保护方面的传统悠久，因此国民整体遗产保护意识较高，在非遗领域也涌现出众多杰出学者和非常活跃的 NGO 组织，在比利时乃至全球推动着非遗保护的进程。比利时虽国土面积不大，但在 UNESCO 的非遗名录中有较丰富的遗产代表作，包括 11 项《人类非物质文化遗产代表作名录》和 2

项《优秀实践名册》。① 根据 1994 年比利时《宪法》规定,荷兰语区、法语区、德语区②分管各自文化事务。因此,在比利时加入 2003 年《公约》后,上述三个语区在保护非遗方面享有自主权,既保持一些共同原则,也体现出各自的独特性。

以法语区为例,该区在非遗保护方面的措施包括立法、设置专门机构以及清单与资助制度。

在立法方面,法语区参照 UNESCO 文化遗产相关国际文书,颁布了《2002年 7 月 11 日法语区关于可移动文化遗产和非物质文化遗产的法令》(以下简称《7.11 法令》)。该法令于 2006 年 6 月 23 日重新修订,借鉴了日本及其他亚洲国家的法律文本,是欧洲第一个保护非遗的法律文本。20 世纪 70 年代以前,西方对于文化遗产的保护重点放在有形遗产方面,很少提及非遗,比利时这部法令将可移动遗产和非遗的保护结合在一起,具有重要意义。该法令对可移动文化遗产和非遗的定义、适用范围进行了界定,规定了两类遗产的分类程序和标准、认定程序和标准、资助金额和发放程序,并成立了"可移动文化遗产咨询委员会";在 2006 年 6 月 23 日的修订版中,又增设了"口述与非物质文化遗产咨询委员会",并明确委员会的构成和职责。2003 年,法语区还颁布了《2003 年 9 月 4 日法语区关于活态文化财富和口述与非物质文化遗产代表作称号以及向获此称号的个人和获此称号活动的组织者发放补助金的政府令》(以下简称《9.4 法令》),明确了对非遗传承相关个体和组织的资助政策。

在机构设置上,法语区文化部的文化总局下设有遗产局,文化遗产处是遗产局的三个部门之一。文化遗产处的职责包括:保护可移动文化遗产、保护口述与非物质文化遗产、博物馆、私人档案中心、历史与考古团体和协会等。其工作内容包括出台规定、发放补助金以及其他活动。根据《7.11 法令》的规

---

① UNESCO, https://ich. unesco. org/en/lists? text=&inscription=&country=00024&type=, 2018-10-20.

② 比利时联邦化后,政府结构较为复杂。根据语言族群设立了荷兰语、法语、德语三个社区;同时,也设立了瓦隆区(Wallonia)、佛兰德斯(Flanders)以及布鲁塞尔-首都三个行政区。其中,荷兰语社区政府与佛兰德斯行政区合并为统一的佛兰德政府;瓦隆行政区大部分对应法语社区;东部边境为德语社区。

定,法语区设立了口述与非物质文化遗产咨询委员会,负责审核法语区非遗的认定申请,审核非遗资助的申请,就非遗称号的评定提供咨询服务,同时也负责向政府推荐 UNESCO 申请候选名单。该委员会由 14 人组成,分别来自不同界别,由文化大臣任命,任期为三年。口述与非物质文化遗产代表作清单每年更新一次。2018 年 1 月起,瓦隆公共服务局遗产部和瓦隆遗产研究所合并成为瓦隆遗产代理处。作为财务自主的行政机构,该代理处以培训(面向专业人士和爱好者、成人和儿童)、考古挖掘、遗产保护、文物修复、推动公众对遗产的关注等为己任。

在遗产清单和资助政策方面,《7.11 法令》和《9.4 法令》对法语区非遗的分类、申请、资助等标准和程序做出了详细规定。《7.11 法令》列举了几项法语区非遗形式,包括语言、文学、音乐、舞蹈、游戏、神话、宗教仪式、习俗、手工、建筑或其他艺术技能。除此以外,传统的通信方式也在其中。关于确定"活态文化财富"称号和"口述与非物质文化遗产"称号的规定,有一些是共通的,申请人可以是自然人或相关活动负责人/委员会;还可以由活动发生地的市长和副市长团体书面申请。法语区在预算范围内,向获得"活态文化财富"称号的个人发放补助金,用以支持其活动的开展和知识、技能的传承;对相关活动所需设备的制作、购买和修复予以资助。向获得"口述与非物质文化遗产代表作"称号活动的组织者发放一定数额的补助金,用以支持活动;向活动的实践、维持或传播所需设备的制作、购买和修复予以物质和资金帮助。补助金额一般为设备实际价格的 60%。

二、比利时保护与发展传统手工艺的主要措施

传统手工艺一方面具有审美价值和民族属性,另一方面还兼具实用价值,一直是非遗保护领域被重点关注的对象。手工艺品不仅是艺术品,也是商品,而商品需要流通,只有在流通中才能得到有效的保护和传承。因此,比利时通过政府、民间、商业三股力量以保持传统手工艺的活态性。

（一）政策支持

2013 年 12 月 13 日，比利时联邦政府部长理事会通过了中产阶级、个体及中小企业、农业和社会融合部部长的提案，首次对手工业从业人员和企业的法律地位给予承认。手工业涵盖了众多领域的职业，手工业领域的企业有 27 100 家，占到了全比利时纳税企业的 35%。此项法案的通过，提高了手工业者的社会地位，对于手工业产业的发展给予了推动和政策上的支持。比利时手工业企业种类丰富、领域广泛，却一直不被关注。该法案的通过，受到了个体和中小企业工会的热烈欢迎，新的法案赋予了它们合法地位。

随着法案的公布，主管部门也出台了相关行业法规，以保护知识产权、促进就业。同时，给予政策优惠，例如降低增值税税率、提供贷款优惠、土地使用特殊政策。

（二）民间参与

除政策支持外，联邦公共服务部经济署还设立了比利时手工业者日。在这一天，全比所有手工业作坊对公众免费开放，可参观包括巧克力生产、啤酒酿造、木器制造、乐器制造、雕塑、珠宝、时装设计等在内的 50 多种手工艺制作过程。自 2006 年起，手工业者日规模及影响力逐年扩大。手工艺人现场向人们展示将传统与现代完美结合的手工制作技艺。

除此以外，布鲁塞尔首都大区政府每年组织比利时手工及技术职业锦标赛，在全国城市设立分赛场，吸引众多手工业者参加。每个手工业种类的获胜者将代表国家参加欧洲技术锦标赛。每年参赛人数不断增加，尤其是年轻的手工业从业人员。有的年轻参赛者表示，这类比赛有利于消除社会上对于年轻的手工业者存在的偏见，为他们提供展示的平台，使他们的手工技艺得到承认和肯定，并鼓励更多的年轻人投身民族手工艺，为之注入新鲜活力。

（三）商业助力

随着手工业的发展，更多民间力量自发加入进来。2010 年，手工业者门户网站创立。相对于推介手工业传统的窗口这一特征来说，它更像是一个实用的平台，为手工业者、手工业爱好者及潜在的消费者提供一个可进行交易、信息流通、寻求合作的多维空间。网站提供在线手工产品售卖服务。手工业者可向网站提交个人材料进行认证，申请成为在线卖家。需保证每件商品均为手工制作，而非流水线生产，以保证手工艺品的高品质。手工业者只需将商品放上网店，物流、售后等销售的具体工作全由网站负责。网站作为联系买卖双方的桥梁，担负着对交易过程和买卖双方信用的监督、管理职能；同时为买卖双方，尤其是卖家，提供必要的技术支持与服务。从网站可以直接链接到手工艺卖家的个人主页，卖家的工作坊地址、邮件地址、联系电话等信息一应俱全，为希望拥有个性化定制工艺品的消费者或是对手工艺感兴趣的爱好者提供更丰富的选择。

除此之外，网站作为信息交流平台，负责发布近期举办的手工艺市集活动、展览、培训班、工作坊、有关手工业的研究课题和讲座等资讯。另外，在网站专门板块上有广告商、推介机构、培训机构、场地供应商等实用联系信息，满足各类人群需要。

因此，随着时代的发展，传统手工艺的保护也不应墨守成规，而应该既能满足在经济全球化背景下的现实需求，又能实现保留本土化传统的生活理想。"活标本式"的静态保护，满足不了当下传统手工艺保护和发展的需求，只有使其中可能的部分进入现实，甚至与文化产业对接，才是最佳路径。下文比利时啤酒酿造技艺传承与发展的案例中，我们可以看到，在政府、民间与商业合力的作用下，如何在现实中激活传统的生命力。

三、比利时啤酒文化的多元主体参与

啤酒酿造是比利时最为重要的一种传统手工艺，"比利时啤酒文化"在正式被列入 UNESCO《人类非物质文化遗产代表作名录（2016 年）》之前，已经在荷兰语区、法语区和德语区三个社区中分别被列入非遗清单。分别是 2011 年、2012 年、2013 年被列入比利时佛兰德斯（荷兰语）社区、法语社区和德语社区的非遗清单。在其保护实践中，酿造行业群体、文化经纪人和个体，跨越了具体社区的边界,融合为一个遗产共同体,传承着啤酒工艺和相关观念,体现了"以遗产为主导和以人为本的行动"。

(一) 群体:啤酒酿造行业的创新与互助

啤酒酿造在工业革命之后,大多进入了工业生产阶段,但比利时的传统酿造工艺保留至今。在 20 世纪初期,比利时约有 3 000 家啤酒厂,几乎都是精酿啤酒厂。至 1960 年左右,由于受到两次战争、经济危机的影响以及工业啤酒厂进步的挑战,精酿啤酒的生产已被边缘化,啤酒厂的数量骤降至 100 家左右。1975 年之后,尤其是 20 世纪 90 年代后,啤酒文化逐渐得到复兴。而这首先与啤酒酿造行业自身的努力是密不可分的。

首先,比利时国内的整体气候是有利于酿造工艺发展的。该行业颇为自由,原则上并不规定或限制啤酒的成分或酿造方法。因此,不同的酿酒厂、家庭作坊,甚至个人,都可以别出新意,酿造出与众不同的口味。比利时共有 1 500 多种啤酒,正是受益于这样一种自由、创新的氛围。基本每家酿酒坊都有自己的特色产品,同时坚持不断开发新的口味。

其次,技艺的分享与交互促进了工艺的传承与创新。比利时啤酒的独特之处在于四种不同的发酵方法:自然发酵、顶部发酵、底部发酵和混合发酵。每个酿酒师可能都会有自己的"独门绝技",但他们之间坚持着"横向"的交流与传播,酿酒厂之间也不局限于内部传承,而是注重同行之间的分享和交流。例如,自一战以来关闭的佛兰德斯安和隐修院(Achelse Kluis)啤酒厂,是在西麦尔(Westmall)啤酒厂的帮助下,于 1988 年重新开业。[①] 不局限于比利时国内,酿酒师普遍也都乐意向来自其他国家/地区的群体或个人分享经验。

再次,比利时啤酒酿造重新焕发生机,也得益于世界啤酒业的发展趋势与消费趋势。20 世纪 60 年代起,美国掀起了现代精酿啤酒的新浪潮。到 21 世纪初,这股浪潮影响至全球。比利时的酿酒行业也抓住机遇,积极宣传。一方

---

① UNESCO, Nomination for inscription in 2016 on the Representative List of the Intangible Cultural Heritage of Humanity (Reference No. 01062), p. 4.

面,增加精酿啤酒的市场投放量;另一方面,也通过大量的宣传活动,提高消费者对啤酒鉴赏艺术和啤酒烹饪的兴趣。创建的啤酒荣誉奖项、博物馆、俱乐部、相关遗产建筑业逐渐增多。2003 年,塞纳啤酒厂(Brasserie de la Senne)以及布鲁塞尔啤酒基地项目(Brussels Beer Projet)的出现,标志着年产量 1 000 万升的微型啤酒厂在比利时开始兴起。2015 年 9 月,比利时有 199 家微型啤酒厂。而一年过后,这一数字上升至 214 家。这意味着,几乎每个月都有一家新的微型作坊诞生。微型啤酒坊更注重新工艺的探索与新口味的开发。

啤酒酿造行业酿造工艺之精湛、酿造材料之多样、酿造者创新力之丰富、行业间的互助之多,使得啤酒酿造技艺的传承生动而有活力,该群体构成比利时啤酒文化重要的一抹亮色。

(二)文化经纪人:行业协会与博物馆的传播力

比利时啤酒酿造厂数量多,规模大小不一且分散,但行业凝聚力和对外传播力却逐渐增强,行业组织、博物馆等文化经纪人的宣传、推广工作发挥了重要作用,促进了啤酒文化与社会、与个人的关联。

1. 行业协会

比利时啤酒商协会(Belgian Brewers)是世界上成立最早的专业组织之一,作为比利时全国最大的啤酒行业组织,它几乎囊括了比利时境内所有的啤酒酿造商。该协会在提供啤酒业行业信息、促进啤酒文化传播、履行社会责任等方面发挥了重要作用。

协会每年会发布上一年度的行业报告,提供本行业的经济数据,对行业走势进行分析。啤酒业在比利时的发展经济、解决就业方面贡献突出。2017 年的最新报告显示,261 家酿酒厂直接和间接雇佣员工人数约 55 000 名。社会捐助和税收总额近 9 亿欧元。对比利时经济的贡献达 40 亿欧元。生产的啤酒中 70%是用于出口,其中在美国、中国和韩国增幅明显。[①]

---

① 参见 Belgian Brewers, *Annual report of the federation Belgian Brewers for* 2017, http://www.belgianbrewers. be/en/economy/article/annual-report, 2018/10/20。

上海非物质文化遗产发展报告(2019)

比利时生产的啤酒近 1/3 是国内消费的。虽然从 20 世纪 90 年代开始,受经济形势、消费方式改变等方面的影响,国内啤酒量的消费是呈下降趋势的。但根据经济合作与发展组织(OECD)发布的《欧盟健康概览(2016)》可以看到,比利时仍是欧洲较大的酒精消费国,每人每年平均消费纯酒精 12.6 升。① 因此,啤酒与健康的课题也受到啤酒商协会的重视,他们积极承担社会责任,关注相关课题的研究。1992 年,协会成立了"阿诺尔德斯团"(Arnoldus Group)②,并颁布了《啤酒宣传自律行为准则》,倡导消费者适度消费啤酒,反对不恰当饮酒和过度饮酒。比利时法律规定最低饮酒年龄为 16 岁。为此,协会于 2008 年发起了"致敬 16 岁"的倡议,要求年轻人购买酒精饮品时出示身份证,同时这也引起了公众对青少年饮酒危害的关注。2013 年,协会与比利时葡萄酒与烈酒联盟、酒店与餐饮业联盟、消费者组织 Crioc 与 Test Achats 等联合签署了《酒精饮料广告和商业协定》。通过行业自律规定和惩罚措施,对消费者特别是青少年形成了有效的保护。此外,协会还在 1995 年作为联合创始人和合作伙伴,积极支持比利时道路安全研究所的 BOB 活动③,主要是提高公众认识,以减少酗酒导致的交通事故。BOB 活动改变了人们对酒后驾车的态度,在比利时国内取得成功后,也得到欧洲委员会的支持,在其他 16 个欧洲国家推广。④

当然,除了告知消费者饮酒的风险,承担应有的社会责任,啤酒商协会也成立了啤酒与社会信息中心(Beer & Society Information Center),积极向公众、媒体等推广适当饮用啤酒对健康和社会发展的有利影响。该中心还联合营养学界、烹饪界、设计界等多领域人士,扩大啤酒鉴赏艺术的影响。为加强对品牌的保护和推广,还专门为微型啤酒作坊设立了啤酒节,扩大在国内外的影响。啤酒商协会最重要的活动就是每年 9 月初在布鲁塞尔举行的"比利时啤

① OECD & European Commission, *Health at a Glance: Europe* 2016, p. 95. https://www.oecd-ilibrary. org/social-issues-migration-health/health-at-a-glance-europe-2016 _ 9789264265592-en, 2018/10/20.
② 在比利时,圣徒阿诺尔德斯(Saint Arnoldus)是啤酒酿造者的守护神。
③ BOB 就是指定司机,他/她承诺不喝酒,保持清醒,从而能将其朋友安全带回家。
④ 参考 Belgian Brewers 官网,http://www.belgianbrewers. be/en/responsibility/,2018/7/20.

222

酒周末"（Belgian Beer Weekend），该活动对所有人开放，只要支付一定的费用，就可以品尝到几十家酿酒厂几百种口味的啤酒。参加活动的商家一方面为广大公众提供自己的经典啤酒，另一方面也会推介新品种。

联合国《2030 年可持续发展议程》中提出了 17 个可持续发展目标，包括性别平等、清洁饮水和卫生设施、廉价和清洁能源、负责任的消费和生产等。而比利时的啤酒酿造业也遵循着可持续发展的思路，为行业和人类未来的发展谋求更大的空间。具体体现在：首先，讲求性别平等。在 14—18 世纪，比利时的啤酒酿造师主要是家中的女性；发展到现在，女性酿酒师、啤酒专家（zythologists）①、专业记者的数量都在不断增加。② 其次，对生产原材料进行可持续管理。比利时啤酒，尤其是精酿啤酒，大多采用天然发酵原料，除了可以保证优良的口感，还可以减少工业原料的使用，保护环境。在采购原料时，一般使用新能源运输车或铁路、水路等运输方式一次性大宗采购，尽量减少运输过程中能源的消耗。除此之外，也通过能量监测、改用太阳能等替代能源减少能源使用。啤酒中 95% 的原材料是水，酒瓶、酒桶、导管的清洗和酿造过程的降温同样也需要水。为了减少水资源的消耗，比利时的啤酒酿造商用了 25 年时间，将每升啤酒的耗水量从 10—20 升减少至 3.5—6 升，并仍在持续探索使用新技术降低水资源消耗。例如，使用全自动清洗系统，配备水净化系统回收再利用清洗系统的用水等。在啤酒包装材料的再利用上，比利时啤酒也走在了世界前列。比利时市场上接近 75% 的啤酒以可回收包装销售，而啤酒瓶的回收利用率可达到 80%。再次，啤酒厂参与到区域可持续发展战略中，主要是雇佣当地人进行生产。比利时最为著名的就是修道院啤酒，而修道院啤酒厂获得的利润除了维持修道院的日常开支外，其他利润都用于慈善事业。此外，很多啤酒厂也在探索将古老的酿酒工艺与创新的经营模式相结合，比如列日市的啤酒创新发展一直走在前列。列日大学的让布卢农业生物技术学院（Gembloux Agro-Bio Tech）就计划于 2019 年建立微型啤酒厂 Beer Fac，将让布

---

① 他们研究和讨论复杂且经常是实验性的酿造。

② UNESCO, Nomination for inscription in 2016 on the Representative List of the Intangible Cultural Heritage of Humanity (Reference No. 01062), p. 5.

卢修道院的品牌所有权与学院的生产、公司的经营结合起来,发展产学研结合的模式,既保证了修道院啤酒的生产质量,又扩宽了销售渠道。

虽然荷兰语、法语和德语三个社区分别将"比利时啤酒文化"列入非遗清单,但在酿酒商协会的活动和传达的观念中,关于啤酒文化中的很多元素却是跨社区为整个比利时,甚至跨越国家为人类共享的。

2. 博物馆

比利时分布在各地大大小小的啤酒博物馆,也成为向公众展示啤酒文化的一个重要窗口。比如,啤酒商协会就设立了啤酒博物馆,主要展示历史上酿造啤酒使用的器皿、发酵槽等。很多啤酒厂或者家庭酿造作坊内除了生产空间,也会设立博物馆和酒吧,供人参观和体验。这些啤酒博物馆不仅跟传统博物馆一样,通过陈列介绍不同种类的啤酒酿造原理、啤酒类型、啤酒鉴赏、啤酒饮食搭配、啤酒与烹饪、祭祀啤酒神的活动等内容,而且最重要的是加入了互动的体验环节。游客一方面可以触摸感知,感受原材料的味道,体验啤酒酿造的全程;另一方面可以学习如何品鉴啤酒,品尝该啤酒厂的特产啤酒,加深对啤酒与饮食、啤酒与健康关系的认识。以布鲁日啤酒博物馆为例,在了解了啤酒的历史、体验制造过程之后,就可以在 16 种不同口味的啤酒中任选 3 种啤酒品鉴。

比利时还出现了啤酒细分领域的专业博物馆,例如阿尔斯特(Aalst)、阿斯(Asse)、波佩林赫(Poperinge)与专业的非政府组织合作,设立了啤酒花博物馆(Hop Museum),主要目标是让更多人认识到啤酒酿造的原料,鼓励啤酒花的种植,从而尝试为保护比利时传统生产啤酒的主要成分做出贡献。[1]

当然,博物馆也会作为成员,与啤酒酿造行业组织、教育机构、专业记者、啤酒专家等一起,为"比利时啤酒文化"作为遗产要素进行可持续的管理提供建议和实践的空间。

因此,从啤酒行业组织和博物馆等机构的运营来看,比利时的"啤酒文化"

---

[1]　UNESCO, Nomination for inscription in 2016 on the Representative List of the Intangible Cultural Heritage of Humanity (Reference No. 01062), p. 8.

中,传统技艺只是一部分,而与个体健康、社会责任、可持续发展等相关的观念也是重要的组成部分。这些观念以行业协会、博物馆等这样的文化经纪人为载体,被传播给更广泛的公众,使它能真正走入人心,获得公众认可。而这些反对滥用啤酒、努力减少对生态影响的可持续发展观,也体现了相关社区、群体、个人对人类发展普遍规则的遵守,并非是"社区主义"式地保护。从"比利时啤酒文化"的遗产保护实践来看,在文化经纪人的引导下,跳出短期利益的追逐,退而结网,将啤酒文化与创新精神、啤酒品鉴、可持续发展联系,使它可以避免仅"保存手工艺"这样的单一模式,获得更长久的生命力。

(三)个人：啤酒作为一种生活方式

除了酿造,啤酒文化当然离不开品尝啤酒的人。品尝啤酒成为独特的比利时文化,大到一个地区,小到一个村庄、一间酿酒坊、一个俱乐部,都会定期举办新酒品尝会、啤酒日或啤酒节活动。

庆典或节日活动中,啤酒当然是必不可少的饮品;在日常生活中,啤酒还被用作烹饪佐料,也被用于奶酪制作,可以为食物增添特殊的香味。每种精酿啤酒都有特定的酒杯,伺酒师一定会将正确的种类装到正确的杯子中。慕名而来的国际游客,现在也构成比利时啤酒文化的一道风景线。在笔者访谈期间,就在布鲁日啤酒博物馆外的酒吧中,了解到有来自英国、奥地利、波兰等欧洲国家的游客,也有日、韩的亚洲游客慕名前来。有的人是为了品尝某种特定的口味,而更多的人是为了体验,会选择多重口味的啤酒品尝。

啤酒的消费者也被视为推进啤酒口味与品种创新的重要参与者,他们并不是处于被动接受、传输的终端。酿酒厂、酿酒师与知识渊博的消费者之间的互动,被看作啤酒酿造在比利时重生的重要原因,激发多样性的啤酒酿造文化。[①] 知名的消费者组织,如 Zythos vzw、Malt&Mout、proBierer 等共有数千名成员,他们对啤酒文化景观保持着密切关注,促进精酿啤酒艺术及其享受。

---

① UNESCO, Nomination for inscription in 2016 on the Representative List of the Intangible Cultural Heritage of Humanity (Reference No. 01062), p. 7.

Zythos vzw 就正在研究根据消费者最佳实践为咖啡馆开发啤酒标签的可能性。①

　　个人除了作为消费者,只要对此领域有兴趣,还有从事啤酒行业的多种可能性。比利时在高等学校开设了啤酒酿造专业。列日大学、鲁汶大学等均开设了啤酒酿造的硕士课程。而且鲁汶大学在啤酒酿造方面的教育和研究已长达一个世纪之久,在比利时全国树立了典范。在职业教育中也开设了啤酒酿造专业,主要培养技术型人才。例如,莫里斯学院(Institut Meurice)就提供酿造工业本硕 5 年的职业教育。当然,最为普遍的还是职业培训中心、啤酒酿造商协会组织的面向有意从事啤酒酿造的人员的专业培训,受众更为广泛,为更多感兴趣的人提供了机会。例如,图尔奈(Tournai)学习中心于 2013 年起开设微型啤酒作坊的培训课程,学习人员逐年增加。还有其他职业培训机构和行业组织为小微企业的职员或爱好者提供啤酒酿造方面的培训。在小微型实验啤酒厂中,初学者和爱好者还可以讨论并尝试他们的酿造创意。

　　除此之外,还有向公众传播啤酒相关知识的个体,使人们能更进一步认识啤酒,例如咖啡店老板、啤酒侍酒师、大厨、啤酒专家、志愿者等,他们通过媒体、节日、参访和其他活动,促进啤酒文化的传播。②

　　从以上情况可以看到,不论是作为群体的啤酒酿造行业,作为文化经纪人发挥作用的行业协会与博物馆,还是作为个人的消费者、侍酒师、啤酒专家等,他们缺一不可,共同构成了比利时啤酒文化的景观。无论是机构还是个人,是专业人员还是业余的,很多人可以通过参与其中的一个或多个实践,成为遗产共同体的一部分。这不受地域、民族、宗教等任何个人身份的局限,突破"社区"的界限,不拘泥于"社区"的界限,对啤酒文化的兴趣驱动他们自觉进行各项实践。在此过程中,酿造工艺在创新中不断发展;而与啤酒相关的知识、观念也与酿造者、文化经纪人、消费者等融合,并持续被传播给更广泛的公众,吸

---

① UNESCO, Nomination for inscription in 2016 on the Representative List of the Intangible Cultural Heritage of Humanity (Reference No. 01062), p. 10.

② UNESCO, Nomination for inscription in 2016 on the Representative List of the Intangible Cultural Heritage of Humanity (Reference No. 01062), p. 4.

引更多人加入到遗产共同体中。他们共同构成了"比利时啤酒文化"这一遗产项目的多元叙事视角，为提升共同的生活质量而创造空间。

　　这是否为我们提供了另一种视角观察非遗？非遗保护范式不能停留于公约层面，也不能止于国家保护计划，只有每个人都正确认识非遗，意识到非遗跟我们息息相关，愿意自觉保护这种文化多样性时，非遗才被真正赋权给利益相关方。

17

游艺多样性与传统游戏保护：以比利时弗兰德地区的游艺多样性培育项目为例

马千里*

摘　要　作为一个来自比利时的学术概念，游艺多样性（ludodiversity）包括了运动文化（movement culture）的所有形式，以及其相应的次一级领域，包括游戏、体育、身体训练、舞蹈和杂技等。在欧洲，传统游艺受到社会主流观念、外来游戏的引入和传统游艺的存续场域消失等因素的影响，并日益衰落。然而从比利时弗兰德地区的游艺多样性培育项目等案例可以发现，伴随着博物馆功能的多样化和专业化的民间团体的发展，在地化的博物馆可以在当地发挥组织动员作用，发动社区成员组成协会，实现社会资源的最优配置，从而保护当地传统游艺的多样性，甚至在一定的条件下促进某些已经消亡的传统游艺的复兴。欧洲历史上的有关经验教训还表明，面对现代体育全球化对游艺多样性造成的负面影响，对传统游艺的传承与复兴还需要教育政策的制定者转变理念，尊重学龄儿童实践传统的"乡野"运动文化的权利。

关键词　游艺多样性　传统游戏保护　比利时　弗兰德

从联合国教科文组织的层面看，《保护非物质文化遗产公约》（以下简称"《公约》"）的宗旨在于保护非物质文化遗产（以下简称"非遗"），尊重相关社

---

* 马千里，扬州大学外国语学院讲师，主要研究国外非物质文化遗产保护理论与实践。

区、群体和个人的非遗，开展国际合作，并提供国际援助。① 国际合作和国际援助的目的都在于增强《公约》缔约国保护本国非遗的能力，从而保护人类文化的多样性，为人类社会的进步提供源源不断的智力支持。事实上，"文化多样性"（biodiversity）被教科文组织在各类文书中频繁提及，也是从目的论角度理解非遗保护的重要概念。与"文化多样性"相比，"游艺多样性"的知名度相对较小，提出得也较晚。2004 年，比利时学者罗兰·冉森（Roland Renson）在传统游艺传承与保护的研究基础上提出了"游艺多样性"（ludodiversity）的概念。在这一概念的影响下，比利时政府在 2011 年向教科文组织申报了优秀实践项目名册并取得成功，申报项目名称为"游艺多样性培育项目：弗兰德地区的传统游戏保护"（A programme of cultivating ludodiversity：safeguarding traditional games in Flanders）。本文首先阐释"游艺多样性"等核心概念，分析造成传统游艺竞技式微的几个重要因素，并结合这些因素介绍弗兰德地区游艺多样性培育项目，最终归纳出这一传统游艺类非遗保护模式的主要经验。

一、运动文化与游艺多样性

"体育"（sport）作为一个来自近现代经典西方文化的概念，随着现代奥林匹克运动在世界范围内的发展被传播到广大发展中国家。然而在具有较强地方性的民族民间文化的视角下，"体育"这一概念在很多语境下的适用性值得商榷。罗兰·冉森认为，从历史性和跨文化的角度看，"体育"往往被视为 个时代错误和民族中心主义的词汇。在古代或非西方的文化传统中使用这一概念，一方面会造成时代错误，另一方面将给人造成"文化帝国主义"的印象。② 在这一背景下，冉森提出了"运动文化"（movement culture）的概念。

---

① 联合国教科文组织创意处非物质文化遗产科：2003 年《保护非物质文化遗产公约》基本文件，2016 年，第 5 页。

② Roland Renson, Safeguarding Ludodiversity：Chances and Challenges in the Promotion and Protection of Traditional Movement Culture, *East Asian Sport Thoughts*, Vol. 3, 2013.

"运动文化"在概念上包括了四类活动,这些活动都具有历史和文化上的持续性,能够被所有人群持续地共享。第一类是工具性(instrumental)的运动文化,如体操、健身运动和太极拳等。第二类是竞赛类(competitive)的运动,如田径、拳击、武术、柔道和跆拳道等。第三类是游艺类(ludic play)的运动,如球类运动和飞镖等投掷运动。第四类则是表演艺术(expressive performance),如杂耍、走钢丝等杂技和所有类型的舞蹈。这四个领域相互交叉,而体育则是其中的重叠部分。① 需要指出的是,根据冉森的定义,"运动文化"只包括身体运动形式的游戏、竞赛、操练(exercise)和表演,不包括被动形式的实践,如牌类游戏、歌唱比赛、身体装饰或舞台剧表演等。②

众所周知的是,很多传统的运动文化的存续力(viability)自工业化以来都受到了威胁。在一些学者看来,威胁其存续的主要因素有现代化、(新)殖民主义和当下的全球化。③ 但是从另一方面看,全球化尽管造成了运动文化的单一化,但也引起了人们保护文化遗产与运动文化多样性的意识。这正是全球化与在地化相伴相生的体现。④

在"生物多样性"概念的启发下,冉森首次提出了"游艺多样性"的概念。这一概念包括了运动文化的所有形式,即游戏和运动表现形式(movement expression)以及其相应的次一级领域,如游戏、体育、身体训练、舞蹈和杂技等。⑤ 需要注意的是,游艺多样性与生物多样性一样,都包括了生态程序和生态概念。

① Roland Renson, Sport for All: New and Old Forms of Movement Culture. In: VIII World Congress Sport for All (Barcelona 1998), Barcelona: 205 – 218, 2000.
② Roland Renson, Safeguarding Ludodiversity: Chances and Challenges in the Promotion and Protection of Traditional Movement Culture, *East Asian Sport Thoughts*, Vol. 3, 2013.
③ Allen Guttmann, Modem Sport as a Global Phenomenon, In: Guttmann, Allen: *Sports: the First Five Millennia*, Amherst, 2004, pp. 307 – 321.
④ Joseph Maguire, *Global sports: Identities, Societies, Civilizations*, Cambridge, 1999, p. 17.
⑤ Roland Renson, Ludodiversity: Extinction, Survival and Invention of Movement Culture. In: Pfister, Gertrud (Ed): *Games of the past — Sports of the Future?* (ISHPF. S studies 9), Sankt Augustin: 10 – 19.

二、威胁游艺多样性的三大因素

（一）禁止传统游艺的实践

一般认为,生物多样性的危机是过度捕猎的结果[1],而"禁止"则往往是造成游艺多样性减弱的重要因素。这些对传统游艺的禁止一般是以文明、基督教传教、殖民扩张或现代化的名义实施的。例如,教会就曾指责英国传统娱乐为"非法活动"。一些传统的游艺活动常常被教会、政府或学校当局认为过于暴力、下流、过于危险或者与二战后国家重建的方针不符。在巴西,加博埃伊拉(capoeira)是非洲裔巴西人的一种格斗艺术或舞蹈性的摔跤,源于非洲黑奴的格斗术。该实践在 19 世纪的巴西被视为犯罪而屡屡遭到起诉,后来才被主流社会认可为正式的体育。[2] 在欧洲的很多中小学校,在泥地里、雪地中或水里进行的传统游艺被普遍禁止,校内的土地上都铺上了地砖或地板。在一些学校,休闲娱乐活动甚至被校方认为是浪费时间而遭到禁止。放学后学生们也无权到街上或广场上进行娱乐活动。以现代化和安全保障等名义做出的"禁止"措施无疑对游艺多样性造成了很大伤害。[3]

（二）引入其他类型的运动

在上述的"禁止"机制发挥作用的某些区域,"禁止"的鼓吹者往往有意识地引入其他类型的游戏。在不少殖民地,基督教传教士就曾力图劝说当地人改信基督教,放弃本族群固有的运动文化。传教士们将现代体育宣传为一种

---

[1]　Jared Diamond, *The Third Chimpanzee: the Evolution and Future of the Human Animal*, New York, 1992, p. 358.

[2]　Wilson Penteado Jr., Enigmes et regards: le processus de reconnaissance patrimoniale du jongo et 《la nation brésilienne》, Sous la direction de Stefania Capone et Mariana Ramos de Morais, Afropatrimoines-Culture afro-brésilienne et dynamiques patrimoniales, Lahic /Ministère de la Culture, direction générale des patrimoines, département pilotage de la recherche et de la politique scientifique,2015, p. 123, 125.

[3]　Roland Renson, Safeguarding Ludodiversity: Chances and Challenges in the Promotion and Protection of Traditional Movement Culture, *East Asian Sport Thoughts*, Vol. 3, 2013.

使得当地族群"文明开化"的途径。① 比利时天主教传教士拉斐尔·德·科图勒·德·雷奥夫(Raphaël de la Kethulle de Ryhove)(1890 – 1956)在比属刚果(即今刚果民主共和国)传教时就传播过现代体育运动。他认为刚果的年轻人应当远离"有伤风化的不道德的舞蹈、下流的歌曲与狂欢",因此他将一些符合现代西方道德观特别是天主教价值观的体育运动(例如足球)作为理想的运动在当地加以推广。② 在比利时弗兰德地区,近来从国外引进的一些游戏运动,如英式和美式的壁球则形成了相应的外来运动文化环境,从而对弗兰德当地的运动文化产生了威胁。

(三)传统游艺存续的文化场域的消失

传统游艺一般具有较强的地方性,在其长期传承的特定地域(如村落)或空间(如小酒馆)中往往能得到健康发展。如果这些特定地域或空间发生改变,那么传统游艺可能会面临消失的危险。在比利时弗兰德地区,酒馆是传统游戏(如传统保龄球和九柱戏等)的存续场域。冉森认为,回力球(pelote)等传统游戏一旦被外力从温馨舒适的城乡咖啡馆转移到现代化的体育馆或运动场,面临的基本只能是消亡的命运。③ 以一项名为斯图伊夫维本(struifwerpen)的投圆盘游戏为例,在比利时的鲁汶市(Leuven)其俱乐部多达 117 家,这些俱乐部依附于当地酒馆展开活动。但如今这项游戏已经完全退出了当地的酒馆。这是由于酒馆老板需要更多的空间来接待顾客,也因为圆盘会发出过大的声响而影响到其他顾客。此外,还有一些顾客认为黏土做的投掷目标过于肮脏。总之,特定的传统游艺从与其密切关联的文化场域中脱离,意味其对于

① Roland Renson, Safeguarding Ludodiversity: Chances and Challenges in the Promotion and Protection of Traditional Movement Culture, *East Asian Sport Thoughts*, Vol. 3, 2013.

② Roland Renson and Christel Peeters, Sport et mission au Congo belge: "Tata" Raphaël de la Kethulle (1890 – 1956). In: *Combeau-Mari, Evelyne(Ed): Sports et loisirs dans les colonies: XIXe – XXe siècles*. Paris, 2004, pp. 239 – 253.

③ 同①。

特定持有群体的凝聚力的消失,自身也因此面临消失的危险。①

三、比利时弗兰德地区的游艺多样性培育项目

（一）项目发起的背景

21 世纪初以来,教科文组织在全球范围内通过多种形式宣传和推广非遗保护的理念,这些形式包括了两类非遗名录(在中文语境下一般简称为代表作名录和急需保护名录)和非遗保护优秀实践名册(以下简称"优秀实践名册")。比利时作为教科文组织《公约》的缔约国,积极申报各类名录与名册,这其中就包括了该国 2011 年成功列入优秀实践名册的项目。该项目正式的名称为"游艺多样性培育项目:弗兰德地区的传统游戏保护",该项目在很大程度上正是在"游艺多样性"这一概念的影响下开始实施。

在全球化不断深入、个体流动性加强、商业化加深以及现代媒体等诸多因素的影响下,传统游艺的多样性受到威胁。20 世纪以来出现了一部分因奥运会而得到广泛传播和过度宣传的体育项目,而另一些体育和游戏项目在地方和地区(弗兰德地区)这一层面的多样性却逐渐削弱乃至消失。在此背景下,为了保护比利时和弗兰德地区的运动和游艺类遗产,特别是那些可以追溯到 13 和 14 世纪的古老传统,非政府组织思博提茂乌姆(Sportimonium)及其前身应运而生。

该项目的主要执行机构即思博提茂乌姆博物馆。该博物馆于 2004 年正式向公众开放,其源头可追溯到 1973 年鲁汶天主教大学对弗兰德地区传统游艺历史与现状的一次调研项目。该调研项目的主要负责人正是冉森教授。由于该地区拥有非常丰富的传统游艺,当地的民间体育中心(Vlaamse Volkssportcentrale)于 1980 年应运而生。该中心于 2009 年并入思博提茂乌姆博物馆,以宣传推广当地存续力受到威胁的游艺类遗产。

---

① Rob Belmans and Erik De Vroede and Carolin Vleugels, *Van roeês tot uile : de geschiedenis van het groot en klein struifspel in Leuven*, 2009.

思博提茂乌姆博物馆与传统游艺实践者、实践者俱乐部和联盟建立了牢固的联系,帮助俱乐部之间建立联系,组建联盟。在此基础上,传统游艺联合会(Vlaamse Traditionele Sporten vzw,VlaS)于 1988 年成立,其中思博提茂乌姆是创始成员之一。截至 2011 年,该联合会的成员从 500 名增长到 12 500 名,涵盖了 23 类传统游艺与竞技。成员间合作的一个重要方面就是提升非遗持有者对其持有的传统游艺文化重要性的意识。思博提茂乌姆博物馆也是非遗活态保护与在地保护的知识中心,在国家和国际层面发挥着对该类遗产的确认、建档、研究、保护、宣传、传承和振兴等功能。它邀请很多欧洲国家的组织来参与传统游戏的展示与交流,还筹划成立国际协会(主要职能包括研究、发表、资料搜集和信息交流)。

(二)该项目对传统游艺的保护措施

该项目为在特定区域保护传统游艺的多样性提供了一整套有效方法。这一方法具有整体性、完整性和综合性,涵盖了《公约》所定义的"保护"(safeguarding)的各个方面。作为一所新的混合型的遗产机构和弗兰德地区传统游艺多样性保护的发起机构,思博提茂乌姆博物馆超越了传统博物馆的功能。在收藏、展览、研究和观众宣教工作等博物馆基本职能之外,该博物馆还成立了专门的协会和保护机构,并通过出版、组织节庆与巡游以及知识交流与其他宣传活动来推广传统游艺。更为务实的是,博物馆还采用了一些新的措施来扩展传统游艺在当今社会中的存续场域。这些新的措施包括提供游戏设备出借服务和在博物馆内开设传统游戏公园等。博物馆所涉及的传统游戏包括了射击运动(长弓、弩等)、球类运动、投掷运动(铁饼、铁环和标枪等)和球戏(回力球等)。该项目对传统游艺的保护措施具体如下:

1. 博物馆搜集了大量关于世界范围内传统游艺和体育的信息,这些信息都可以在博物馆内专门的档案中心查询。

2. 博物馆有常设的秘书处,负责给实践传统游戏的社区提供行政、管理、技术和宣传方面的服务。博物馆还特别注重吸引新成员,特别是年轻人和女性,并经常性地组织培训和入门班。

3. 为了提升大众的意识,博物馆通过书籍、报刊(游艺的历史、特别词汇、规则及其社会效应)、实景短片、宣传活页等形式传播研究成果和其他信息。发表在期刊和书籍上的文章达几百篇,涉及传统游艺的历史与实践本身,也包括其保护措施。此外,博物馆还组织各种研讨会,自身的工作人员也参与国际会议。在该项目启动初期,项目发起方还发起了一项名为"弗兰德传统游艺"的巡回展览(1980—1990),展览先后在 15 个城市举办。

4. 在弗兰德地区,博物馆还组织了大量面向大众的展示、节庆以及传统游艺的入门活动。另外一项包括了 14 个传统游艺的巡回系列活动,主要吸引感兴趣的人们现场实践这些传统游艺。

5. 收藏了几百件实物和数千份视听资料(包括口述史)。这些部分展出在博物馆的常设陈列中,主要目标群体是 10—14 岁的中小学生以及体育教育和体育专业的本科生与硕士生。这些本科生和硕士生将来会成为体育教师和体育管理者。

6. 在传统游艺公园(从 2006 年开始成为博物馆的一部分)里,参观者们可以实际操演学到的有关技能。在伯克瑞吉克(Bokrijk)露天博物馆里也有一个类似但小一些的公园。

7. 外借服务网络(始于 1980 年)也是一项创新,分布于比利时全国。这项服务是向需要的人士出借传统游艺必要的设备,用于节庆、家庭庆典以及学校和青年人群的体育活动。上述设备由博物馆作坊的工作人员制作,以象征性的价格供社区、群体和家庭使用。这种实践遗产的方式有商业背景,又有充足的信息资料支持活动的开展,因而被视为一项优秀的实践方式。①

(三)该项目的成效

博物馆作为重要的文献中心,收藏了丰富的与弗兰德地区传统游艺有关

① Nomination file No. 00513, https：//ich. unesco. org/doc/download. php? versionID = 08243, 30/11/2018.

的资料,主要包括整个地区 1 500 份传统游艺俱乐部的资料、50 篇有关的硕士论文和 1 篇博士论文。以上资料都向公众开放查询。公众还能在传统游艺联合会(VlaS)的网站(www. vlas. be)上查询更新过的弗兰德地区传统游艺协会的数据库。在收藏方面,博物馆收藏和展出了有关的实物、照片和招贴画。特别值得关注的是,博物馆在传统游艺设备外借服务方面取得了较大的成绩。自 1980 年以来,博物馆已外借设备 1 000 多次,平均每年外借 7 次,每次外借平均惠及 50 名游艺的参与者。传统游艺联合会的会员也从 1988 年成立时的500 多人(涵盖 2 个游艺类别)发展到 2011 年的 12 500 多人(涵盖 23 个游艺类别)。博物馆和传统游艺联合会也得到弗兰德地方政府的多次表彰。

从 1980 年以来,该项目就发挥着实质性的作用,减缓了传统游艺和游艺多样性消失的速度,减缓了有关参与社区、传统游艺及相关文化空间消失的速度,增进了这类传统在社会公众中的可见度,提升了公众的保护意识,促进了对话交流。从更广的意义来看,这一项目还促进了居民的自治、尊重和文化传统的传承。

该项目立足弗兰德当地,但有着广阔的国际视野。二十世纪八九十年代,该项目的主办方在国外(主要是西欧国家)组织了多次展览和展示,包括丹麦、芬兰、法国、德国、意大利、挪威、葡萄牙、西班牙和荷兰。不少国家和地区的协会和团体也受邀来到弗兰德地区展示它们的传统游艺,这些国家和地区包括比利时、法国(巴斯克地区和布列塔尼)、丹麦、爱尔兰、匈牙利、西班牙(加泰罗尼亚)和英国(苏格兰)等。①

公允地说,弗兰德地区的经验和案例(包括确认、清单编制、建档、保存和宣传等措施)启发了一些其他的协会,其中一些当地的措施还被作为优秀实践移植到其他地方。主要经验或模式为:一座博物馆,一个资料中心,一个档案服务处,一个活动中心和一个志愿者与协会的网络基点。思博提茂乌姆博物馆不仅聚焦于传统文化,也涉及其他形式的体育项目,并系统性地通过历史陈

---

① Nomination file No. 00513, https：//ich. unesco. org/doc/download. php? versionID＝08243, 30/11/2018.

列和文化活动关注非遗。从可行性的角度看,该项目模式是可以移植到别处的。

(四)该项目的经验总结与启示

从本质上看,任何创新形式的宣传推广活动的基础无疑都是对传统文化实践的确认、建档与研究。然而在该项目实施的初期,使用的是一种较为等级化,即主要是自上而下的确认和建档方式。这主要是由于大部分传统游艺的实践者都处于社会底层,没有经费和能力去完成确认与建档。通过田野调研,确认与建档的发起方与游艺实践者之间的关系得以逐渐确立,组织化的传统游艺联盟也在田野调研的基础上得以成立。这就为保证传统游艺持续性的后续工作奠定了组织基础。从事实来看,后续的保护工作也做到了保护参与主体的广泛性,广泛调动了社会大众、传统游艺的实践者和政府有关官员的积极性。主要的保护措施可分为三个方面,即:

1. 向大众传达信息,提升其意识;
2. 支持传统持有者的实践活动及其保护非遗的活动;
3. 维持地方和地区级别的行政官员对传统游艺活动的兴趣,将作为整体的传统游艺纳入政策之中。

以上措施还伴随着系统性研究和对特定传统游艺项目的反复研究,这样就不仅能追踪游艺多样性在整个地区的演进,还在很长的一段时间内都能宣传和促进对话和实际行动。在传统游艺的教育培训方面,博物馆从增强实践者的必要技能的目的出发,与弗兰德地区的体育行政主管部门合作,开设了传统游艺方面的特设课程。

一个运行良好的非遗保护模式一般都具有一定的可移植性。这些模式在具有保护相关非遗项目存续力的功用之外,往往还有促进经济社会可持续发展、增进社区成员团结等社会功能。该项目经过几十年来的实际操作,形成的包括传统游艺建档在内的大量经过验证的有效经验,在很大程度上能够在其他国家,特别是发展中国家实施,并且不需要花费大量经费。在该项目的发起方看来,弗兰德地区传统游艺多样性培育的保护模式可以通过北—南—南的合作模式实施,经验传授的方式可以分为比较研究、方法论分析和经验交流等。此外,在具体的保护措施层面,诸如传统游艺公园这样的新工具,思博提茂乌姆博物馆的展览方法,以及“传统游艺联合会”这样的组织模式都是值得结合具体国家和地区的实际情况进行借鉴的。对于其他国家而言,该项目有益的经验主要有:

1. 由当地村庄或本地区的大学生通过参与式观察确认传统实践和搜集资料;

2. 由高校或其他机构组织进行研究与分析工作;

3. 发掘博物馆或其他遗产保护机构的新的组织形式;

4. 通过展览、地方工作坊和研讨会等形式提升公众的意识;

5. 地方性的巡回展览展示(需尊重非遗及其实践者);

6. 召集非遗的持有者,使他们能够相互支持,形成协会。对于传统游艺而言,这一类组织的创建被证明能够保证相关的地方性知识的存续和振兴。

结　语

事实上,弗兰德地区这一项目的一些特点也存在于欧洲其他一些国家和地区。在法国的一些考古学博物馆,特别是一些位于乡镇的小型博物馆,当地社区的参与已成为保存博物馆活力,同时维系地方认同的有效方式。地方小型博物馆已通过在室内外组织定期或不定期的公共文化活动形成了新的文化空间(cultural space)。在法国两塞弗尔省的宏姆镇(Rom),当地的考古博物馆就在每年的暑期组织面向当地中小学生和其他居民的古代游艺的露天展示活动,包括古罗马时代流行的棋类活动和技巧型游戏。

总体来看,传统游艺在前工业化时期生存的文化场域在世界绝大多数国家和地区已发生了本质性的变化,传统游艺的保护只能面向当下,面向未来,也就是需要为传统游艺创造出新的符合时代发展,并为相关社区、群体与个人接受的新的社会经济价值。传统游艺作为非遗的一类,也一直具有较强的构建相关社区和群体认同的功能。因此大力扶持扎根社区的传统游艺类的社团协会，为其发展提供资金与政策上的支持，不失为从社区层面加强非遗保护能力建设的有效措施。

从作为传统游艺的主要接受群体学龄儿童的角度看，当前"现代文明"为基本价值取向的校园文化更多提倡的还是篮球、足球、羽毛球和乒乓球等现代西方体育运动。尽管国家和各地市近年来不断强调要发扬中华民族的优秀传统文化，促进传统文化的传承保护，但在微观层面的校园文化中，传统游艺似乎还难以获得足够的实践途径与空间。在保证学生人身安全的前提下，实施某种更加"乡野化"的校园物理空间设计，即通过草地、树林、小面积的浅层水体等形式构建传统游艺的文化空间，同时邀请传统游艺类非遗传承人来到校园进行"身临其境"式的技艺传授，不失为一种有效的传承与传播方式。

参考文献：

1. 联合国教科文组织创意处非物质文化遗产科：2003 年《保护非物质文化遗产公约》基本文件，2016 年。

2. Rob Belmans and Erik De Vroede and Carolin Vleugels, *Van roeês tot uile : de geschiedenis van het groot en klein struifspel in Leuven*, 2009.

3. Jared Diamond, *The Third Chimpanzee: the Evolution and Future of the Human Animal*, New York, 1992.

4. Allen Guttmann, Modem sport as a global phenomenon, In: Guttmann, Allen: *Sports: the First Five Millennia*, Amherst, 2004.

5. Joseph Maguire, *Global Sports: Identities, Societies, Civilizations*, Cambridge, 1999.

6. Nomination file No. 00513, https：//ich. unesco. org/doc/download. php? versionID = 08243, 30/11/2018.

7. Roland Renson, Ludodiversity: Extinction, Survival and Invention of Movement Culture. In: Pfister, Gertrud (Ed): Games of the past — Sports of the future? (ISHPF. S studies 9), Sankt Augustin: 10 – 19.

8 Roland Renson, Safeguarding Ludodiversity: Chances and Challenges in the Promotion and Protection of Traditional Movement Culture, *East Asian Sport Thoughts*, Vol. 3, 2013.

9. Roland Renson, Sport for All: New and Old Forms of Movement Culture. In: VIII World Congress Sport for All (Barcelona 1998), Barcelona: 205 – 218, 2000.

10. Roland Renson and Christel Peeters, Sport et mission au Congo belge: "Tata" Raphaël de la Kethulle (1890 – 1956). In: *Combeau-Mari, Evelyne (Ed): Sports et loisirs dans les colonies: XIXe – XXe siècles*. Paris, 2004, pp. 239 – 253.